토종씨앗 토종농사

토종씨앗

씨앗의 기원과 토종의 종류,
약성과 쓰임
토종농사와 채종,
보관에서 활용까지

오래된
미래의
기록

변현단 지음

토종농사

이담북스

개정판을 내면서

씨앗에서 밥상까지, 전 국민이 생명의 순환 과정을 알면 좋겠다

2018년 그물코에서 출간한 책 《토종농사는 이렇게》가 2쇄를 마지막으로 품절이 되었다. 출판사의 재정 사정으로 3쇄를 찍지 못했고, 2022년 봄, 토종씨드림 카페에 독자들의 책 문의가 쏟아졌다. 바야흐로 농사가 시작되는 철이었다. 출판사로부터 인쇄 파일을 받아서 토종씨드림 카페 회원에게 일일이 보냈지만, 제본비가 비싸고, 일일이 보내야 하는 번거로움도 무시할 수 없었다. 이 책은 농사 중에도 옆에 끼고 틈틈이 참고할 것이므로 부랴부랴 다른 출판사를 알아보았고, 《자립인간》(2013)과 《씨앗 깊게 심은 미래》(2022) 출판을 했던 ㈜한국학술정보사에서 부족한 부분을 보강하여 개정판을 내기로 결정했다.

개정판에서는 그동안 질문을 많이 받아왔던 부분을 대폭 보강하였다. '토종농사 열두 달'을 보강하였고, '토종농사, 어떻게 지어야 하는가?' 제목을 통해 농사에 대한 기본 자세와 각종 농사정보, 기후 변화에 따른 농사법과 극심해진 농가의 동물피해, 판매를 위한 소득작물 등까지 다루어 자급농사에서 상업농까지 포괄하였고, 자연농부터 친환경농법 등 다양한 경험을 기초로 소개했다. '작물별 토종농사'에서는 2017년도 이후 수집이나 증식 나눔을 통해 더욱 풍성해지고 다양해진 토종씨앗을 다루었다. 특히 게재된 사진은 정보이력을 표기하였다. 이는 토종씨앗의 공유권, 농부권을 스스로 보장하려는 이유다. 여전히 어떤 정보도 없이 '토종콩'만으로 표기하는 방식으로는 다양한 씨앗의 역사와 문화를 알 수 없으며, 종국적으로는 종자산업법에 의한 소유권 분쟁에 휘말릴 수도 있기 때문이다. 토종씨앗이 활성화되면 될수록 특허권으로서 씨앗의 소유권을 주장하는 세력들이 생길 수 있다. 무엇보다도 토종씨앗은 농부의 삶의 지혜와 더불어 이어져 내려왔기에 물질로서 '씨앗'만이 아닌 삶에 영향을 끼친 '씨앗의 정신세계'까지 전승하는 의미가 있기 때문이다. 이는 2022년 7월에 출간한《씨앗, 깊게 심은 미래》에 자세하게 다루었다. 앞으로는 씨앗의 주민등록을 표기하는 습관을 들여 정확한 이력과 내력을 통해 씨앗의 공유권을 생활에서 일상화시키는 훈련을 해야 한다.

또한《토종농사는 이렇게》편집과정에서 누락되었던 '토종벼' 부분을 추가하였으며, 작물별 씨앗 받는 법과 보관법에도 역점을 두었다. 무엇보다도 이 책의 별미는 부록 '월별 토종씨앗 토종농사 핵심 요약'이다. 토종씨앗 농사법과 절기별 음식활용에 대한 경험이 충분하지 않은 사람들을 위해 전통적 생활과 토종농부들의 살아있는 경험을 축약하여 월별로 한눈에 볼 수 있도록 했다. 지역별 차이도 언급했다.

이 책의 장점은 '씨앗에서 밥상까지' 대중적 실용서이다. 작물별로 꼭지를 두어 작물의 기원부터 생리적 특성, 약성, 다양한 토종들, 활용법, 농사법, 채종법, 보관법까지 필요한 정보를 두루 제공한 '토종씨앗 · 토종농사'에 관한 대중서이다. 무엇보다도 생태적 관점과 경험을 바탕에서 쓰여진 책이라는 점이다. 만약 독자가 토종씨앗의 규정과 범위, 식물과 농업의 일반, 씨앗의 다양한 역사와 문화, 다양한 품종과 지역적 특성, 씨앗이 갖는 가치와 철학, 종자에 관한 법규,

육종계통 등 씨앗의 역사와 문화를 알고 싶고, 왜 '토종'에 방점을 찍어야 하는지를 알고자 한다면 2022년에 7월에 발간한 《씨앗, 깊게 심은 미래》를 읽으면 된다. 인문사회과학서로서 《씨앗, 깊게 심은 미래》라면, 《토종씨앗 토종농사》는 농사의 기술정보서로 두 권의 책은 3차원의 시공간으로서 '토종씨앗'을 한눈에 볼 수 있을 것이다.

두 권의 책 외에 좀 더 깊게 들어가고 싶으면 다양한 품종의 사진을 비교할 수 있는 토종씨드림이 발간한 《토종씨앗도감》과, 매년 연말연시에 후원회원에게 제공하는 기후 변화와 농사 기록을 담은 〈토종달력〉을 참고하면 된다.

《토종씨앗 토종농사》는 《토종농사는 이렇게》 이후의 5년 동안의 최신 정보와 사진을 담았고, 내용이 일부 수정 및 보강되어 페이지가 대폭 늘어났으며, 편집 디자인도 더욱 깔끔하고 선명하다. 개정판에 힘써준 ㈜한국학술정보사 관계자들에게 감사를 드린다.

내가 농사를 시작한 지 벌써 20년이 지나고 있다. 토종씨앗을 수집하고, 연구와 더불어 증식하고, 나눔하는 경험을 통해 다양한 살아있는 정보를 제공해 온 지도 15년이 넘어서고 있다. '순환과 자립'이라는 농부의 삶이 비로소 씨앗부터 시작함으로써 생명의 불멸성과 우주철학까지 접근할 수 있었으며, 얻은 지혜는 즉각적인 실천과 순응을 통해 몸에 스며들었다. 2002년 인도 델리에서 생태환경운동가인 반다나쉬바를 처음 인터뷰할 때 '토종씨앗'을 알았지만, 내가 직접 한국의 토종씨앗보전에 앞장서서 할 것이라는 상상을 하지 못했다. 귀소의 본능은 나를 농부로 이끌었고, 농사기술에 대한 경험이 전무한 상태로 여럿이 농사를 짓고 판매를 통해 돈을 벌어 먹고 살아야 하는 자립공동체로부터 시작한 귀농의 삶은 돈이 덜 드는 삶, 소비하지 않는 삶, 직접 만들어 사용하는 삶이 '가장 건강한 삶'이라는 것을 실천적으로 터득하게 되었다. 처음부터 상업농사를 지으면서 농부가 된 이상 씨앗에 관심을 가질 수밖에 없다는 것을, 농부가 된 이상, 자연스럽게 지구 생명과 우주철학을 자각하는 '농부의 道'로 뚜벅뚜벅 걸어가는 여정임을 알게 되었다. 경험적 지혜를 책을 통해 널리 알리면서 《씨앗철학》과 《씨앗, 깊게 심은 미래》를 통해 '토종'이라는 글자를 빼고 '씨앗' 그 자체로 다양성과 지속성을 가질 수 있는 사회를 바라게 되었다. 많은 사람들이 토종작물로 밥상을 차리고, 많은 농부들이 토종씨앗으로 농사를 짓고, 토종씨앗을 매개로 수많은 문화와 예술들이 함께 전해지고, 종자법이 농부권을 저해하지 않을 때, 비로소 '토종'이라는 딱지를 떼고 '씨앗, 농사'라는 말을 할 수 있다. 토종씨앗, 토종농사를 짓는 농부로서 벌써 인생의 육십갑자를 바라보는 나는 대물림되는 씨앗처럼 젊은 친구들이 대를 이어가고, 나는 뒷방에 앉아 그들을 응원하고 한층 더 깊은 세계로 들어갈 수 있기를 소망해본다. 무엇보다도 농사짓는 사람들이 많아지면 좋겠다.

2천 평 경작지에서 기계에 의존하지 않고 손으로만 농사를 짓는 은은가에서 매년 수백 점을 심고 관찰하고 기록하고 거두고 나누고, 오가는 손님을 맞이하고 상담하고 전국을 같이 돌면서 보조해온 나의 제자 백수연 님에게 감사의 인사를 빼놓을 수 없다. 그녀가 대학 4학년 재학 중에 농사를 배우겠다고 은은가에 찾아온 뒤부터 생활을 같이하면서 낮에는 농사, 밤에는 컴퓨터에 앉아서 수많은 정보를 만들어 배포할 수 있었다. 이 책의 사진도 대부분 그녀가 찍은 것들이다. 그녀 외에도 많은 토종농부들이 증식하면서 얻은 정보도 이 책의 밑거름이 되었다. 토종씨앗의 길에서 만난 예사롭지 않은 수많은 인연에 감사하며, '씨앗, 뿌린대로 거둔다'는 말을 다시 한번 되새겨본다.

2022년 7월 31일

곡성 은은가에서 변현단

들어가며
왜 토종농사를 지어야 하는가?

10년 전 연두공동체를 할 때였다. 연두농장은 돈이 없는 사람들의 자립 공동체인지라 농사를 짓는 데 돈이 들지 않아야 했다. 농사를 짓는 데 우리의 노동력만 있으면 된다고 생각했지만, 막상 농사를 시작하니 농사에 필요하다는 자잿값이 한두 푼이 아니었다. 농사짓는 데 돈이 들면 본전 생각하는 것은 당연지사다. 농자재야 눈 딱 감고 안 쓰면 되었지만, 씨앗만은 그럴 수 없었다.

당시 농사를 처음 접했던 나는 종자 회사에서 만든 씨앗을 사서 쓰는 게 당연하다고 생각했다. 옥수수의 경우, 매년 몇 자루씩 매달아 놓고 이듬해 씨앗으로 썼던 것을 기억한 나는 농업기술센터에서 품질 좋다고 준 옥수수를 길렀고 그중에서 실한 것을 채종해 이듬해 다시 심었다. 하지만 자루가 나오기 시작하면서 뒤틀리고 이빨이 빠져 도저히 판매할 수 없는 옥수수가 나왔다. 처음에는 병충해 때문인 줄 알았다. 그 당시 농업기술센터가 준 옥수수가 F1 종자라는 사실을 알지 못했다. 내가 토종 씨앗을 찾아 나선 이유는 두 가지다. 하나는 씨앗값이 들지 않는다는 점이고, 또 하나는 F1 종자로 고정종이 어렵게 된 이유 중 하나가 종자 회사의 이윤을 위한 사업이라는 점과 더불어 우리의 생살여탈권을 종자 회사가 가지고 있다는 점 때문이다. 이후 나는 여러 단체 수장들과 함께 토종 씨앗을 수집하고 보급하는 '토종씨드림'을 결성했고, 연두농장은 토종 씨앗의 보급처 역할을 했다.

토종 씨앗으로 농사를 지으며 깨닫게 된 사실이 있다. 토종 씨앗은 우리 풍토에 적응된 씨앗이므로 농사에 큰 이변이 일어나지 않는다. 게다가 해마다 씨를 받아 농사를 짓게 되므로 씨앗은 내 밭의 환경에 적응한다. 연두농장은 늘 거름이 턱없이 부족했다. 할머니들로부터 가져온 토종 씨앗들은 질소 퇴비가 많이 들어간 밭에서 채종된 씨앗인지라, 유기물이 현저히 적은 연두농장 밭에서는 자라기 버거워 수량이나 모양이 볼품없었다. 하지만 맛은 야물고 제 품종의 맛을 그대로 드러냈다. 이웃 할머니들은 "옛날 맛이야!"라고 감탄했다. 작물의 특징과 맛이 온전히 드러난다는 것은 그 작물의 고유한 약성 또한 그대로 지닌다는 것을 뜻한다. 『동의보감』 작성 시절 농사 방식이 그대로면, 『동의보감』에 언급된 약성이 대략 맞을 것이다.

척박한 토양에서 채종된 씨앗은 4~5년 밭에 적응하면서 제 모양과 크기가 나타났다. 마늘과 감자는 해마다 더 굵어지더니 마침내 제 크기의 것을 수확할 수 있었다. 또 상온저장 기간도 훨씬 길다. 굳이 냉장고에 보관하지 않아도 된다. 질소 퇴비를 많이 넣은 곳에서 자란 작물과 비교하면 보관 기간이 훨씬 길었다. 이런 결과는 씨앗이 토종이기 때문이 아니라, 나의 농사 방식, 즉 자연에 가까운 토종농사 방식에 따라 척박한 밭에 적응했기 때문이다. 토종 씨앗은 나의 토양에 적응할 필요가 있었던 것이다. 결국 어떤 씨앗이라도 채종 가능한 씨앗이라면 가능한 일이었다.

씨앗을 채종하는 일은 재미도 있다. 생명이란 자연 교잡이 본능이라, 때로는 교잡된 형질들이 나타난다. 십자화과는 더욱 그렇다. 여러 가지 형태가 나오는 것을 관찰하는 게 흥미진진하고, 다른 형질을 골라 고정하기 위해 심어 보는 것도 재미있다. '농부가 육종가'라는 말을 실감하게 해 준다. F1 종자라도 내 입맛에 맞는 것이라면, 씨앗을 받아 몇 해를 거듭해 고정종을 얻는 일도 흥미롭다.

이런 점은 토종 씨앗이 그토록 다양한 이유를 깨닫게 해 준다.

전국의 농부들이 자신만의 씨앗을 찾아내는 일은, 수많은 품종의 생명인 씨앗의 지속성을 의미하기도 한다. 한번은 진딧물 때문에 채종을 할 수 없게 되어 내가 씨앗을 주었던 다른 지역 농부에게 씨앗을 얻었다. 나의 씨앗이 병충해로 사라졌을 때, 다른 농부의 씨앗을 얻을 수 있다는 점, 다양성의 확보는 곧 지속성의 확보를 의미한다.

가뭄이 극심한 데다가 고온을 오르내리는 한여름, 기다란 가지가 둥근 계란 모양으로 나왔다. 처음에는 교잡이 돼서 그런가 보다 생각했는데, 동남아시아에서 본 가지 모양이 떠올랐다. 이상 고온과 가뭄이 애초의 가지(eggplant) 모양을 만든 것이다. 왜 동남아 지역의 가지는 계란 모양이고, 온대 기후인 우리나라의 가지는 길쭉한 모양인지 알게 되었다. 그래서 둥근 가지 씨앗을 따로 받았다. 열대성 기후로 바뀌어 가고 있으니, 당연히 열대성 기후에 적응하는 중임을 가지가 알려 주었다. 요즘 열대성 기후 과일이니 식물이니 하면서 지자체에서 앞다퉈 수입하는 것을 보면 한심하기 그지없다. 우리 토양에서 자라는 식물들이 적응해간다는 사실은 아예 모르면서, '새로운 수입종이나 품종'에만 목을 매고 있으니 말이다. 그들은 씨앗이란 직접 받아서 심는 것이 아니라, 해마다 종자 회사에서 사서 심는 것으로 생각하니 당연한 일인지도 모르겠다. 기후 변화의 대안은 채종 가능한 토착화된 씨앗이라는 점을 애써 무시하는 이유는, 어쩌면 중간 상인과의 '돈벌이' 때문일지도 모른다.

나는 '토종 씨앗'이 무조건 최고라고 생각하지 않는다. 토종 씨앗에 절대성은 없다. 어떤 씨앗이든 채종해서 이듬해 심어 형질이 고정된 것이면 된다. 설혹 형질이 고정되지 않더라도, 여러 해 고생스럽지만 고정시키면 된다. 내 토양과 내 입맛에 맞는 씨앗을 찾아내는 일에 십몇 년을 보내도 재밌고 보람되지 않을까? 씨앗의 역사가 수만 년이 흘러 왔는데 말이다.

나는 토종 씨앗의 중요성을 말하지만, 외래종을 토착화하는 것을 배제하지 않는다. 몇 년 전, 20년 동안 다마금을 재배했던 농부가 다마금이 재래종이 아니라는 사실을 알고는 씨앗을 버렸다는 이야기를 들었을 때, 또 다른 배타성 토종주의로 흐르는 것에 경계를 하지 않을 수 없었다. 일본 종자인 다마금이 100년 동안 한국의 토양에서 적응되었다면, 당연히 토착화된 씨앗(토종 씨앗)이 아니런가? 식물의 경우 30년 정도만 지나면 토착화된다는 점을 고려한다면 말이다.

토종 씨앗에 대한 생각은 한국 사회의 다문화 가정을 떠올리게 된다. 한국에 시집온 동남아 여성들의 어려움은, 한국의 가부장적 태도에서 나온 '토종', '민족'이라는 이름으로 문화적 폭력을 일상으로 행하는 현실과 다르지 않다. 내가 여기서 토종을 강조하는 것은 배척하기 위한 것이 아니라, '식량 주권'과 '잃어버린 씨앗'을 되찾기 위한 점임을 밝혀 둔다.

이 책은 2016년 4월부터 2017년 8월까지 KBS1 라디오 프로그램 '싱싱 농수산'에서 토종 씨앗과 토종농사법에 대해 매주 인터뷰한 내용을 기초로 재편집한 것이다. 핵심은, 토종 씨앗에 맞는 토종농사법을 만나야만 토종 씨앗 재배가 가능하다는 것이다. 지금 우리가 알고 있는 재배 방식은 개량종, 사서 쓰는 씨앗에 맞춰져 있다.

가령 배추의 예를 들어보자. 우리가 알고 있는 배추 재배 상식은 8월 중순경에 파종해서 모종을 내고 9월 초에 본 밭에 심는 것이다. 이때 심는 배추는 '결구가 되는 속노랑배추'다. 속노랑배추는 90일 배추로, 김장 시기를 고려해서 8월 중순경에 심는다. 그런데 배추의 발아와 생육 온도가 15~28도임을 고려하면, 8월은 때가 이르다. 배추 모종을 내기 시작하면서부터 10월 초까지 벌레들에게 시달려야 한다. 모종 시기에는 벼룩 벌레, 본 밭에 심고 나서는 배추 애벌레, 이후에 민달팽이로부터 잎은 초토화된다. 제아무리 건강한 토양이라도 때가 맞지 않으면 벌레들의 공격을 당해낼 재간이 없다. 내가 그동안 농사지으며 자연을 관찰한 결과 알게 된 사실은, 토착화된 벌레들은 인간이 먹는 식물과 경합하지 않는다는 것이다. 자연의 질서를 아는 농부들은 벌레와 인간이 싸우지 않고 각각의 시기를 맞추도록 해야 한다. 하지만 1960년대 이후, 소비자 기호에 맞춘 전문가집단의 육종으로 나온 작물들은 이러한 질서를 배려하지 않는다. 1958년 이후 육종된 개량 배추인 결구 배추가 대표적 예다. 우리나라에 적응한 재래 배추는 반 결구형 배추다. 반 결구형 조선 배추는 9월 중순 이후에 심는다. 9월 중순 이후에 심으면 벌레들의 공격을 잘 받지 않는다. 더구나 씨앗용으로 사용하는 경우, 10월에 파종하면 잠시 얼굴을 내밀었다가 이듬해 2~3월에 봄동으로 먹고, 5월에 꽃대를 올린다. 겨울을 난 배추는 맛도 좋고 병충해에도 강하다. 이런 재래 배추는 김장 방식도 달랐다. 농부가 육종가라는 면에서 볼 때, 그리고 작물을 고생스럽게 재배하지 않고 좀 더 쉽게 재배하는 쪽을 선택한다고 볼 때, 반 결구형 재래 배추가 한국 기후 조건에 알맞다.

따라서 토종 씨앗은 토착화된 농사 방법에 따라야 한다. 그런데 지금 토종 씨앗으로 재배하는 많은 사람들이 여전히 기존의 농사 방법으로 고된 농사를 짓고 있다. 물론 간과할 수 없는 것이 있다. 토종농사법은 자급을 위한 농사이므로 오로지 자연과 자급에만 신경 쓰면 된다. 하지만 지금의 농사는 대부분 팔기 위한 농사로 더 빨리 생산해야만 조금의 웃돈이라도 벌 수 있기에 농사 시기가 매년 빨라지고, 비닐하우스나 비닐멀칭, 퇴비와 농약(천연 농약이라고 할지라도)을 전제로 한 농사 방법에 경도된다는 점이다.

토종 벼는 개량종보다 대체로 키가 커서 유기물이 많으면 쓰러진다. 토종농사는 동지 전에 밭갈이를 해서 유기물을 빼 주고 공기 소통을 유도한다. 지금의 개량 씨앗은 화학 비료에 적응하도록 키를 작게 만들었다. 개량된 씨앗은 화학 비료나 퇴비를 넣어 '다수확'하는 재배 방식에 맞춘 것이다. 그래서 토종 씨앗을 고투입 관행 방식으로 지으면, 토종 씨앗의 강점이 충분히 발휘될 수 없다. 토종이 갖는 강점, 즉 토착화 된 작물로서 지닌 약성과 적응력을 조금이라도 활용하려면 적은 양의 퇴비, 특히 질소량이 현저히 적은 퇴비를 조금만 써야 한다. 그래야만 씨앗의 적응력을 기르고 병해충에도 강하게 만들며, 농부로서도 투입 비용을 최소화할 수 있다.

이왕 토종 씨앗으로 하는 농사는 토종농사법으로 해야 농부도 편하고 작물도 잘 적응할 수 있다. 토양을 식물에 맞추는 것이 아니라, 토양에 식물을 맞추는 것이다. 당연하지 않겠는가?

이 책에서는 작물별 토종농사법을 소개하기 전에, 자연과 농사 전반을 살펴보고 자신의 토양에 대한 진단을 통해 작물 선택하는 법, 풀에 대한 태도 등 꼭 알아야 하는 점들을 언급했다. 작물별 토종농사법에서는 한반도에 씨앗이 들어온 경로를 짧게 살펴보고, '약식동원(藥食同源)'의 관점에서 음식 문화를 언급했다. 특히 가정에서 음식을 통해 질병을 예방하고 몸을 돌볼 수 있도록 유도했다. 영양학적 관점에서 벗어나 유기적인 한의학 관점에서 음식을 소개함으로써, 증상 억제제인 양약의 굴레로부터 벗어나 평상시 식재를 통한 민간 의료 향상을 환기시켰다. 토종 씨앗의 약성은 자연에 가까운 재배 방식을 통해 극대화된다는 점을 강조했다. 산더덕 한 뿌리는 재배 더덕 백 뿌리에 버금간다는 점을 환기시킴으로써 약식동원 입장에서도 결국 재배 방식이 중요함을 증명한다. 약성에 따른 간단한 이용 방식도 언급했다. 각 작물의 파종 시기와 재배, 수확 후 채종과 보관까지 다뤘다. 작물의 종류는 요즘 널리 재배하는 품종을 중심으로 소개했다.

나는 농사를 통해 세상과 우주의 이치를 깨달았다. 이는 관행적이고 기계적인 방식의 농사를 통해서는 도저히 체득될 수 없다. 어떤 농사를 짓느냐에 따라 그 사람의 인생관과 세계관을 볼 수 있다. 토종 씨앗을 찾는 사람들은 생명에 대해 애정을 갖는다. 예부터 토종 씨앗을 채종하고 보존해 온 사람들 대부분이 여성인 이유다. 남성은 씨앗을 뿌리는 데 관심을 두고, 여성은 씨앗을 잘 보듬어 사람들로 하여금 약이 되도록 했다. 씨앗을 소중히 여기는 것은 자식을 향한 부모의 마음과도 같다. 토종 씨앗 수집하러 다니면서 만나는 대농 대부분은 토종 씨앗이 '돈이 안 된다'라는 논리를 편다. "요즘 누가 토종 씨앗으로 하나? 수확도 별로인데." 하지만 토종 씨앗을 지켜온 할머니들은 이렇게 말한다. "맛은 토종을 따라갈 수 없지. 된장이나 음식을 하면 달라." 돈보다 맛 때문에 계속 재배한다고 했다.

토종 씨앗을 지켜온 사람들은 대부분 나눔에 익숙하다. 왜냐하면 씨앗은 이웃 마을 사람들에게 나눔으로 퍼져 나갔기 때문이다. 씨앗을 건네주는 인심 또한 후하다. 돈으로 바라보면 인심은 박해질 수밖에 없다. 토종 씨앗은 말 그대로 '씨앗'이다. 씨앗을 팔면 '씨팔놈'이 되는 이유가 그렇다. 씨는 '파는' 것이 아니고, 소중한 가슴으로 '나누는' 것이다. 토종 씨앗에는 공동체 논리가 깔려있다. 씨를 '파는' 사람들은 이윤에 목적을 둔다. 거기에 깔린 논리는 자본과 시장의 논리이다.

씨앗. 그것은 생명을 여는 처음이자 끝이다. 사람의 씨든 식물의 씨든 동물의 씨든. 더 나아가 마음씨든, 글씨든. '씨'는 생명의 근본이자 지켜야 할 가치인 것이다. "씨가 된다." 씨앗은 그렇게 생명 깊숙한 것으로부터 뗄 수가 없다.

따라서 씨앗을 다루는 사람들은 씨앗이 품고 있는 세상을 잘 드러나게 하는 농사법도 중요함을 잊지 말아야 한다. 씨앗이 제아무리 소중하더라도 자연환경을 만나지 않으면 아무 소용 없듯이, 씨앗이 잘 발현되도록 하는 농사법은 그만큼 중요하다.

세상의 모든 씨앗은 같을 수 없다. 똑같은 작물에도 품종이 있듯이, 같은 품종이라도 농사짓는 환경에 따라 모두 달라지듯이, 세상의 모든 씨앗은 유일한 것이다. 같은 것이 없는 것만큼 천한 것도 귀한 것도 따로 없다. 따라서 획일적인 농사법, 획일적인 환경에서는 씨앗도 획일적으로 만들어질 수밖에 없다. 하지만 획일적 씨앗은 없는 법이다. 획일적 씨앗은 망할 수밖에 없다. 병에 약해져 지속적일 수 없다. 획일적이고 배타적인 조직이나 사회는 하나가 쓰러지면 모두 쓰러지는 법이다. 토종 씨앗과 농사는 사회 원리와 같다. 지구와 우주의 원리와 같다. 인간의 몸과 같다. 인간의 성질과 같다. 밥 한 톨에 우주가 담겨 있듯이. 기계가 만들어 낸 똑같은 제품일 수 없는 이유다.

2017년 12월 곡성에서

변현단

차례

토종농사 열두 달

12, 1, 2월

옛말에 따르면 농사는 겨울부터 시작한다. 수확을 마치면 수확 잔재물을 밭에 덮고, 주변의 풀을 베어다가 밭에 덮어 둔다. 이를 멀칭이라고 한다. 지표면 위에 얼마나 많은 잔재물이 있느냐에 따라 이듬해 가뭄과 풀에 대한 대비를 할 수 있다. 마늘, 양파, 보리, 밀 등을 파종하고 난 뒤, 밭에 충분한 멀칭을 해 둔다. 물론 겨우내 해도 괜찮다. 대부분의 농사는 12월 중순이면 마무리된다. 수확하고 갈무리까지 12월 중순에 끝내면 다행이지만, 일손이 딸려 비닐하우스에서 한겨울 일로 미루기도 한다. 남부 지방에서는 12월 10일경에 김장을 한다. 김장 전에 고추장 담고, 김장을 하고 바로 메주를 만들어 띄운다. 김장과 메주 만들기는 순서가 바뀔 수도 있다.

무, 감자, 고구마, 토란, 생강 등은 기온이 영하로 떨어지기 전에 저장과 갈무리를 해야 한다. 갈무리를 늦게 해서 영하의 날씨에 방치하면 고구마는 썩는다. 무잎도 수확하고 바로 엮어 처마 밑이나 비닐하우스에 걸어 놓는다.

12월 말부터 1월에는 눈이 많이 내린다. 겨울에는 몸을 쉬면서 동면에 드는 것이 바람직하다. 겨울에 몸을 심하게 다루면 이듬해 반드시 몸이 상하게 된다. 나이 오십이 넘으면 쉬는 일을 잘해야 한다. 오십 이전까지는 음식만으로도 충분하지만, 꺾어지는 나이가 되면 기력이 쇠하고 잔병들이 드나들면서 보약에 눈이 간다. 삼십 대 생활의 후유증은 오십 대에 드러난다. 아무튼 겨울에는 동물처럼 깊은 휴식을 취하는 것이 이롭다. 동안거라는 말이 그런 뜻이다. 동안거를 제대로 하는 것이 다음 한 해를 잘 사는 방법이다.

1 월에는 바쁠 때 미루어 둔 공부를 하는 것도 좋다. 공부야 꼭 책을 보는 공부

가 아니라 몸 수행이기도 하다. 몸을 단련하는 공부를 하는 것은 제대로 된 동안거를 하는 셈이다. 나이 들수록 걸어야 한다. 하루 4km 정도 걷는다면 몸에 더없이 좋을 일이다. 겨울에 농촌 노인들이 하는 일이 점심 먹고 걷는 일이다.

2월이 되면 1년 농사를 계획하면서 씨앗을 준비한다. 2월 중순이면 고추 농사로 수입을 얻는 농부들은 고추 모종을 준비한다. 모종 하우스가 있는 경우다. 주변에 대나무 밭이 있으면 대나무로 고추 지지대를 만들어 놓기도 한다. 씨앗 갈무리를 하면서 1년 농사 계획을 잡는다. 농가에서는 이때 씨앗을 준비해야 한다. 닥쳐서 씨앗을 준비하면 씨앗 얻기가 쉽지 않다. 겨울은 겨울다워야 하는데, 2021년 겨울과 2022년 1, 2월에는 눈도 거의 내리지 않았으며, 맹추위도 없어서 보리, 밀, 양파, 마늘 등 겨울나기 작물들의 작황에 좋지 않은 영향을 끼쳤다. 매년 기후 변화가 극심해지고 있음을 농부로 삶으로 느끼고 있다.

3월

산으로 들로 다니며 봄나물을 찾아 먹을 수 있는 때다. 기계로 경운하지 않는 밭에도 봄나물이 자란다. 산으로 다니는 시기는 5월까지 가능하다. 산에는 뱀이 출현하고 찔레와 나무들이 무성해지므로 자연스럽게 자연이 입산을 막고 농사지은 것을 먹으라고 알려주는 것이다. 산 약초나 산나물 모종은 3월 말까지 밭에 심어야 그해 늦봄에 먹을 수 있다.

3월이면 재래시장에 유실수와 특용수가 나오는데, '왕'이나 '슈퍼' 자가 들어가는 개량종이 대부분이다. 시장에서 사서 심는 나무들은 일시적인 소득에는 도움이 될지 몰라도 실패 확률이 높다. 왜냐하면 대량으로 묘목을 만들기에 흠 있는 묘목이 많은 데다가, 수확 시기를 앞당기고 열매를 크게 만드는 등 '소득'에 초점을 맞춰 개량하기 때문에 나무의 수령과 질이 현저히 떨어지기 때문이다. 돈 들어가는 줄 모르고 하는 것이 묘목 구입하는 일이다. 따라서 나무는 접목하는 법을 배워 몇 가지 정도만 하는 게 좋다. 묘목을 심을 때 땅은 넓고 깊게 파서 퇴비를 넣지 않고 물을 충분히 주고 심어야 한다. 봄 가뭄이 왕왕 있어 나무들이 고사하는 경우가 많기 때문이다.

농기구와 밭, 집 여기저기 손을 본다. 된장을 담그고, 밭갈이를 준비한다. 3월 초순이면 농촌에는 경운기 소리가 여기저기에서 난다. 유실수를 심고 돌보거나 밭 주변 환경을 만들고, 울타리, 지지대 등 덩굴식물을 재배하기 위한 준비를 한다. 고추를 기른다면, 4월 초~중순에 고추씨를 밭 가장자리에 흩뿌려서 5월 중순 이후에 옮겨 심으면 된다.

4, 5, 6월

4월 중순부터는 굼벵이도 석 자씩 뛸 정도로 바빠진다. 농사에서 큰 분기점은 모내기다. 나락 농사를 짓는 사람은 4월부터 모를 심을 때까지 논농사에 집중하며 틈틈이 밭농사를 한다. 밭작물은 청명과 입하 사이에 모종을 낸다. 4월부터 모종을 내는데 하우스를 이용해도 좋고, 하우스가 없어도 모종판을 마련하여 마당에 두어도 좋으며, 밭 가장자리를 이용하여도 좋다. 밭 가장자리에 흙을 부드럽게 만들어 씨앗을 뿌려놓고, 10cm 이상 자라면 본 밭에 옮겨 심는다. 물론 본 밭에 촘촘히 뿌려 솎는 방식도 추천한다. 6월 중하순경에는 콩을 밭에 직접 뿌려도 좋지만 새 피해가 심한 지역이나 콩알량이 적은 경우에는 모종을 내는 것이 좋다. 남부지역에서는 7월 초에 콩을 파종하면 가짓수가 적고 키가 작지만, 병해충 피해가 적다. 이때는 콩과 콩 사이 거리를 좁혀 심어 단위 면적당 수확량을 높이도록 한다.

파종 시기는 지역과 토양에 따라 다르다. 남이 장에 가니까 거름 지고 따라간다는 속담처럼, 농사를 맹목적으로 따라 하면 실패한다. 파종을 너무 이르게 하면 냉해를 입어 병충해에 약해지거나 풀과 경쟁해야 하고, 벌레들의 공격을 피할 수 없다. 파종 시기는 빠를수록 좋은 것이 아니라, 어쩌면 늦을수록 나을지도 모른다.

3월에서 4월 초까지는 감자를 심고, 5월 말까지 가지, 고추, 참외, 수박, 호박 등 과채류를 심는다. 예전에는 8월에 먹을 참외나 수박은 모내기가 끝나면 심었다. 동부도 너무 일찍 심으면 병충해에 시달린다.

밭작물 파종은 중부 지방 5월 중순부터 남부 지방 6월 하지까지 마치면 된다. 콩류는 밀과 양파, 보리 수확 이후 파종을 시작한다. 녹두는 6월 내내 심는다. 6월 중순부터 바구미 벌레들이 팥과 녹두 씨앗을 먹기 시작한다. 벌레들이 먹기 전에 파종하라는 뜻이다. 만약 벌레들이 먹었다 해도 씨앗을 쓸 수 있다. 벌레가 배아를 먹지 않는 한 싹을 틔우기 때문에, 전년도에 수확해서 벌레 먹은 것은 발아율에 영향을 미치지 않지만, 오래 묵어 벌레 먹은 씨앗을 심을 때는 발아율이 떨어질 것을 예상하고 촘촘히 심어야 한다. 모든 씨앗은 심기 전에 살펴보고 공기가 잘 통하는 곳에 둔다.

6월 말, 본격적 여름 장마가 시작되므로 여러 가지 대비를 해야 한다. 우선 밭 배수로와 논둑을 잘 다듬어야 한다. 긴 장마에 곰팡이가 피지 않도록 보관하는 것을 잘 살펴야 한다. 이미 말린 봄나물 등을 꼼꼼히 살펴 햇볕에 다시 말려 놓는다. 하지 감자는 물 빠짐이 좋은 밭에서는 굳이 캐지 않고 땅속에 그대로 두고 장마를 나기도 한다.

6월에는 채종도 한창이다. 배추, 갓, 무 등 손길이 매우 빨라진다. 작물이 풀의 저항을 덜 받게 하려면 모종으로 심는 것도 한 방법이다. 풀을 벨 때는 반드시 생장점까지 베도록 하며, 또는 뿌리째 뽑아서 뿌리의 흙을 탈탈 털어서 하늘로 향하도록 눕혀 말린다. 하늘로 향하도록 눕혀 말린다. 비가 잦을 때는 뿌리가 다시 흙에 뿌리를 박을 수도 있기 때문이다.

7, 8월

장마가 시작되고 7월이면 팥과 녹두, 가을 메밀을 마지막으로 파종은 거의 끝난다. 물론 남부 지방에서는 들깨 모종을 7월 초~중순까지 옮겨심기도 한다. 가을에 수확하는 곡식은 하지 전에는 심어야 제대로 결실을 볼 수 있다. 소서를 지나면 제대로 된 열매를 얻기 어렵다. 장마가 끝나면 본격적인 여름이다. 갈수록 아열대 기후에서 나타나는 폭염 기간이 늘어난다. 2016년에는 한 달 넘도록 폭염과 아열대 기후 가뭄에 시달렸다. 습을 좋아하는 모과 묘목이 말라 죽을 정도로 폭염이 심했다. 그나마 풀로 멀칭이 돼 있고 잡초들이 어느 정도 함께 있는 밭작물들은 말라 죽지는 않았다. 열매채소들은 동남아 지역에서 흔히 보는 둥근 모양으로 변해갔다(이는 토종 씨앗이 기후에 적응해 가는 현상이다). 폭염과 가뭄에 오이나 참외는 한두 번 더 열릴 것을 포기하고 8월 말에 시들었다. 호박과 박도 일찍 익어 저절로 떨어졌다. 여름 과일은 전보다 빨리 꼭지가 문드러졌다. 2017년에도 가뭄이 오래 지속됐고, 폭염은 2016년보다 심했다. 파종한 씨앗들이 발아조차 되지 않거나 모종이 말라 죽었다. 파종을 다시 했다. 때늦게 파종했지만, 가뭄으로 인해 때맞춰 파종한 작물의 성장세와 비슷했다. 물이 많이 필요한 오이나 잎채소에는 물을 주고, 풀 멀칭을 꼼꼼히 해 주었다. 뒤늦게 시작된 장맛비로 성장과 수확에는 큰 문제가 없었다.

8월에는 열 기운이 극점에 올라가 풀들도 한낮이면 축 늘어지며 겨우 생육을 유지한다. 식물도 하안거를 한다. 여름 휴가가 맞물리듯이 8월 초에는 아예 밭에 들어가지 않는다. 2015년에는 보름 쉬었고, 2016년에는 한 달 쉬었다. 사람이 다니는 길이나 풀을 깎는 정도였다. 풀들이 굉장히 억세졌다. 가뭄이 오래갔던 올해는 강아지풀이 득세를 했다. 가뭄이나 뜨거운 열기가 있는 땅에서 잘 자라는 풀이다.

8월에 작물들이 성하느냐 쇠하느냐는 땅의 표면이 노출되지 않고, 풀 멀칭을 얼마만큼 잘 했는지, 풀이 작물과 함께 뿌리를 내리고 있는지로 좌우된다. 지표면은 늘 덮여 있어야 한다. 그래야 지온이 떨어지고 수분이 보존된다. 그렇다고 검정 비닐을 덮으면 지온이 오히려 올라간다. 8월에는 사람도 쉬고 작물도 잠시 쉰다. 농부가 제대로 쉬어야 하는 때는 여름과 겨울이다. 하안거는 한껏 게으르게 지낸다. 예전에도 8월이면 머슴도 농사를 쉬면서 주인이 보양식을 해 먹이고 풀 거름을 만들도록 했다.

9, 10, 11월

2020년에는 50일 동안 비가 내렸다. 봄비는 언제나 반갑지만 가을철의 비는 수확 시기인지라 도움이 될 리 없다. 밭농사를 짓는 사람들은 9월이 한가롭다. 10월 되면 망종처럼 바쁜 계절이다. 봄 농사에 얼마나 몸을 놀렸는지에 따라서 결과가 나오는 계절이다. 과실 농사나 밭농사 모두 열매를 수확하고 갈무리하느라 여념이 없다. 겨울 농사도 대비한다. 김장 농사 외에 10월부터 겨울 농사에 들어간다.

겨울 작물로는 밀, 호밀, 보리, 귀리, 마늘, 양파, 유채, 시금치, 근대, 상추, 배추(남부 지방) 등이 있다. 중부 지방에서는 10월에 파종해야 한다. 남부 지방에서는 11월 초까지 파종해야 밀, 보리, 호밀이 싹을 내고 동면에 들어간다. 남부 지방에서는 대체로 올마늘(난지형 마늘)을 심는데, 올마늘은 9월 말경에 심는다. 물론 10월에 심어도 싹을 충분히 낸 뒤에 동면하면 된다. 늦마늘(한지형 마늘)은 늦어도 10월 말까지 심어야 한다. 양파는 8월경에 모종을 내서 10월에 심는다. 마늘과 양파는 겨울에 뿌리가 얼지 않도록 충분히 멀칭해 줘야 한다. 멀칭 재료로는 풀, 왕겨, 볏짚, 나뭇잎, 나무를 벨 때 나오는 나뭇가루, 콩이나 깻대 등의 파쇄물이 있다. 쌀겨로 두껍게 멀칭하는 경우가 있는데, 입자가 고운

쌀겨는 공극이 부족해 뿌리가 썩을 염려가 있으므로 피해야 한다. 중부 지방에서는 늦어도 11월 초까지, 남부 지방에서는 11월 중순까지 심으면 이듬해 수확량이 조금 작더라도 재배에는 문제가 없다.

걸어놓은 키

토종농사,
어떻게 지어야 하는가

농사의
기본 자세

사람은 돈이 없이도 백 년을 살 수 있으나 굶고는 살 수 없다. 따라서 먹는 일이야말로 무엇보다도 화급한 일이다. 추위에 떠는 자와 배고픈 자는 천만금이 소용없고 옷과 한 끼의 먹을 것이 전부다. 따라서 농부가 밭갈이를 하지 않으면 천하가 굶주린다. 하나로 백을 만드는 것이 농사니, 천하에 제일 받들어야 할 것은 농부며 농사이다. 농부는 봄 · 여름 · 가을에는 논밭에 붙어 있어야 하며 겨울에는 넉넉한 살림과 풍요로운 밥상을 즐기면 된다.

백성들이 어려워지면 민심이 흩어지고 농민들이 괴로우면 나라 살림이 어렵다. 비축과 절약은 사는데 더 없는 사명이다. 사람들은 돈을 쓰려고 돈을 가지고 다투지만, 밭 갈고 곡식을 거두는 일이 농부의 일로 부지런히 몸을 놀리면 1년 내내 저절로 근검절약이 되니 돈을 가지고 다투는 일이 거의 없다. 논밭을 떠나 있는 시간이 많을수록 돈이 필요한 것이 아니겠는가. 모름지기 농사는 자신의 노동력과 흙이나 씨앗, 거름 등 자연을 알아야 한다. 무턱대고 자연농법이 좋다고 씨앗을 뿌려 놓고 사람의 힘을 들이지 않으면 씨앗의 낭비와 풀을 이겨내지 못하여 거의 거둘 수 있는 것이 없다. 따라서 농사는 자신의 농지 넓이와 노동력을 고려하여 농사 방법을 찾아야 한다. 특히 상업농인지 자급농인지에 따라 농사 방법이 현저히 달라진다. 또한 나이 들어 농사에 뛰어들어 과욕을 부리면 오히려 건강을 잃을 수 있다. 농사는 갈고 씨앗을 뿌리는 일이 있다. 씨앗을 뿌리는 데 씨앗 자체로 뿌리는 것이 있고 모종을 내어 옮겨 심는 방식이 있다. 씨앗이 적거나 풀을 감당하기 위해 또는 자람새 관찰을 위해 모종을 내는 것이 편할 수도 있다. 들깨나 자소는 밭 한편에 모종을 내어 옮겨 심는 것이 알도 굵게 하고 수확량을 높인다. 씨앗을 뿌리는 방식에는 흩어 뿌리기(산파), 모이뿌리기(점파), 줄뿌림(선파)이 있다. 벼과 작물은 점파가 유리하고 파, 아욱, 근대, 시금치 조선 배추 등은 줄뿌림으로 해서 솎아낸다. 김매기가 필요한 것은 흩어 뿌리기를 하면 김매기가 불편하다. 메밀이나 밀, 보리 등 경작지가 넓은 곳에서는 흩어 뿌리는 것이 좋다. 예부터 경작지는 문전옥답으로 주인의 발걸음 소리를 듣고 작물은 자란다고 했다. 재배는 양육과 같아 자주 살펴주는 것이 이롭다. 농사는 때를 맞추는 일이기에 하루 일이 한 해의 일과 같으며 삼 년 농사는 일 년을 그냥 살 수 있으며 9년 농사는 3년의 여유가 생긴다. 심을 때는 뿌리와 싹이 잘 나도록 흙을 부드럽게 해야 한다. 풀과 구분할 수 있도록 줄뿌림을 하는 것도 편리하다. 예부터 농사는 무엇보다도 인력을 다해서 양생(養生)하는 것과 같다. 예부터 쟁기로 밭 가는 것은 도인과 같고, 김매기를 머리 빗고 목욕하는 것과 같으며 거름은 약과 같고 불을 놓는 것은 쑥뜸과 같아 양묘라고 했다. 또한 농사는 농기구가 기본이며, 안일함과 게으르면 농사를 못한다고 했으며 당장의 이익에 눈이 멀어 곡식을 소홀히 여기고 돈에 미치지 말아야 한다고 했다.

땅을 잘 알아야 한다

농사가 고된 노동이 아니라 즐거운 노동이 되려면 토양에 맞는 작물을 심어야만 한다. 이는 자기 몸에 맞는 노동과 음식이 필요한 것과 같다. 아무리 좋은 음식이라도 모든 사람에게 맞지 않는 것과 같은 이치다. 따라서 자신의 토양이 어떤 토양인지 잘 알고 거기에 맞는 작물을 심어야 병충해를 줄이고 노동력도 덜 들게 된다. 땅이 비옥한가 척박한가는 그렇게 중요하지 않다. 오히려 고지대인가, 저지대인가를 보고 고지대에는 바위와 돌이 많으며 저지대에는 고지대로부터 물을 따라 흘러내린 양분이 많고 물이 고여 진흙이 많다. 따라서 고지대에는 깊이 파고 땅의 생기를 돌게 하고 저지대는 얇게 파서 하늘의 양기를 닿게 하면 된다. 또한 배수와 보습으로 구별을 하여 논과 밭을 넘나들 수 있다. 밭작물은 습기에 약한 편이다. 토심이 깊은 땅은 장마 때 비에 쓸려 내려온 잔모래가 섞인 고운 흙을 양토라고 한다. 점토질이 많은 땅은 가뭄에는 딱딱하고 비가 오면 신발이 푹푹 빠지는 땅은 점질토로 밭갈이를 하지 않는 논이 그러하다. 이런 땅에는 서속(기장과 조)을 재배할 수 있지만 이조차도 잘 안 되는 땅이다. 콩과 작물은 습기에도 잘 견디지만 늘 습기가 있는 땅으로 콩이나 팥 등 콩과 작물조차도 재배하기 어렵다. 이런 땅은 주변에 샘이나 웅덩이를 파서 습기를 모아 논으로 사용하는 것이 좋다. 부분적으로 축축한 땅이 있는데 논과 밭으로 사용하면 좋다. 밭으로 할 때는 이랑을 살짝 올려 사용하거나 밭벼를 심는 것이 좋다. 습기가 거의 없는 땅으로 쉽게 가뭄이 드는 땅이 있다. 이런 땅은 유기물을 넣어 밭갈이를 깊게 하여 수분을 함유할 수 있도록 땅심을 기르는 것이 좋다. 보습과 배수가 고루 잘 되는 근본적으로 살이 좋은 땅이 있다. 보습과 배수의 정도를 아는 방법은 첫째, 풀을 보면 알 수 있다. 습한 땅에서는 띠풀이 많이 자란다. 띠풀이 많으면 습해서 작물이 자라지 않는다. 갈대나 억새가 많이 자라면 역시 물이 잘 빠지지 않는 습한 땅이다. 뱀밥도 마찬가지다. 건조한 토양에서는 망초나 바랭이가 많이 자란다. 쇠뜨기는 습하면서 토양의 균형이 깨진 곳에서 많이 자란다. 둘째, 흙의 색깔을 보면 구별할 수 있다. 손 길이만큼 파서 색깔을 보면 습한 흙은 물이 잘 빠지지 않아 논에서 보는 검은색 가까운 진흙이나 점질의 황토색이 많다. 흰색에 가까운 토양은 건조한 토양이다. 더구나 모래가 많으면 수분 함유량이 적어 작물 선택에 각별한 주의가 필요하다. 흰색에 가까운 토양에는 잔돌이 많기도 하다. 셋째, 토양의 경사도를 보는 방법이다. 경사진 토양의 위쪽은 수분이 부족하고, 아래쪽은 수분과 영양분이 몰려 있다. 그래서 위쪽에는 수분과 영양분을 덜 타는 작물을 심고, 아래쪽에는 수분과 영양분에 민감한 작물을 심어야 한다. 또한 경사진 땅을 밭으로 만들 때 주의할 점은, 이랑을 가로로 내야 한다는 것이다. 그래야 영양분과 수분이 위쪽에 조금이라도 머물 수 있기 때문이다. 넷째, 모래 함유량을 보는 방법이다. 모래와 흙이 적당히 섞여 있는 땅이 무난한 땅이다. 모래가 적고 진흙이 많으면 양토로, 수분과 양분 함유량이 많다. 눈으로 확인이 어려우면, 손으로 흙을 파서 비벼 보면 감으로 알 수 있다. 사질양토나 양토 모두 재배에 무난하다. 다섯째, 냄새를 맡는 방법이다. 건강한 흙냄새는 상쾌하다. 이른바 흙냄새는 다양한 미생물이 섞여 좋은 냄새를 내는데 특히 방선균이 많은 흙을 말한다. 썩은 냄새가 나는 흙은 수분이 빠지지 않아 유기물이 발효가 되지 않고 부패한다. 산에 낙엽이 쌓인 흙을 파 보면 흙내음이 상쾌하며 심지어 흙을 먹을 수 있다. 여섯째, 손으로 흙을 뭉쳐 보는 방법이다. 흙을 손으로 꾹 뭉쳤을 때 잘 뭉쳐지면 수분 함유량이 높고, 흩어지면 모래가 많다. 대략 뭉쳐질 듯 말 듯한 상태의 흙이 좋다. 일곱째, 흙을 파 보는 방법이다. 딱딱해서 잘 파지지 않는 땅은 통기성이 부족해 작물이 잘 자라지 않는다. 작물은 부드러운 흙에서 싹을 잘 틔우고, 뿌리를 적당히 내린 뒤에는 뿌리의 힘으로 딱딱한 땅으로 들어간다. 하지만 감자나 어린 작물의 싹이 자라는 데는 성장하는 최대치까지 땅이 부드러워야 한다. 왜냐하면 이들은 땅을 뚫고 들어가는 힘이 없기 때문에 구근이 자라다가 딱딱한 땅을 만나면 무는 모양이 변하고, 감자는 작게 달린다. 고구마도 뿌리가 내릴 때까지는 흙이 부드러워야 한다. 여러해살이풀이나 뿌리를 깊이 내리는 식물은 땅이 딱딱해도 뿌리를 충분히 깊이 내릴 수 있다. 그래서 딱딱한 땅을 부드럽게 하기 위해서는 여러해살이풀, 뿌리식물로 우엉 같은 것을 심고 두 해를 기다리는 것이 좋다. 이렇게 하면 땅속 통기성을 확보하고 우엉 뿌리가 썩으면서 유기물을 확보해 지력을 높일 수 있다.

기계를 자주 사용하면 땅이 딱딱해진다

육중한 기계를 자주 쓰면 땅이 눌려서 딱딱해진다. 땅을 가는 기계의 날이 닿는 범위는 흙 입자가 부서져 부드러워지지만, 날이 닿지 않는 부분은 경반층을 형성한다. 경반층이 생기면 물이나 양분 흡수가 안 된다. 가뭄의 원인은 강수량 부족이 아니라, 경반층 때문에 물이 흡수되지 못하고 지표면을 통해 유출되기 때문이다. 결국 지하수가 부족해지고, 사람들은 지하수를 계속 퍼내어 사용하니 수요와 공급의 균형이 깨져 일어나는 현상이다. 따라서 경반층이 생기지 않도록 기계를 적당하게 사용하는 것이 좋다. 특히 땅이 딱딱해지는 것은 흙이 자연적으로 입자를 형성하여 보습과 배수가 좋은 흙으로 변하는데 계속해서 기계를 사용하여 입자를 부수고 눌러 공극의 활성화를 없애고 자력으로 땅심을 가질 수 없도록 한다. 특히 화학 비료를 사용하는 땅은 유기물이 주는 입자 형성을 막는다. 노동력이 부족한 땅은 기계의 힘을 빌려야 하는데 기계를 너무 자주 사용하지 않도록 밭의 형태를 만들어 놓고 가능하면 밭의 모양을 변경하지 않고 사용하는 것이 좋다. 오래 묵어서 잡목이나 잡풀이나 갈대, 억새, 칡뿌리, 쑥 뿌리들이 왕성한 곳에 처음 밭을 만들 때는 기계를 사용하여 흙을 뒤집어 뿌리를 제거한 뒤에 농사를 지어야 고생이 덜하다. 이후 차츰 기계 사용량을 줄여 삽이나 괭이로 흙을 뒤집거나 긁는 정도로 하여 짚이나 풀, 톱밥 등 다양한 유기질 재료를 이용하여 멀칭과 섞어짓기를 통해 비옥도와 토심을 높여 굳이 흙을 뒤집지 않아도 되는 농사를 짓는 것이 중요하다. 경작 규모와 자신의 처지에 따라 기계 사용 여부를 결정하고, 가능하면 기계 사용을 줄이거나 자제하여 저절로 흙을 살린다는 점을 자각하면 된다.

토양에 맞는 작물과 두둑

밭작물은 본디 습기에 약하다. 하지만 콩과 식물이나 고구마 등 잎이 넓은 식물은 습기를 잘 견디는 편이다. 콩과 작물은 물이 빠진 논에 두둑을 만들어 심어 논에 대체 작물로도 이용하는 등 습기가 많은 토양에서도 경작 가능하며 높은 온도를 좋아하고 가뭄에도 잘 견딘다. 콩 재배는 북 주기가 관건인데 뿌리혹박테리아 발달을 위해서는 북 주기를 많이 해주어야 수분과 양분의 흡수가 좋아지고 쓰러짐을 방지하며 소출을 높일 수 있다. 습기가 없는 땅에서는 두둑을 높이지 말고 평두둑이나 고랑 파종을 하여 김매기 겸해서 북 주기를 할 수 있다. 건조한 땅에 두둑을 높이면 가뭄을 심하게 타서 잘 자라지 않는다. 반면에 감자는 물이 잘 빠지는 토양이 알맞다. 습한 토양이면 두둑을 높게 만들어 감자를 심는다. 또한 딱딱한 토양에서는 덩이뿌리가 잘 형성되지 않기에, 흙을 최대한 부드럽게 만들어야 한다. 이에 반해 고구마는 약간 점질성이 있는 황토 땅에서 잘 된다. 고구마 뿌리는 땅 깊게 파 들어가는 성질이 있으므로, 뿌리가 내리는 깊이는 부드러운 흙이지만 고구마가 달리면 수확할 때 곡괭이로 힘들여 수확해야 하는 단점도 있다. 고구마는 가뭄과 습기에도 잘 견딘다. 고구마 농사는 게으른 사람이 짓기에도 좋다.

고추는 적당한 수분과 영양분이 있는 땅이어야 한다. 습한 토양도 좋지 않지만, 수분이 빨리 건조되는 토양도 좋지 않다. 습한 토양에서는 두둑을 약간 높이는 것이 좋고, 건조한 토양은 평두둑이 좋다. 건조한 토양에서는 고추를 심고 나서 풀로 두껍게 멀칭해 주는 것이 좋다. 가지는 어떤 토양이든 잘 자라는데, 어떤 토양이든 가리지 않는 작물은 약간 습한 토양에서 더 잘 자란다고 보면 된다.

조, 수수, 기장, 메밀 등은 메마른 땅에서도 잘 자란다. 서숙이 안 되는 땅은 쓸모없는 땅이다. 산속에서 이들 잡곡을 식량으로 하는 이유가 산으로 올라갈수록 건조하고 척박하기 때문이다.

두둑에는 둥근 두둑과 평두둑이 있다. 비닐 멀칭을 하는 곳에서는 대체로 둥근 두둑을 만든다. 둥근 두둑은 두둑을 높이는 것이어서 작물에 두둑을 맞추는 게 좋다. 둥근 두둑은 고구마, 감자, 땅콩, 토란, 무 등 뿌리채소에 알맞다. 열매채소나 잎채소는 평두둑을 해야 토양 활용도가 높다. 하지만 둥근 두둑은 풀 관리에 용이한 측면도 있다.

기계를 사용하지 않고 손으로 밭을 만들 때 처음에는 감자, 고구마, 땅콩 등 뿌리채소를 심으면 효율적이다. 어차피 두둑을 만들어 재배하고 수확할 때는 땅을 헤집어야 한다. 파종과 수확을 통해 두 번 손이 가므로 땅을 뒤집는 효과가 난다. 감자, 고구마, 땅콩, 무를 심었던 자리에 이듬해 다른 작물을 심으면 흙을 뒤집은 효과를 볼 수 있다.

뿌리채소인 우엉이나 무를 심은 뒤 수확하지 않고 땅속에서 썩게 하면, 토양의 통기성과 유기물이 확보돼 비옥도가 높아진다. 특히 건조하거나 딱딱한 땅을 뒤집거나 갈지 않으면 우엉, 흰 당근 같은 뿌리 작물을 밀식하여 심어 놓고 땅속에서 썩게 하면 땅의 유기물과 부드럽게 하는 데 좋은 효과를 볼 수 있다.

퇴비

퇴비 투입량을 권장량보다 적게 한다

해마다 지자체나 농협을 통해 할인 지급되는 퇴비 구성비를 보면 가축 분뇨가 60~70%를 차지하고, 톱밥이나 나뭇잎, 짚 등 탄소 자재가 20~30%에 불과해 탄질 비율이 낮다. 질소 비율이 높으면 식물 성장에 도움을 줘 수확량은 늘지만, 토양 미생물 번식과 지력을 높이는 탄소 비율이 적어 뿌리의 활동을 줄임으로써 토양과 식물의 상호 작용을 감소시킨다. 예를 들어, 생선이나 고기만 있으면 썩으면서 고약한 냄새가 나고 가스가 생기지만, 생선이나 고기에 곡물이나 톱밥을 비롯한 식물 자재가 들어가면 미생물 번식이 활성화돼 발효가 잘 진행되고 가스도 적게 난다. 입자가 큰 나무 파쇄된 것을 넣으면 분해 속도가 곡물 가루나 톱밥보다 느려 생물 성장에 작용하는 에너지 생성이 천천히 진행된다. 그래서 성장에 효과를 미치기까지는 지력이 높아지는 시간만큼이나 오래 걸린다. 활엽수가 많은 숲이 비옥해지기까지 상당한 시간이 필요한 이유다. 탄질 비율이 30%가량 되는 퇴비가 토양과 식물의 상호 작용에 적당하다.

질소비가 많은 퇴비를 넣으면 열매나 구근은 비대해지고, 반면 면역력이 떨어져 병충해에 약해지는 결과를 가져온다. 잎사귀가 짙푸른 채소는 질소 퇴비가 많이 들어갔다는 의미인데, 수량은 높이지만 작물의 맛과 저장성을 떨어뜨린다. 따라서 가축 분뇨를 거름으로 쓸 때는 풀, 톱밥, 식물 잔재, 재 등 집과 밭에서 나오는 식물성 유기물과 섞어서 2~3년 묵혀 쓰는 것이 바람직하다. 질소비 함량이 가장 많은 계분만을 썼을 때, 호박이 열매를 맺지 않는 경우를 볼 수 있다. 질소비가 많으면 줄기 두께가 비대해져 열매로 에너지가 가지 못한다. 가축 분뇨 중 질소비가 가장 많은 것이 계분이고, 다음이 돈분과 우분이다. 값싼 퇴비에는 돈분 함량이 제일 많고 다음 계분과 우분 순이다. 이는 돼지 사육 농가와 가금류 농가가 제일 많다는 의미이기도 하다. 암튼 값싼 퇴비는 발효가 충분히 된 것을 전제로 권장 시비량의 50%로 사용하면 뿌리의 활동량이 많아져 건강해지고, 식재 본연의 맛을 즐길 수 있다.

미숙 퇴비를 사용하지 않는다

미숙 퇴비는 발효 과정에 많은 에너지가 필요하기 때문에, 뿌리가 흡수해야 할 에너지를 가져간다. 또한 미숙 퇴비에서 나오는 가스는 뿌리를 손상시키고 약하게 만든다. 퇴비 공장에서 만든 지 1년도 안 되는 것을 공급하므로, 이렇게 구입한 퇴비는 적어도 1년 이상 묵혔다가 써야 한다. 미숙 퇴비에 대한 병해는 생각보다 크다. 사람들이 식중독에 걸리는 이유가 덜 발효되거나 썩은 것, 독성이 남은 것을 먹으면 식중독에 걸려 생사의 위험까지 가는 것처럼 식물도 미숙 퇴비를 쓰게 되면 식중독에 걸리는 것과 같다. 그런데도 퇴비의 완숙 여부를 무시하고 쓰는 이유는 애초에 화학농약을 사용할 생각을 하거나 농약에 대한 과신 때문이다. 농약을 많이 칠 생각으로 농사를 지으니 결국 우리가 먹는 작물이 농약 덩어리가 되고, 작물 또한 병약한 것을 먹게 된다. 농사에 퇴비와 농약을 당연히 써야 한다고 생각하는 것은 바로 이러한 이유다. 특히 우리 부모 세대가 왕성하게 농사를 지었던 70년-90년대는 식량 증산을 위해 퇴비와 농약에 집중했던 시기로 부모 세대는 수확량을 많게 하려면 무조건 퇴비를 많이 쓰고 농약을 반드시 쳐야 한다고 말한다. 친환경 농사를 짓는 사람들도 마찬가지로 고투입 농사를 짓는 데 수확량을 높이기 위한 상업농을 전제로 한다. 수확량과 크기에 의존한 현재의 농업유통 시스템에서는 어쩔 수 없는 선택이라고 하지만 자급농을 하는 경우는 퇴비량을 줄여야 건강한 뿌리를 만들어 면역력을 강화할 수 있다. 퇴비는 풀이나 나뭇재를 비롯한 식물성이 가스가 적게 나고 탄질 비율을 높여서 좋다. 식물성 퇴비에 자신의 분뇨를 섞어 충분히 발효시켜서 쓰면 비용 부담도 없고, 병충해 예방에도 도움이 된다.

건강한 퇴비 만들기

건강하고 돈이 들지 않는 퇴비를 만드는 일은 농가의 삶의 방식과 직결된다. 사람은 배설을 통해 날마다 질소비를 생산한다. 그러므로 농가에서는 뒷간을 필수로 만들어 분뇨를 퇴비로 만든다. 가장 간단한 방법은 똥과 오줌을 분리하는 방법이다. 냄새도 덜 나고, 구더기도 거의 없다. 왕겨 위에 똥을 누고, 오줌은 따로 받아 둔다. 왕겨와 뒤섞인 똥을 모아두었다가 적당한 시기에 불로 태운다. 불이 날까 걱정할 필요는 없다. 불만 붙으면 왕겨의 공극이 열을 안으로 들여 며칠 동안 연기를 내면서 똥을 태운다. 며칠 뒤에 재만 남는다. 이렇게 만들어진 재는 바로 퇴비로 쓸 수 있다. 혹시 재가 되지 못하고 타다 남은 것이 있으면 빈 밭으로 옮겨 밭에 흩뿌리고 흙과 섞어 두면, 뒤에 심는 작물에 에너지원으로 작용한다. 따로 통에 받아 둔 오줌은 발효 기간을 따로 두지 않고, 통이 채워지면 비가 오기 전에 뿌리면 된다. 주의할 것은 어린 식물에는 직접 사용하지 않고 골에 뿌려두는 것이 좋다. 옥수수, 호박의 경우 오줌의 역할이 매우 크다. 평소에는 풀이나 나뭇재를 쌓아둔 곳에 오줌을 뿌려 놓는다. 나는 풀 멀칭이 돼 있는 밭에 오줌을 흩뿌리곤 한다. 아니면 밭마다 풀을 모아둔 곳에 오줌과 재를 뿌려 놓고 발효되면 사용하는 것도 좋다.

다음은 음식 쓰레기다. 음식 쓰레기에는 모든 잔재물이 해당한다. 커피 찌꺼기, 냄새가 나서 먹지 못하는 것들, 반찬, 김칫국물, 밤껍질, 개똥 등을 뒤섞어 적당한 수분(60%)에 맞춰 발효시킨다. 1차 발효된 것은 흙과 섞어 두면 속도가 빨라진다. 맥주나 막걸리 등 먹다 남은 술, 음료, 쌀뜨물 등은 바로 밭에 뿌리거나 통에 모아둔다.

연못을 만드는 방법도 있다. 나는 집에서 쓰는 물이 연못으로 모이도록 만들었다. 작은 연못에는 어리연과 창포 등이 자라고, 1급수에서만 산다는 개구리도 있다. 집에서는 화학제품을 쓰지 않고 수제 비누만을 사용한다. 연못 물이 넘치면 논으로 흘러가게 돼 있다. 연못의 물은 좋은 액비가 된다. 밭에서 나오는 식물 잔재들은 즉시 풀 멀칭재로 쓴다. 잔재물을 쌓아두어 분뇨와 섞어 발효시켜 사용할 수 있지만, 동선과 노동력을 최소화시키기 위해 즉시 사용하는 방법으로 한다.

다음은 재를 쓰는 방법이다. 내가 사는 집의 방은 구들방이어서 겨울에 재가 많이 나온다. 재는 퇴비로써 즉시 효력이 발생한다. 재를 풀 멀칭 위에 뿌리기도 하고, 음식 쓰레기와 함께 사용하기도 하며, 물과 섞어 쓰기도 한다. 재를 퇴비로 쓰려면 주거 에너지원이 구들이어야 한다. 이러한 주거 환경이 전통 농가 방식을 따르고 있다. 따라서 나의 농사에서 퇴비는 내 생활과 밭에서 나온 잔재물을 순환시킨다. 그러니 돈도 들지 않고 건강한 퇴비를 만들게 된다. 나오는 퇴비량과 밭 면적을 고려하면 퇴비가 늘 부족하다. 그렇다고 퇴비를 외부에서 끌어들이지 않는다. 왜냐하면 퇴비의 사용 여부는 동선에 따라 결정되고, 작물과 토양에 따라 결정하기 때문이다. 뒷간과 집 가까운 곳에는 퇴비가 필요한 작물을 심고, 뒷간과 집으로부터 멀수록 퇴비가 덜 들거나 아예 안 써도 되는 작물이나 나무, 약초를 심는다.

또한 호박이나 박은 경사진 곳에 구덩이를 파서 심는다. 비가 오면 경사진 곳

사이에 있는 구덩이로 영양분과 빗물이 들어가기에 열매가 아주 크지는 않지만 적당한 크기로 재배가 충분하다. 나와 자연을 잘 알면 농사도 편해진다.

텃밭 예술

사이짓기

사이짓기는 언제나 긍정적이라고 보면 된다. 밭에 다양한 작물이 있으면 작물이 좋아하는 미생물들이 모이고, 천적들의 다양성도 보장된다. 그리고 작물 간 궁합이 있어서 서로 보완 작용을 한다. 이로움과 해로움이 환경에서 스스로 조율하는 것이다. 숲에서 볼 수 있는 다양한 식물의 공존은 바로 공생을 의미한다.

전통 농사에서 텃밭에서는 주곡을 제외한 찬거리를 자급했다. 텃밭에 심는 작물은 양념류, 김치류, 나물류, 유지류, 주식 대용으로 대략 30가지 정도다. 자투리땅에 심은 아욱, 근대, 시금치, 부추 등은 따로 채종하지 않아도 씨앗이 떨어져 자연스럽게 자란다. 반찬과 약으로 쓰는 도라지도 밭 모서리에 심어 여러 해를 거친다.

3월에는 감자와 키 작은 강낭콩을 함께 심는다. 고추 심는 곳에 파와 상추를 같이 심는데, 그늘에서도 잘 자라면서 서로 상승효과를 준다. 가을에는 배추, 무, 쪽파를 함께 심는다. 들깨와 콩은 사이짓기의 대표 작물이다. 들깨와 콩은 일상적으로 먹는 기름과 된장에 쓰이기에 일정한 수량이 필요하다. 그래서 이 둘은 자투리 땅에 사이짓기로 심는다. 나무 사이, 밭 가장자리, 고라니나 멧돼지 피해가 있을 법한 곳에 들깨를 심는다. 참깨를 심고 난 뒤에는 태풍 피해로

사이짓기–고추, 파(할머니 농가)

사이짓기–봉숭아 사이 고추(은은가)

쓰러짐을 방지하기 위해 참깨 옆에 들깨를 심는다. 고구마밭 사이에 참깨를 심기도 한다. 녹두와 팥도 사이짓기로 적당하다. 6~7월에 파종하고 9월에 수확하는 녹두는 토양 비옥도를 위해 사이짓기를 하는데, 7월 수확이 끝난 뒷자리에 팥이나 녹두를 논둑이나 길가에 심는다. 토종 오이는 지지대를 하지 않고 어덕이 있는 가장자리에 심는다. 한여름 예초기를 사용하여 예초를 할 때는 오이 줄기나 호박 줄기 등이 불편하기에 오이는 지지대를 이용하여 재배하기도 한다. 동부는 경사진 둑에 심거나 울타리에 심어 경관용으로도 사용한다. 호박이나 박은 둑이나 퇴비간, 울타리와 지붕을 타고 올라가게 한다. 토마토는 지지대가 있어야 하는데 토마토를 심고 아래는 키가 작은 강낭콩을 심어 밭을 알뜰하게 사용하며 서로 궁합이 잘 맞기도 한다. 옥수수는 가장자리로 울타리형 또는 길가에 겹으로 심기도 한다. 수수와 조는 콩 사이 또는 밭 가장자리, 길가에 심는다. 차조기는 씨앗이 떨어져 저절로 나기도 하니 자연스럽게 사이짓기가 된다. 사이짓기의 궁합 원리는 병충해 방지, 작물의 키를 이용하기, 음지와 양지, 작물의 부피의 어울림도 작용한다. 넓게 퍼져 자라는 작물은 잎이 작고 키가 크게 자라는 작물과 궁합이 맞는다. 양지식물 아래에는 음지식물이 궁합이 맞고, 충해를 많이 입는 작물은 향이 진한 작물과 궁합이 맞다. 인간관계에서도 성질이 똑같으면 부딪히니 서로 장단점을 보완하면서 아귀가 맞아야 잘 어울리듯, 식물의 사이짓기도 그러하다. 사이짓기를 잘하면 병충해 방지만이 아니라 밭이 아름답다.

돌려짓기

사이짓기와 돌려짓기를 하면 연작 피해가 거의 없다. 돌려짓기는 땅의 활용도와 비옥도를 높일 수 있다. 돌려짓기는 사이짓기와 더불어 작은 공간을 최대한 활용하는 기술이다. 돌려짓기를 하다 보면 자연스럽게 사이짓기를 하게 된다. 돌려짓기와 사이짓기는 기계를 사용하기 어려워 주로 손으로 하는 농사일 때 좋다. 이는 오히려 노동력을 줄이는 역할도 하는데 감자, 땅콩, 고구마 등 땅을 부드럽게 할 필요가 있을 곳을 구근 밭으로 정해서 밭을 만든다. 어차피 수확을 할 때는 두둑을 무너뜨리기 때문에 이듬해에는 채소나 다른 작물을 심으면 된다. 돌려짓기와 사이짓기는 노동력을 아끼는 역할도 한다.

감자와 키 작은 강낭콩 뒷그루로 들깨, 메주콩, 녹두, 팥, 배추, 무가 들어갈 수 있다. 고구마, 들깨, 콩 뒷그루로 양파, 마늘, 보리, 밀, 귀리가 들어간다. 배추, 무 뒷그루에는 냉이, 달래, 씀바귀 등을 파종해 봄철에 먹을 수 있다. 냉이, 달래, 씀바귀는 한번 뿌려 놓으면 씨앗을 맺어 이듬해부터는 씨앗을 뿌리지 않아도 저절로 나기에 덤으로 찬거리를 얻을 수 있다. 남부 지방에서는 남은 배추를 밭에 두고 이듬해 봄에 봄동으로 먹기도 한다. 밭에 여러해살이 봄나물을 심으면 봄나물 이후에 콩, 들깨 등을 심어도 된다. 왜냐하면 잎을 먹고 난 뒤에는 그늘이 있어도 작물에 영향을 주지 않기 때문이다. 이러한 봄나물로는 참취, 당귀, 우산나물, 비비추, 곤드레, 달래 등이 있다.

여러 가지 밭두둑

녹비 작물을 돌려지어 지력을 높이고 토양을 보호하며 풀을 억제하는 역할을 동시에 할 수 있다. 논에는 자운영이나 살갈퀴 등 콩과 식물을 녹비 작물로 심었다가 논물을 대기 전에 논을 뒤엎어 비옥도를 높이게 된다. 밭에서는 키가 2m가 넘는 호밀을 녹비와 멀칭용으로 많이 심는다. 호밀은 씨앗이 맺기 전에 눕혀야 한다. 밭 규모가 크면, 호밀을 눕히기 전에 씨앗 파종할 곳의 호밀만 베어 놓고 씨앗을 파종한 뒤 눕히는 것이 편하다. 작은 경작지라면 호밀을 베어 눕힌 뒤 일일이 구멍을 내 파종한다. 그 외 우엉이나 무 같은 뿌리식물을 녹비 작물로 심어 지력을 높일 수 있다.

여러해살이를 함께 심어 땅심을 깊게 한다

뿌리가 땅속 깊이 내려가는 것을 심으면 토양에 공극과 통기성을 준다. 공극은 미생물이나 지하부 벌레들이 살 집을 제공해 토양의 비옥도를 높인다. 특히 기계를 계속 써서 경반층이 생긴 경우에는 뿌리를 깊이 내리는 작물을 심어야 해결할 수 있다. 뿌리를 깊이 내리는 작물은 여러해살이다. 따라서 한해살이풀로 심기보다 유실수 또는 특용수와 여러해살이풀이 공존하는 밭을 만드는 것이 토양의 비옥도를 높이고 장기적으로 노동력이 덜 드는 방법이다. 전통 농사에서는 집과 텃밭 주변에 과실수나 특용수를 심었다. 감나무, 대추나무, 자두나무, 살구나무, 오가피나무, 탱자나무, 구기자나무 등이 가장자리에 자란다. 나무 아래에 텃밭이 있는데, 여기에는 평상시 약이나 식재로 동시에 사용할 수 있는 도라지, 더덕, 당귀 등을 심었다.

콩과 식물을 항상 같이 심는다

식물 자체로 질소 고정을 하는 작물이 콩과다. 토끼풀이나 자운영 등 녹비 작물도 콩과에 속한다. 비옥한 토양에서 자라야 하는 작물은 콩과와 섞어 심는다. 전통적으로 감자와 키 작은 강낭콩, 옥수수와 콩, 수수와 콩을 함께 심었다. 팥과 녹두는 비옥도만이 아니라, 토양의 해독 작용을 위해서도 해마다 심으면 좋다. 팥은 한 번에 수확이 가능하므로 동선이 먼 곳에 심어도 되지만, 녹두는 익는 대로 수확해야 하므로 동선이 짧은 곳에 심는다. 팥을 심고 난 뒤 7월에 녹두를 심으면 팥처럼 한 번에 수확할 수도 있다. 척박한 토양의 비옥도를 한 해라도 빨리 높이려면, 열매를 맺기 전에 갈아엎는 방법이 좋다.

사이짓기-자소, 수수, 콩

씨 뿌리는 법

요즘은 대체로 모종을 내어 뿌리가 칭칭 감긴 상태로 본 밭에 나간다. 모든 식물의 건강은 뿌리로부터 시작되는데, 모종으로 키워 심은 한해살이 작물은 뿌리를 깊이 내리지 못한다. 뿌리 활착이 떨어지니 영양분과 수분을 찾으러 땅속 깊이 내리지 못해 고추의 경우 약간의 바람에도 잘 쓰러진다. 고추를 수확하고 뿌리를 뽑아 보면 쉽게 뽑히는 것을 알 수 있다. 씨를 직접 밭에 뿌리는 것을 전라도 말로 노가리라고 하는데 씨앗을 뿌린 고추는 뿌리가 깊어 잘 뽑히지 않는다. 땅에 직접 씨앗을 뿌리고 싹이 난 뒤에 솎아 주는 것도 잊어서는 안 된다. 솎거나 옮겨 심는다. 작물의 뿌리가 건강하면 병해충을 충분히 이겨낼 수 있다. 따라서 작물 심기는 트레이(모종판)를 이용한 모종을 가급적 내지 말고, 본 밭에 직접 뿌려 솎는 방식이나 밭 가장자리에 흙을 부드럽게 만들어 뿌려 키가 10센티 정도 자란 뒤에 본 밭에 옮겨 심는 방식이 좋다. 모종을 내어 본 밭에 옮겨 심는 경우는 씨앗 손실이 있어서 적은 양의 씨앗일 경우, 풀을 감당하지 못할 경우, 씨앗과 풀을 구별할 수 없을 경우, 씨앗의 발아 시기 등 생리적 관찰을 해야 할 경우, 모판으로 이용할 때 현저히 장점이 많은 경우에 한다. 옮겨심기 적당한 것도 뿌리가 완전히 칭칭 감긴 상태보다 상토가 떨어지지 않고 옮겨 심을 정도의 뿌리 감김 상태가 뿌리 활착률이 높다. 모종을 옮겨 심을 때는 비 오는 날이나 땅이 축축하지 않은 경우를 제외하고는 심을 구멍을 파서 물을 충분히 주고 심는 것이 뿌리 활착률을 좋게 한다. 씨앗 뿌리는 방법에는 보리처럼 고랑에 씨앗을 뿌리는 법이 있는데 이는 건조한 땅이나 건조한 시기에 말라죽는 것을 예방하기 위한 것으로 월동식물들이 그러하다. 두둑에 파종하는 방법으로 여름작물이 있다. 장마철 침수 피해 및 풀 제거의 편리성, 여름철 배수 문제를 해결하기 위한 방법으로 사용한다. 씨 뿌리는 법으로는 점뿌리기, 흩어 뿌리기, 줄뿌리기가 있다. 풀과 구별하기 위해서는 줄뿌림이나 점뿌림을 하는 것이 좋다. 점뿌림은 벼, 보리, 밀 등이다. 경작지 규모가 커 기계를 사용하면 보리 밀을 흩어 뿌리기를 하고 녹비 작물은 흩어 뿌리기를 한다.

씨 뿌리기는 때가 있다

육묘 산업이 활성화되면서 작물 심는 시기가 매우 빨라졌다. 하루라도 일찍 출하해 소득을 높인다는 물류 공급 시스템이 작물 파종을 앞당기고 있다. 물론 농촌에서도 마찬가지다. 이는 비닐 멀칭재가 밭농사에 일상으로 사용하면서 지온을 높이는 역할을 하기 때문이다. 예를 들어, 4월 중순 이후에나 파종하는 토란을 3월 중순에 한다. 물론 땅속 온도를 높이기 위해 비닐 멀칭을 하고, 퇴비를 많이 쓴다. 감자도 비닐하우스에서 파종해 한 달 일찍 출하한다.

이러한 방식을 자급 농사짓는 초보들이 아무 생각 없이 따라서 한다. 토종농사는 자급 농사였으므로, 농부의 노동력이 덜 드는 방식으로 작물이 육종되었다. 토종 씨앗으로 짓는 농사는 자급 농사에 맞춘 것임을 유의해야 한다. 예를 들면 토종 배추는 9월 초에 밭에 들어가는 것인데 8월 하순에 들어가면 벌레들이 많이 달려들어 병충해가 심하다. 2021년 전국의 배추 농사가 망한 것도 이른 파종 시기로 인해 무름병이 생겼기 때문이다. 토종조선 배추는 9월 중순에 파종하는 것이라 벌레로부터 조금은 자유롭게 될 수 있다.

모든 작물에는 발아와 생육 적온이 있다. 밭에서 재배하는 작물은 자연환경에 영향을 직접 받기 때문에 생육 적온이 맞지 않으면 병해충에 취약해진다. 4월 초에 고추나 토마토 모종이 나온다고 바로 심으면, 냉해를 입어 꽃이 빨리 핀다. 이는 작물이 빨리 자라서 병해충에 약해지고 수확 기간도 짧아지는 원인이 된다. 따라서 발아와 생육 적온을 충분히 고려해 파종하는 것이 중요하다.

토종농사와 잡초

잡초의 정확한 의미

농사는 특정한 작물을 목적으로 재배하는 행위를 말하는데 이때 원하지 않는 풀이 나오면 그것을 잡초라고 한다. 즉 농사를 통해 재배하는 것은 작물이라 하고, 원하지 않는 것은 잡초라고 한다. 과수원, 정원, 밭, 논 등 농사 행위를 하는 곳을 전제로 경작지에서 나오는 의도되지 않는 풀을 잡초라고 한다. 또 다른 의미로는 무지랭이, 관심 밖의 것을 잡초라고 한다. 인간사회에서 주로 쓰는 말이다.

쇠비름을 재배할 목적으로 만든 밭에 배추가 나오면 배추는 잡초가 된다. 하지만 우연히 나온 배추도 소중히 여기고 뽑아내지 않는다면, 배추는 잡초가 되지 않는다. 결국 농사를 짓는 사람의 풀에 대한 태도에 의해 풀들의 효용 가치가 결정된다고 볼 수 있다.

산야초, 야생초, 약초의 의미

산야초는 산과 들에서 나는 풀을 말한다. 산과 들에서 나는 풀을 잡초라고 하지 않는다. 야생초는 작물 재배와는 대립적인 의미로 야생에서 자라는 풀을 말한다. 야생초를 밭에 가져와 재배하면 야생초는 작물이 된다. 요즘 민들레를 그렇게 재배하는 경우가 많다. 약초는 약으로 쓰이는 풀을 말한다. 약초냐 일반 식재냐는 구별이 있다. 약으로 쓰이는 작물은 매일 먹어서는 안 된다. 대부분 약용은 독이 있기 때문이다. 식재와 약용은 구별해야 한다. 예를 들면 간 기능이 좋은 사람이 헛개나무를 매일 달여 마시면 3년 뒤에 간이 녹아버리는 것과 같다. 치료제는 치료제로 단기간에 사용해야 한다.

풀과의 전쟁 피할 수 없는가?

전쟁을 안 하면 된다. 풀과의 전쟁을 선포한 것은 농업의 역사에 의해 만들어졌다. 애초부터 그러하지 않았다. 즉, 잡초라는 것을 쓸모없다고 만들어 놓은 농업의 역사는 그리 오래되지 않았다. 1960년 이후 농업의 규모화, 기계화, 단작화, 소득 작물화, 수확 대량화 등 자급을 벗어나 상업 농업이 되면서 잡초에 대한 적대감을 양산했다. 이는 화학 제초제의 등장과 맞물린다. 이때부터 우리의 의식도 배타적, 획일적, 경쟁적, 적대적으로 바뀌고, 경쟁과 성공이라는 시장 자본주의 의식이 일상생활에 치밀하게 파고들었다고 보면 된다. 풀과의 전쟁은 사람이 하는 것이지 식물이 하는 것이 아니다. 식물은 서로 공존하기 위해 영역을 스스로 좁히며 협력한다. 풀과 작물이 그러하며, 작물보다 풀이 더 많은 씨앗과 야생성으로 우세하다. 초기의 작물은 어린아이처럼 보살펴 주어야 한다. 주변의 풀을 제거하고 작물이 풀보다 우세를 점하게 되면 풀은 큰 방해를 일으키지 않는다. 할머니들이 4월에 부지런히 밭에 풀을 매주는 것도 작물의 초기 성장세를 보호하기 위함이다. 5월이 되면 쑥과 망초 바랭이들은 자리를 잡게 되므로 자리를 잡기 전에 풀을 제거해주는 것이 좋다. 여름철에는 풀들이 우세한 삭눌이 없는 고랑이나 가장자리에 풀을 제거해 바람이 잘 통하도록 해주는 것이 좋다. 4월 중순부터 풀을 매면 풀의 뿌리에 흙을 털고 하늘로 향해

빈 밭 풀 덮기

밭 두둑에 놓으면 된다. 만약 비가 오기 전에 풀을 매고 아무렇게나 놓으면 뿌리는 수분과 흙을 찾아간다. 또한 풀을 두껍게 깔아주는 것도 풀을 자라지 못하게 하는 방법이다.

전통 농사에서는 풀이 오히려 부족했다

전통 농사에서는 풀이 부족했다. 풀의 유용성으로 오히려 풀을 더 가지려고 싸울 정도였다.

전통 농사에 풀이 부족했던 이유는 첫째는 식재로 사용했기 때문이다. 지금 우리가 잡초로 알고 있는 것들은 산과 들에서 나오는 것으로, 대부분 나물로 먹거나 약으로 썼다. 둘째는 동물 사료로 썼기 때문이다. 염소, 닭, 돼지, 소, 토끼 등 가축을 농가에서 키웠는데, 동구 밖 십 리를 가서 소 꼴을 베어 오거나 왕성한 식욕의 염소도 멀리 매어 놓을 정도였다. 돼지도 원래 풀을 먹는 가축인데 풀이 적다 보니 잔반을 먹였다. 돼지는 풀, 호박 썩은 것 등 인간이 먹는 모든 것을 같이 먹었다. 닭도 말할 것도 없다. 온종일 먹을 것을 찾으러 돌아다녔다. 내가 어렸을 때는 학교에서 돌아올 때 토끼 먹이로 질경이를 캐오는 것은 기본 일과였다. 셋째는 퇴비로 썼기 때문이다. 7~8월이 되면 부잣집은 머슴을 두어 쌀 한 가마니를 주고 풀을 베어 쌓고, 거기에 분뇨를 부어 퇴비를 만들었다. 주변에 풀이 없어서 멀리까지 가서 풀을 베어 오는 것이 머슴의 일이었다. 넷째는 많은 식구가 먹고 살고 세금으로 내려면 곡물 농사가 주를 이루었기에 풀과 경합을 이루는 일이 그리 많지 않았다. 특히 논농사가 성행하면서 풀을 적대시하는 일이 적었다. 또한 채마밭으로 텃밭이 작아 풀이 날 틈이 없었다. 텃밭에 심는 작물이 워낙 많아 잡초라 여길 것이 나오지 않았다. 논둑에도 콩을 심었는데 자투리 땅이 놀고 있는 경우는 거의 없으니, 지금처럼 풀이 많이 나서 골칫거리로 전락하는 일이 별로 없었다. 할머니들이 잡초를 매러 매일 나가는 일은 실제 1960년대 이후 농업과 농사의 변화 과정에서 젊은 시절을 보낸 의식이 작용한 것이지, 오랜 전통적 방식에서 기인한 것은 아니다. 모든 것은 역사적 환경에 의해 반영된 결과물일 뿐이다.

잡초를 잘 활용할 수 있는 농사 방식

다시 전통적인 순환 농사로 돌아가면 된다. 그렇다고 전통적인 방법으로 완전히 돌아갈 수는 없는 일이다. 자급 농사에 약간의 소득이 전제된 농사를 할 때, 경작 평수는 자신의 능력에 따라 정해야 한다. 상업농으로 경작 평수를 줄이기 어렵다면, 섞어 심기를 하는 것 외에 볏짚, 풀, 톱밥, 파쇄목을 멀칭 재료로 사용한다면 토양의 습도를 유지하여 미생물을 더욱 활발하게 만들 수 있다. 퇴비로 사용하는 방법은 분뇨나 다양한 퇴비 재료와 섞어서 쓰거나, 멀칭 재료 위에 쌓는 방법이다. 그 외 음식으로 먹는 방법도 있다. 봄에 나오는 풀은 대부분 날로 또는 나물로 해서 먹을 수 있다. 명아주, 쇠비름, 방가지똥, 망초, 우슬 등 수없이 많다. 필자의 책 『약이 되는 잡초음식—숲과 들을 접시에 담다』를 참고하면 좋겠다.

풀을 거름으로 만드는 방법

풀을 분뇨에 섞어 삭혀 이듬해 사용한다. 손쉽게 하려면 풀 멀칭을 한다. 풀을 뿌리째 캐어 덮어 두거나, 무성하면 낫으로 생장점까지 잘라 밭 위에 두껍게 덮어 둔다. 숲의 부엽토가 만들어지는 원리와 같다. 매우 척박했던 은은가의 밭이 작물이 잘 자라는 밭으로 바뀌어 2-3년 만에 온 사람들은 놀라곤 한다. 은은가에서는 6월부터 10월 초까지 예초기를 사용한다. 예초기로 고랑과 가장자리를 부지런히 풀을 베어 준다. 풀이 자연스럽게 거름이 되고 뿌리들이 땅에서 썩어서 밭이 비옥하게 변해가는 것이다. 완두콩도 되지 않았던 밭이 해를 거듭할수록 토양이 비옥해감을 확인하는 보람이 크다.

풀을 사료화하는 방법

가축을 방목하는 것이 가장 이상적인 방법이다. 하지만 방목은 밭이 없는 경우에 해당하므로, 이동식 가축사를 만드는 것이 대안이다.

짚멀칭

풀을 비닐 대신 쓰는 방법

풀을 베어 흙 위에도 놓는다. 아예 풀이 나지 않도록 가을에 짚이나 파쇄나무를 두껍게 깔면 풀을 억제할 수 있고, 3~4년이 지나면 파쇄목이 퇴비가 되어 땅이 비옥해진다. 짚이나 파쇄목을 구하기 어려울 때는, 호밀이나 보리를 길러 낟알이 익기 전에 베어 넘어뜨려 멀칭을 하거나, 낟알을 곡식으로 먹고 짚을 깔아 풀의 성장을 억제하면 된다.

풀과 콩 농사

전통적으로 콩 세 알을 심는다고 알려졌지만, 이는 경운된 밭으로 풀이 전혀 없는 깨끗한 밭에 파종할 때 얘기다. 콩 싹이 나오면 새들이 잘라 먹기 때문에 이에 대비해 세 알을 심는다. 그리고 주변에 반짝이는 줄을 매어 놓는다. 반짝이는 줄이 출렁이는 것을 보면 새들이 무서워서 덤벼들지 못하기 때문이다. 예전에는 논둑이나 자투리 땅에 콩을 심었는데, 기계로 논농사를 짓고 예초하는데 불편하거나 콩을 단작하는 밭을 만들면서부터 이런 식으로 콩을 심게 되었다. 하지만 콩을 뒷그루로 하는 경우 밀과 보리 등을 앞그루로 하는데, 밀과 보리를 베어내고 거기에 콩을 심으면 새 피해가 거의 없다. 왜냐하면 밭에 멀칭된 풀들이 미세한 바람에 흔들리는 것을 감지하면 새들이 달려들지 못하기 때문이다. 물론 사람은 미세한 바람을 보지 못한다. 그래서 손으로 직접 콩을 심는 경우, 풀을 베어낸 뒤 하나하나 심으면 새 피해를 거의 입지 않는다. 말린 짚으로 멀칭한 밭에는 새들이 달려들 수 있다. 푸른 볏짚이 있고, 중간중간 풀들이 있는 경우에만 발생하지 않는다.

콩 재배할 때 풀의 방해를 받지 않으려면

자연에 답이 있다. 첫째는 파종 시기다. 대체로 하지 이후에 콩을 심고 2~3일 이내에 비가 내리면, 싹이 빨리 트고 자라 풀을 압도할 수 있다. 둘째는 심는 거리다. 콩은 줄을 맞춰 심는 것이 좋다. 한여름에 고랑의 풀이라도 예초기로 베면 통풍의 통로를 확보할 수 있다. 중남부 지방에서는 하지 이후 콩을 심는데 7월 중순에 심어 콩의 심는 간격을 현저히 줄여 심는다. 어차피 잎과 분지수가 적게 나오기 때문에 풀의 피해와 병충해 피해를 덜 받게 된다. 세 번째는 콩을 어긋나게 심는 방법인데 이는 면적이 적은 밭에 알맞다. 콩잎이 어긋나 맞물리기 때문에 풀이 광합성 할 기회를 주지 않는다. 토양의 비옥도가 높으면 잎이 크고 잘 자라는데, 꽃이 피기 전에 순지르기를 몇 차례 해야 한다.

풀과 작물이 같이 있으면 병충해에 강해지는 원리

다양성의 원리다. 한 작물만 심는 경우에는 그 식물에 모이는 미생물만 있으므로, 다른 미생물이 침입하면 저항력이 떨어진다. 토양에 다양한 작물이 있으면 미생물도 다양하게 분포한다. 인간사회의 원리도 마찬가지다. 다양성은 서로가 작용하면서 균형의 힘을 이룬다. 한 작물만 있을 때는 다양성의 균형을 이룰 근간이 없어진다.

토종 씨앗과 풀, 결국 순환 농사의 고리 역할

결국 풀은 토양이 다양성과 지속성을 유지할 수 있는 고리다. 토종 씨앗을 보존해야 할 원리와 같다. 인간사회의 이치처럼 토양과 풀, 자연에서도 다양성이 살아 있을 때 지속성이 유지되는 것과 같다.

기후 변화, 가뭄과 폭우에 대비한 제고

2021년 12월과 2022년 2월까지 곡성에는 단 두 차례 겨울눈이 내렸다. 겨울 맹추위도 거의 없이, 겨울답지 않은 겨울을 보냈다. 2022년 봄 6월 초순까지 두 차례의 비만 왔다. 찔레꽃 필 무렵에는 단기 가뭄이라고 하지만 2022년에는 6월 초까지 단 이틀의 비가 있었을 뿐, 전국이 겨울과 봄의 긴 가뭄으로 겨울 작물과 봄 작물 성장에 비상이 걸렸다. 감자는 영양체의 수분만으로 자라서 감자가 손가락 반만 하거나 고사했고, 양파나 마늘도 자잘하고 수확량이 현저히 떨어졌다. 농가는 물 대기에 비상이 걸렸다. 모내기에 맞추어 이틀 정도 비의 양으로 6월 중순까지 모내기가 이어졌다. 인도와 미국에서도 유례없는 가뭄과 폭염이 지속되고 있고 중국은 기록적인 폭우로 마을 전체가 물에 잠기고 무너진 경우가 다반사다. 몇 해 전부터 세계적으로 기상이변이 속출하고 있다. 2019년에 한국에서는 한여름 40도를 웃도는 폭염이 있었고, 2020년에는 수확기인 9월부터 10월까지 50일 동안 기록적인 폭우로 산사태 및 농작물 피해가 극심했다. 가뭄 또는 폭우, 폭염, 폭설 등의 예측할 수 없는 기후 변화는 제일 먼저 농작물 피해로 다가온다. 자본주의 사회경제 위기, 코로나로 인한 시장경제 위기는 자국 중심의 경제로 급변하고, 가뭄과 폭우로 자국의 식량 자급에 지대한 영향을 미친다. 앞으로 기후 변화에 따른 식량 문제에 우리는 어떻게 대처

해야 할 것인가? 농사를 짓는 사람들에게는 사실 자급에 커다란 영향을 받지는 않으리라. 도시 소비자들의 식량난의 문제가 더욱 커질 것이니까.

가뭄에 대비한 밭벼와 잡곡 농사

전통적으로 모내기 철에 가뭄이 있으면 논에 물을 대지 못하므로 밭벼를 심거나 조와 수수, 기장, 팥과 같은 서숙을 심었다. 따라서 논벼보다 도시농부도 가능한 밭벼를 공급하기 위해 몇 년 전부터 은은가에서는 밭벼 실험 재배를 통해 소출은 논벼보다 현저히 적지만 맛 좋은 밭벼를 찾아내 회원에게 공급하고 있다. 또한 수수, 조, 기장 등 전통적인 토종 잡곡을 꾸준히 보급하고 있다. 단지 탈곡의 문제가 대두되는데 각 지역에 작은 정미소를 이용할 수 있는 시스템을 갖추기만 한다면 잡곡 농사는 크게 문제가 없다. 보리나 밀은 전통적으로 보

은은가 밭

리쌀, 밀쌀이라고 하여 쌀을 대신해왔기에 겨울, 봄 가뭄에도 대체식량으로 가능하다. 이미 젊은 층을 중심으로 밀쌀은 빵으로 애용되고 있다. 밭작물 중심의 자급 농가는 밭벼와 잡곡으로 전환을 꾀하는 것이 바람직하다. 상업 농가에서도 밀과 보리 잡곡을 재배하여 판매하는 것이 자연스럽게 작용할 것이다. 맛과 수확량으로도 손색없이 벼, 잡곡, 콩, 팥 등 토종의 다양성이 살아있어 기후 변화에 충분히 대응할 수 있다.

가뭄에 대비한 농사법

감자와 고추의 경우는 가뭄에 취약하다. 순환 농사의 경우 풀과 짚 등을 이용한 덮개로 지온 보호 및 수분 고갈을 막는데 밭농사의 경우에는 턱없이 부족할 때가 많다. 2022년 가뭄기에 마늘, 양파, 감자, 고추 등 비닐 피복을 한 농가에서는 수분 고갈을 막는 데 도움을 받은 것은 사실이다. 따라서 짚이나 풀, 잔재물, 나무껍질 등을 활용한 피복을 적극적으로 도입하지 않으면 안 된다. 또한 가능하다면 다양한 피복재를 생각할 필요가 있다.

농가에서는 식수만이 아니라 농수용으로도 지하수 관정을 이용한다. 논물마저 지하수를 이용한다면 지하수 고갈은 현실이 된다. 우리나라가 물 부족 국가임을 잊지 말아야 한다. 전통적으로 논이나 밭 주변에는 웅덩이를 만들어 물 공급처 역할을 해왔다. 물웅덩이나 빗물받이통을 만들어 농수로 이용해야 한다. 웅덩이를 만들 때 밑바닥이 모래나 자갈인 경우에는 물이 빠져버리므로 바닥에 물이 고갈되지 않도록 비닐이나 진흙더미로 장치를 해야 한다. 펌프나 전동 전기장치 없이 은은가에서는 봄에 150m 떨어진 수심 2m가 넘는 웅덩이에서 물을 모두 끌어 썼고 이어 550m 떨어진 산 계곡물을 호수로 연결하여 물을 사용하고 있다. 이는 어린 시절부터 시골에서 살아온 마을 분의 전통적인 지혜를 이용한 것이다. 평소에 물을 저장하고 끌어 쓸 수 있는 준비와 가뭄에 대비한 토양 피복물, 가뭄에도 피해가 적은 토종작물을 발굴하여 재배하는 것이 중요하다.

가뭄에 대비한 씨앗 파종

긴 가뭄에는 씨앗도 발아가 잘되지 않는다. 더욱이 모종은 물을 주고 심더라도 뿌리가 내리기까지 가뭄에 취약하다. 따라서 씨앗을 직접 뿌리는 시기를 잘 조절하는 것이 중요하다. 가령 2022년에는 씨앗을 뿌려도 물을 주지 않는 한 말라 죽었다. 따라서 긴 가뭄 시기에는 씨앗을 뿌리지 않고 비가 오는 시기에 맞추어 파종하는 것이 필요하다. 하지 장마가 오는 시기를 맞추는 것도 한 방법이다. 전통적으로 밭작물은 모내기가 끝나자마자 콩, 들깨, 수박, 참외, 고추 등을 심기도 했다. 토종감자 중에서도 가뭄을 잘 이기는 감자를 선택해서 심는 것이 좋으며, 오이도 물외 중심으로 가뭄을 덜 타는 품종을 선발하여 심는 것이 중요하다.

모종을 심을 때는 반드시 모종 주변의 홈을 만들어 둥글게 심어야 한다. 그래야 밤이슬이라도 모을 수 있으며, 수분 공급을 해도 물이 머물고 스며드는 시간이 필요하다. 특히 모종을 심을 때는 물을 충분히 준 뒤에 모종을 심어야 한다. 그리고 물을 한 차례 주도록 한다. 가뭄에 물을 줄 때는 충분하다고 생각할 즈음에 더 주는 방식으로 물을 충분히 주어야 한다. 긴 가뭄에는 나무도 고사한다. 따라서 작물에 물주기는 약간씩 자주 주는 것보다 한꺼번에 푹 주는 것이 중요하다. 땅을 파 보면 겨우 지표면만 젖었을 뿐 정작 뿌리가 있는 곳에는 말라 있다. 자주 조금씩 주는 물 때문에 오히려 땅이 딱딱해져 물이 땅속으로 더 이상 스며들지 못하게 만들어 고사시키는 경우가 더 많다는 것을 유념해야 한다.

풀은 수분을 가둔다

가뭄에는 풀을 뽑아 덮어두지 않는 한, 작물 주변에 풀이 있어야 수분을 머금는다. 가뭄에는 풀도 자라지 않는다. 풀이 타다가 충분한 비를 만나면 작물 주변의 풀은 급속하게 자라 작물보다 우점하면 작물 주변에만 깨끗하게 물을 메고 작물의 방해를 주지 않는 풀은 베어 덮어둔다. 고랑에 있는 풀을 매다 보면 풀뿌리를 잡고 있는 흙이 무척이나 부드럽고, 보슬보슬하다. 풀과 수분이 함께 있을 때 토양이 살아난다는 것을 알 수 있다. 풀이 작물을 방해하지 않는 선에서 바랭이와 같은 풀을 적당히 키우는 것도 토양의 수분을 축적하고 장기적으로 토심을 좋게 하는 방법이다. 과수원에서는 풀을 키우고 예초하기를 반복하여 풀더미가 풀을 억제하는 방식으로 최소 4-5년 뒤에는 과수원의 밭은 부드럽고 토심이 좋은 밭이 된다. 자연농은 풀을 베고 쌓이면서 수분이 축적되어 만들어낸 좋은 토양이 만들어지는 것이다. 밭은 민낯으로 방치하지 않도록 하자.

포크레인으로 경작지 변형은 최소화

2020년 50일 동안 폭우로 인해 산사태와 더불어 농지가 쓸려 내려가는 사건 사고가 잦았다. 이는 포크레인으로 지형을 변형시킨 곳이었다. 경사진 곳에는 포크레인을 사용하여 경작지를 변형하면 수십 년 동안 자란 관목 뿌리를 다 캐어내고 저절로 만들어진 흙 입자들이 흩어져 힘이 사라진다. 흙 입자는 보습과 배수를 동시에 잘 할 수 있도록 만들어진다. 오랜 시간 동안 흙은 자체적으로 배수력을 높이고 영양분을 잡아놓을 수 있는 보습력을 가진다. 포크레인을 사용할 때, 지형 변화를 꾀해도 배수로와 더불어 기반 공사를 단단히 하지 않으면 턱없이 무너진다. 트랙터, 경운기 등 잦은 기계 사용은 폭우가 오면 땅속으로 물이 들어가지 않고 경반층에서 물을 흡입하지 못하여 겉으로 물이 넘쳐

버려 밭을 엉망으로 만든다. 특히 배수로도 충분하지 않은 경우가 많다. 따라서 포크레인이나 잦은 트랙터 사용은 폭우와 가뭄이라는 기후 변화에 오히려 작물과 밭에 피해를 가중하니, 가능하면 지형 변화를 최소화하고 기반 공사를 단단히 하는 것이 중요하다.

잡목, 풀뿌리는 폭우에 쓸려 내려가는 것을 대비할 수 있다

비가 내리는 장마철에는 밭에 풀을 매어도 한이 없다. 돌아서면 풀이 자란다. 경작지가 넓으면 고랑이나 가장자리, 작물 사이에만 풀을 베어 통풍이 잘되도록 한다. 폭우에 풀을 뽑으면 잘 뽑히지도 않거니와 흙덩이가 딸려온다. 장마철이나 폭우가 계속될 때는 뿌리는 살려두는 것이 오히려 밭이 망가지는 것을 막는다.

동물 피해를 막으려면

고라니 멧돼지 피해가 날로 급증한다. 고라니는 콩과 팥, 동부 등을 먹고 멧돼지는 감자, 고구마를 먹어 치우고 벼를 쓰러뜨린다. 고라니 멧돼지 피해로 인한 농가는 들깨밖에 심을 게 없다고 말한다. 고라니와 멧돼지 피해를 줄이려면 우선 그들이 좋아하는 작물을 심지 않는 것이다. 경작지가 집 가까이에 있다면 집 가까이 작물을 심는다. 경작지가 멀리 떨어져 있으면 들깨, 자소 등 향이 나는 것을 심는다. 들깨, 자소, 방아 등 다양한 향이 있는 작물을 두툼하게 가장자리에 심거나 사이짓기를 하는 것이 좋다. 은은가에서는 멧돼지 퇴치 약을 지지대에 매달아 놓는다. 사실 멧돼지 퇴치 약으로는 수천 평을 커버하기는 비용이 많이 든다. 철망을 하지 않는 한 멧돼지는 영리하여 한 해 경험 뒤에는 반드시 치고 들어온다. 멧돼지를 쫓을 수 있는 개들을 키우는 것도 좋은 방법이다. 일부 농가에서는 지자체에서 지원하는 태양열을 활용한 전기 울타리를 사용하기도 한다.

보리벼와 멧돼지 퇴치약 걸이

토종농사로 소득을 올리려면

"토종으로 소득을 올릴 수 있을까요?"란 질문을 받는다. 일반 종자를 토종으로 바꾸면 되는 일이지만 수확량이 현저히 떨어지는 것은 판매가격이 높을 수밖에 없어 소비자의 선호도에 갈릴 수 있다. 항상 우선은 소득보다 농사를 지으면서 소비를 줄이는 것이다. 또한 소득의 범위를 얼마나 잡는가에도 개인적인 편차가 많다. 이를 모두 무시하더라도, 토종농사로 소득을 올릴 수 있다. 토종씨앗이 살아남은 것은 '맛' 때문이며, 수확량의 감소는 소비자가 부담하는 것이 원칙이다. 날이 갈수록 토종씨앗에 관한 소비자의 관심도 높아지고 있다.

일반적으로 소농 농가의 수입원으로 고추, 콩, 들깨, 참깨, 잡곡, 쌀, 감자, 고구마 등이 있다. 365일 남들도 똑같이 먹는 것을 판매할 때, 리스크가 적다. 소득작물이라고 해서 농업기술센터에서 추천하는 특용작물은 한시적이다. 자신의 자급과 더불어 알파로 다른 가족들도 먹는 것을 하는 것이 좋다. 단품으로 올릴 수 있는 것이 고추, 콩, 들깨, 참깨, 쌀, 잡곡 등이다. 경작지가 넓다면 이런 감자-들깨, 콩, 고추, 참깨, 고구마, 감자-수수, 조, 들깨, 콩을 돌려짓기 방식으로 하여 단품량을 늘인다. 단품으로 4~6개 작물을 판매하고, 기타 자급을 위한 채소 꾸러미를 몇 가구 한다면 최소한의 농가 기본 수익을 올릴 수 있다. 토종은 다양한 일반 품종이 있다. 지역과 농가에 알맞은 품종을 골라 단품 생산을 하거나 마을이나 주변의 꾸러미 가족을 꾸릴 수도 있다. 한 농가에서 10개 이상 꾸러미는 무리가 있다. 꾸러미는 몇 농가가 힘을 합쳐 꾸러미를 만드는 것이 오히려 도움이 될 수 있다. 또한 토종농가들이 연합하여 다양한 토종팥 농가, 다양한 콩 농가, 다양한 상추 농가 등 작물별 중심 농가를 만들고 다양한 품종을 재배하여, 다양한 꾸러미, 작물별 다양한 품종 판매도 모색해볼 수 있다.

작물별 토종농사

감자

재배 기원

감자(Solanum tuberosum L.)는 인류를 기아로부터 구한 작물로, 잉카문명 유적지에서 발견된 감자는 옥수수와 더불어 라틴아메리카 고원지대의 페루 등 안데스산맥을 중심으로 한 남미 원주민들의 주식이었다. 원산지인 페루와 칠레에는 아직도 야생종이 있으며, 중요한 식재료로서 '파파(papa)'라는 이름으로 불린다. 볼리비아 4,000m 고지 라파스 시장에서 수집한 감자 원종들 중에서 '인디언감자'라고 하는 길쭉한 모양의 감자가 발견되기도 한다. 스페인에 의해 유럽으로 전파되었다. 『오주연문장전산고(伍洲衍文長箋散稿)』와 『원저방(圓著方)』에는 "우리나라에 1824년(순조 24) 산삼을 캐러 함경도에 들어왔던 청나라 사람이 가져왔다."라는 기록과 "1832년(壬辰年)에 영국 배가 충청도 홍주목 고대도(古代島)에 표착하였을 때도 선원들이 감자를 그곳에 전하였다."라는 기록이 있다.

생리

감자는 가지과에 속한 여러해살이 식물이다. 감자는 전국에서 재배하는데 토질과 기후에 의해 북한의 함경도산 감자와 남한의 강원도산 감자가 좋다고 알

고무신감자 (SD7173)

길쭉이감자 (SD7151가평205)

물감자 (SD6389순천169)

려져 있다. 감자는 땅속에서 덩이 모양을 이루고 있기 때문에 식물학에서는 괴근(塊根)이라고 부른다. 감자는 땅을 뚫고 들어가는 힘이 없어서 부드러운 흙에서 덩이뿌리가 발달한다.

약성

감자는 민간의학에서도 효과가 뛰어난데, 화상이나 찰과상을 입었을 때 감자를 얇게 저미거나 강판에 갈아 상처에 붙여 화기를 빼내는 데 이용하였다. 충치 예방에도 매우 효과가 있는데, 미국 과학자들은 남대서양 트리스탄 섬의 주민 중에 충치를 앓는 사람이 하나도 없다는 것을 알고 그 이유를 조사한 결과, 섬 주민의 주식인 감자 덕분이었다는 사실을 밝혀냈다. 감자를 많이 먹는 러시아와 프랑스 농촌 지방에 충치 환자가 적다는 사실도 통계로 나왔다. 미국의 호킨 박사는 충치의 원인이 당분 자체가 아니라 입속의 산(酸)을 만드는 균이 탄수화물을 발효시키기 때문이라고 하였다. 타액 속에 산이 많은 사람이 충치를 잘 앓고 알칼리성이 많은 사람은 충치를 잘 앓지 않는다는 사실로 충치 예방에 감자가 좋다는 것이 입증되었다.

이용

감자는 감자밥, 감자떡, 감자 수제비, 감자국수, 감자 부침개, 감잣국 등 다양하게 이용한다. 특히 감자 재배에 알맞은 울릉도와 강원도의 감자떡은 예부터 별미로 꼽힌다. 감자 전분은 떡이나 부침만이 아니라 알코올 원료로도 사용한다. 캐면서 상처 난 감자는 쉽게 썩기 때문에 아예 썩은 감자를 전분으로 만들어 유용한 식재로 사용해왔기에 때로 나타나는 감자의 아린 맛은 그다지 맛에 영향을 끼치지 않을 수도 있다.

토종

감자는 전국에서 재배하는데, 토질과 기후에 의해 북한의 함경도산 감자와 남한의 강원도산 감자가 유명하다. 감자는 전국적으로 재배가 쉽고 고랭지에서는 바이러스나 병해에 잘 걸리지 않는다. 울릉도와 강원도, 북한지역이 감자 주산지로 유명한 이유이다. 울릉 재래종 분홍감자, 하지 감자, 흰 감자, 강화 분홍감자, 춘천 재래종인 자주감자, 홍천 재래종인 노랑감자(청춘감자) 외에도 붉은 감자(홍감자), 자주감자 등 종류도 다양하다. 자주감자는 일명 '돼지감자'라고도 불리는데, 수확량이 많은 것과 생긴 모양을 돼지에 빗댄 것으로 추측된다. 재래종 중에 가을감자가 꽤 많이 있는데, 하지감자는 씨종 보관이 어려워 가을감자를 하면 씨종으로 쓸 수 있기 때문이다. 홍천 재래종인 속노랑감자를 일명 '청춘감자'라고도 하는데, 하지에도 잎이 파릇해 여전히 청춘이라는 뜻에서 붙여진 이름으로 10월 무렵 수확이 가능하다.

청춘감자

남아 있는 재래종은 약 70여 종이 있다. 1928년 일본 홋카이도를 통해 남작(Irish Cobbler)이 도입되어 널리 보급되었다. 1961년 강원도 평창군 대관령에 고랭지시험장의 설치와 함께 외국으로부터 도입된 품종을 중심으로 비교시험을 거쳐 남작, 와바(Warba),

하지감자 외

케네벡(Kennebec), 사코(Saco), 시마바라(Shimabara), 타치바나(Tachibana) 등이 선발되어 1965년 인공교배를 통해 감자육종이 본격적으로 시작되었다. 1978년 미국에서 도입된 수미 · 대지, 1987년 미국에서 도입된 장원(러셀버뱅크), 1990년대 캐나다에서 도입된 대서(애틀랜틱), 고랭지시험장에서 육성된 남서 · 추백 · 자심 · 가원, 2000년대 신품종으로 등록된 자서 · 조원 · 추동 · 신남작 · 추강 · 추영 · 하령 · 고운 · 서홍 · 자영 · 홍영 등이 있다. 현재는 '수미' 보급종이 감자 시장을 평정하였다. 개량종은 토종의 아린 맛을 없앴고, 막 쪘을 때 포슬포슬한 분이 많이 나오도록 하였다. 반면에 식으면 토종보다 차진 맛과 감칠맛이 떨어진다.

재배

감자는 벼나 밀에 비해 재배 기간이 짧고 재배하기가 쉬우며, 수확량이 많아 가뭄과 폭우에 피해도 적은 편이라 식량 대체 작물로 충분하다. 우리나라 감자 재배 형태는 전통적으로 2월 하순에서 3월 하순에 파종해서 5~6월에 수확하는 봄재배, 4월 중순부터 5월 상순 사이에 파종해서 8~9월 하순에 수확하는 고랭재배인 여름재배, 제주도와 남부 해안지대에 8월 중하순에 파종해서 11월 상·하순에 수확하는 가을재배가 있다. 그러나 1980년대 중반 이후 시설을 활용한 내륙의 겨울시설 재배와, 남부와 제주도의 12월 중순과 1월 중순에 파종해서 4~5월 중순에 수확하는 겨울재배가 있어 연중 감자가 공급되고 있다.

재배는 배수가 잘되는 사토에서 평이랑에 씨를 심고, 감자 잎이 20㎝ 이상 자라면 주변의 흙을 덮어 둥근 두둑을 만든다. 두 번가량 흙을 긁어 덮어 준다. 배수가 덜 되는 땅에서는 둥근 이랑을 만들어 측면에 심는다. 잎이 자랐을 때 다른 쪽 측면(씨감자가 없는)의 흙을 긁어 덮으면 풀도 제거되고 고랑이 이랑

지게감자 (SD6562순천264)

속노랑감자 (SD7174장흥)

올감자 (SD5749홍천51)

이 되는 방식으로 쉽게 재배할 수 있다. 이렇게 하면 도랑 치고 가재 잡는 격으로 이랑을 만들 필요가 없으며, 풀을 매느라 고생할 이유도 없다.

감자 잎이 노랗게 변해 축 늘어지면 수확할 시기다. 감자를 수확할 때는 이랑 양쪽 바깥에서 안으로 흙을 파야 감자가 상처를 입지 않는다. 호미에 찍힌 감자는 금세 썩는다. 캐낸 감자는 햇볕에 3시간 말린 뒤 상처 난 감자와 성한 감자를 반드시 분리하여 보관해야 한다.

채종과 보관

감자 씨앗은 주로 서늘하고 물기가 없는 곳에 땅속 보관하거나 툇마루 아래 땅을 파서 보관하기도 한다. 하지 감자는 통풍이 잘되는 곳에서 충분히 말린 뒤 저온 저장고에서 보관하기도 한다. 씨앗으로 보관하기 어려워 하지에 캔 감자를 가을에 심기도 하는데, 하지에 캐서 8월에 다시 심으려면 저온 상태(5~10℃)에서 한 달간 두고 심어야 싹이 나서 잘 자란다. 감자를 보관하는 방법의 하나로 감자를 캐지 않고 땅속에 그냥 두고 때마다 꺼내서 먹으면 싹이 덜 나고 저장실도 따로 필요 없다. 이 경우는 배수가 잘되는 경사진 곳이 적격이다. 강원도 홍천에서는 감자를 캐지 않고 그 위에 배추를 심기도 한다.

임실감자 (SD6285순창65)

자갈감자 (SD6361순천141)

청춘감자(SD5811홍천113)

하지감자(SD5626 거창38)

자주감자(일명 돼지감자)

완두

재배 기원

에티오피아, 지중해 연안 및 중앙아시아가 원산지로 기원전 7천 년경에 완두 종자가 유럽에서 발견되었다. 작물 중에서 가장 오래된 역사를 가졌다. 중국에서는 6세기경 쓰인 『제민요술』에 재배 기술이 나와 있는 것으로 봐 이전부터 재배되었음을 알 수 있다.

생리

콩과에 속한 한해살이 식물이다. 중부 지방에서는 봄에 파종하고, 남부 지방에서는 11월 파종해서 이듬해 5~6월 수확하는데, 추위에 강해 영하 3도에서도 얼어 죽지 않는다. 흰색, 자주색, 붉은색 열매의 꼬투리에 5~6알이 들어있다. 서늘한 기후를 좋아하는 완두의 발아 적온은 최저 1~2도, 최적 25~30도, 생육 적온은 15~20도이다.

약성

기미가 달고 평하며 독이 없다. 완두는 속의 열을 다스리며 구역질을 없앤다. 신진대사를 원활하게 하고 완두를 삶아 먹으면 심장병을 없앤다. 완두는 대장을 보하는 음식으로, 장 질환으로 습관성 설사나 통변의 부실에 좋다. 꼬투리째 삶아서 그 물로 목욕을 하고 콩죽을 쒀서 식전에 한 그릇 먹으면 설사가 낫는다. 또한 피부병을 예방하고 면역력을 높여준다. 완두 가루를 얼굴에 바르면 기미가 사라지고 얼굴이 윤택해진다.

이용

풋완두는 꼬투리째 삶아서 먹거나 완전히 익어 수확한 다음 콩을 밥에 넣어 먹어도 좋다. 볶아서 반찬으로 먹거나 죽으로 해서 먹기도 한다. 6월에 풋완두가 달리면 가지째 꺾어 불에 구워서 먹기도 한다. 산모가 젖이 부족할 때 완두를 삶아 며칠 동안 먹으면 좋다.

검정완두 (SD6155진안133)

보리콩 (SD6601순천303)

완두 (SD6208순천40)

보리콩 (SD6851용인64)

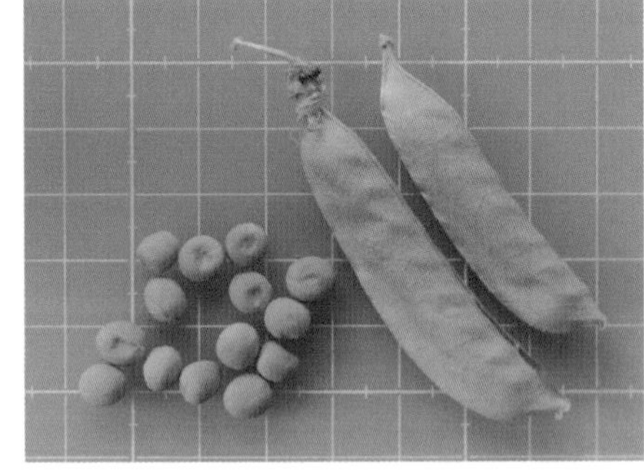

토종 완두

지역 이름을 붙여 대구재래, 의성재래, 남원수집종, 서산수집종 등이 있다. 얼치기완두라고 부르는 야생 완두가 있다. 이 얼치기완두는 잡초형으로 콩이나 옥수수를 재배하는 밭에서 흔히 볼 수 있으며 덩굴로 올라간다. 보리콩 또는 보리밭콩이라 해서 보리밭에 심거나, 보리 뒷그루로 심는 완두콩도 있다. 보리를 심는 시기에 심는다.

투탕카멘완두

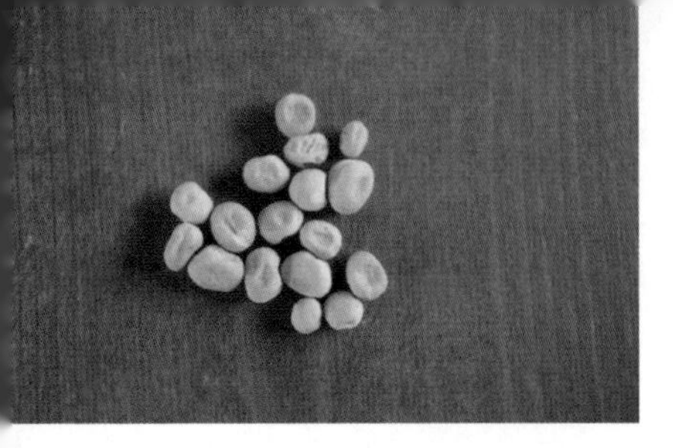
완두콩 (SD5363화성142)

인두마마콩 (SD5308화성87)

흰완두콩 (SD7219완주441)

재배

완두는 비옥한 토양에서 자라면 열매를 충실히 맺고 수확량도 많지만, 척박한 땅에서는 꼬투리가 작아도 잘 자라는 편이다. 자투리 땅에 심는 것이 좋다. 중부 지방에서는 보통 3월 하순에 파종한다. 남도에서는 겨울 전에 파종한다. 흰색이나 자주색 작은 꽃이 피고, 풋완두는 6~7월에 수확한다. 남부 지방에서는 벼 수확 이후 파종하는 것도 좋다. 완두는 약간 덩굴성인데 지지대를 굳이 할 필요가 없이 나뭇가지를 잘라서 완두 사이에 꽂거나 나뭇가지를 완두 사이에 눕혀 두어도 괜찮다.

채종과 보관

꼬투리가 노랗게 익고 잎이 마르면 수확한다. 바짝 말린 꼬투리에서 나온 콩을 하루 이틀 말린 뒤 페트병에 넣어 보관한다. 또는 꼬투리째 양파망에 넣어 바람이 잘 통하는 그늘에 걸어둔다. 잘못 보관하면 바구미가 생긴다. 이듬해 바구미가 생겨 구멍이 생겼더라도 배아에 손상이 없으면 발아가 된다. 단지 수확한 지 2년이 넘어 상온에서 보관한 것이라면 발아율이 현저히 떨어진다. 이듬해 파종할 완두가 아니라면, 페트병에 넣어 두거나 냉장고에 보관하면 좋다. 장기 보관을 위해 냉동고에 보관할 때는 콩을 바짝 말려야 한다. 잘 말리지 않으면 수분이 남아 얼게 돼 발아가 되지 않는다.

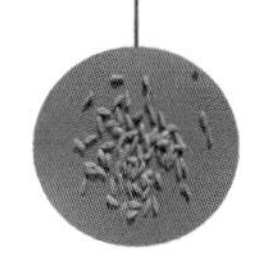

상추

재배 기원

원산지는 알 수 없으나 지중해 지방에서 중세 이후 재배가 발달하여 현재 유럽에서 제1급의 중요한 채소로 돼 있다.

생리

백합과에 속한 한두해살이 식물이다. 발아와 생육 적온은 15~20도로 보통 가을에 재배해 이듬해 봄에 먹는다. 봄에 씨앗을 뿌려 재배하면 추대가 빨리 돼 먹는 기간이 짧다. 상추를 꺾으면 흰 유액이 나온다.

명칭

고채(苦菜), 천금채(千金菜), 월홍초(越紅草), 방언으로는 불기, 상추, 상치, 생취라고도 부른다.

약성

원래 상추는 약으로 쓰였다. 상추는 기미가 쓰고 냉하며 미독하다. 상추 줄기

괴산적상추 (SD6778)

를 잘랐을 때 나오는 흰 유액은 진정, 최면, 진해의 효과가 있다. 쌈을 먹을 때 밥을 같이 먹어 위액 분비가 증가해 잠이 오는 생리 현상과도 겹친다. 그래서 불면증이나 신경과민 등에 생식하면 효과가 좋다. 상추는 오장을 이롭게 하고 경맥을 통하게 하며 근골을 튼튼하게 한다. 구취를 없애고, 치아를 희게 하며, 눈을 밝게 한다. 타박상에 상춧잎을 짓찧어 즙을 내어 바르면 효과가 있다.

이용

상추는 대표적인 쌈 채소다. 쌈으로 먹고, 겉절이 김치로 담가 먹는다. 즙을 내어 먹기도 한다. 입맛이 없을 때 입맛을 돋우기 위해 쓴맛 나는 채소를 먹는데 쌉쌀한 맛의 대표 채소이기도 하다.

계절을 잃어버린 상추

상추는 삼겹살과 더불어 1970년 이후 도시 육체 근로자들의 '한턱'을 대표하는 채소가 되었다. 이때부터 상추는 계절을 잃어버렸다. 비닐하우스에서 1년 내내 재배하기 때문이다. 상추는 정말 계절이 없을까? 상추는 원래 고랭지 채소다. 배추처럼 15~25도에서 발아하고 자란다. 따라서 여름에 풋고추랑 상추랑 된장에 쌈 싸서 먹는 것을 연상한다면 잘못이다. 한여름에는 오히려 상추를 먹지 못한다. '사기 쳐서' 발아시키더라도 금세 꽃대가 올라온다. 그렇다면 발아는 어떻게 시킬까?

상추씨를 냉장고에 일주일 보관했다가 심으면 상추씨는 15도 정도의 온도인 줄 알고 싹을 틔운다. 싹을 틔운 뒤 30도를 웃도는 온도를 알고 얼른 꽃대를 올려 버린다. 생육 온도를 훨씬 웃도는 한여름에 상추는 자신이 죽는 줄 알고 꽃씨를 빨리 맺으려고 한두 잎 먹고 난 뒤에 꽃대를 올려 버리는 것이다. 꽃대를 올려 버리면 상추를 몇 번 따서 먹을 수 없으므로 한여름에는 상추가 귀한 대접을 받는다. 해마다 7~8월 장마 때 9시 뉴스에 나오는 소식 중 하나가 상춧값 폭등인데, 상춧값이 폭등하는 이유는 계절에 맞지 않기 때문이다. 밭에서는 당연히 녹아내리고 재배가 쉽지 않기 때문이다.

토종 상추

상추는 봄과 가을 채소이며 남부 지방에서는 겨울에도 먹을 수 있다. 토종 상추는 주로 잎 모양이나 색깔로 이름을 붙인다. 중부 지방에는 배추 잎처럼 생기고 배추처럼 자란다 해서 배추상추가 있다. 곡성을 비롯한 전라도 지역에는 담배상추라고 하여 잎이 담뱃잎을 닮은 청상추로 마늘 옆에 심어 겨울에도 먹는데, 겨울을 난 2~3월의 담배상추는 아삭 하고 맛이 뛰어나 남도 사람들은 담배상추만 한 것이 없다고 한다. 그 외에 적색과 청색이 섞이고 잎 모양이 오글거리는 오글상추, 축면상추, 흑상추 등이 있다. 논산에 메꼬지 상추라고 하여 여름에도 늦게까지 따먹을 수 있는 청상추가 있는데, 이것이 지금 한국 종자 기

적배추상추 (SD4187)

업에서 가지고 가서 개량한 청상추이다.

토종 상추는 각 지방색을 띠면서 할머니들이 시집갈 때 가지고 와서 계속 재배하는 경우가 많다. 상추는 씨를 받기도 하지만, 받지 않고 그대로 두면 이듬해 그 자리에서 계속 나서 뜯어먹곤 하는 대표적인 텃밭 채소다. 평택에서 수집한 오봉상추는 늦게까지 먹을 수 있고 9월에 씨앗을 받을 수 있어 토종농가에서는 인기가 높다.

종자 회사에서 판매하는 상추는 터미네이터 종자가 많다. 터미네이터 종자란 아예 발아가 안 되거나 발아가 되더라도 형질이 그대로 발현되지 않는 경우를 말한다. 이는 종자를 매년 팔기 위해서다. 특히 흰 유액에는 진정 효과가 있는데, 그것이 없거나 성질이 약하다. 더구나 대부분 판매되는 상추는 하우스 상추인지라, 상추의 약성은 현저히 떨어질 수밖에 없다.

재배

상추는 토양의 비옥도를 거의 가리지 않는다. 수경 재배가 가능할 정도로 수분만 있으면 잘 자란다. 중부 지방에서는 3월 말에 파종하면 초여름까지 먹는다. 남도 지방은 8월 말부터 9월경에 파종해서 겨울을 난다. 봄에는 2월과 3월에 파종한다. 상추는 마늘, 양파, 고추밭 가장자리에 사이짓기를 하면 좋다.

상추를 '나약한' 채소라고 생각하면 오산이다. 고추밭에 상추를 심었을 때는 별 탈이 없었는데, 상추밭에 고추 모종 몇 개를 옮겨 심었을 때 고추가 말라

매꼬지상추 (SD0270)

비나리상추 (SD5199봉화275)

담배상추 (SD1319곡성122)

죽은 경험이 있다. 예부터 상추를 장독대 근처에 심었는데 뱀을 쫓기 위함이다. 상추는 독이 있어 벌레가 가까이 가지 못하는데, 뱀은 상추에 닿으면 눈이 멀게 된다. 그래서 뱀이 많이 출현하는 밭에 군데군데 상추를 심으면 좋다.

채종과 보관

낮 기온이 30도를 웃돌면 꽃대를 올리기 시작한다. 꽃이 시들면서 씨앗이 솜털에 묻어 나오는데, 줄기가 노랗게 익으면 대를 잘라 털어 하얀 씨앗을 받는다. 대를 그대로 말려서 씨앗을 털면 솜털과 잔재들이 뒤엉켜 씨앗을 곱게 받을 수 없다. 장마 전에 채종해야 한다. 잎과 줄기가 새카매지도록 밭에 놔두면 씨앗이 많이 떨어지고 흰색 씨앗이 갈검색이 된다. 잘 턴 씨앗은 바람이 잘 통하는 그늘에서 말린 뒤 신문지나 봉투, 병에 담아 보관한다. 상추 씨앗은 상온에서 3~4년 보관할 수 있다.

부추

재배 기원

중국이 원산지로 인도, 중국, 우리나라, 일본에서만 식용 재배한다. 서양에서는 재배하지 않는다. 부추는 기원전 11세기 중국에서 재배되었고, 그 후 우리나라에서는 약용과 식용으로 재배, 문헌으로는『향약구급방』에 언급되었다.

명칭

한국 각지에서 재배하는 부추는 지역에 따라 부르는 이름이 '솔, 소불, 정구지' 등 다양하다. 제주도에서는 '새우리'라고 한다.

생리

달래과에 딸린 여러해살이 식물이다. 봄철에 구근에서 싹이 여럿 돋아나고 여름에 잎 사이에서 푸른 줄기가 나와 그 끝에 흰색 작은 꽃이 핀다. 파종 후 첫해에는 잎이 얇고 여리다. 1년에 5번 정도 잘라서 먹는다. 뿌리를 분갈이해서 증식한다.

한라부추꽃 (SD6272)

약성

전통적으로 부추를 기른 이유는 다양한 약성 때문이다. 기미는 맵고 조금 시며 온하고 텁텁하며 독이 없다. 날로도 먹지만, 삶아 먹으면 속을 따뜻하게 하고 기를 내린다. 허를 보하고 양기를 더하며 오장을 조화롭게 해준다. 부추를 삶아 소금, 식초를 쳐서 빈속에 먹으면 가슴 답답한 것을 다스린다. 즙을 내어 먹으면 천식, 고기 독을 풀고 오한을 멈추게 하며, 토혈에 효과가 있다. 음식에 체하여 설사를 할 때 된장국에 부추를 넣어 먹으면 설사가 멈춘다. 부추는 간과 심장에 좋고 위를 보한다. 위 열을 없애며 폐기를 돕는다. 어혈과 담을 없애고 모든 혈증을 다스린다. 심혈관계의 영향을 많이 받는 정력에 좋기로 유명해 중국에서는 양기를 돋우는 풀이라 해서 기양초라 부르기도 한다.

이용

한 번 심으면 여러 해를 먹을 수 있는 부추는 날로도 먹고 익혀서도 먹으며 김치로도 먹는다. 생것은 맵고 텁텁하고 익힌 것은 달고 시다. 봄에는 주로 생으로 먹지만 초여름에는 오이 속에 넣어 김치를 담가 먹기도 한다. 즙을 내서 먹기도 하고 삶아 먹기도 하며, 양념장을 만들어 먹기도 한다. 그 외에도 부추떡, 부추장아찌, 부추죽 등 다양한 음식으로 쓰인다. 특히 봄을 제철로 쳐 향긋

두메부추꽃 (SD3540강화394)

하다. 봄 부추는 옆집도 주지 않는 속설이 있을 정도다. 늦여름(7~8월)에는 꽃이 피기 시작하는데 이때는 부추의 맛이 떨어진다.

재래종과 야생종

재래종 부추가 널리 재배되었지만 지역 재래종 대부분의 특징은 폭이 좁은 실부추다. 야생종으로 산부추, 한라부추, 두메부추 등이 있다.

재배

부추는 키우고 몇 년 지나면 세가 약해지는데, 뿌리줄기가 자라서 지나치게 촘촘하게 난 탓이니 뿌리줄기를 뽑아 분갈이해서 심으면 된다. 부추 씨앗을 심어도 된다. 파종할 때는 밥그릇을 엎어 놓고 원을 그린 뒤 씨앗을 촘촘히 뿌린다. 봄부터 가을까지 수확 가능하다. 부추는 물이 잘 빠지는 토양이 좋고 아궁이에서 나오는 재거름을 사용한다.

두메부추 (SD3540강화394)

조선부추꽃 (SD6951용인164)

조선부추 (SD6951용인164)

고구마

재배 기원

고구마(Ipomoea batatas L.)는 중앙아메리카의 멕시코와 베네수엘라 지방에서 처음 재배한 작물이다. 콜럼버스가 아메리카 대륙에서 돌아올 때 가지고 와서 유럽에 전파하였다. 한국에 전래된 것은 조선 영조 때 조엄이 대마도에서 고구마를 가져와 부산에 심게 하였는데 수확 후 월동 방법을 몰라 고구마가 얼어버리자 그 이듬해 다시 고구마를 구해 재배하였다. 이후『감저보(甘藷譜)』를 편찬해 재배법을 널리 알렸다.

명칭

고구마는 일본에서 들어와 일본어의 영향을 많이 받았다. 고구마를 일컫는 '고코이모'가 '고금아'로 변천했다. 또 고구마를 감저(甘藷), 감서(甘薯)라고 불렀다. 감자는 중국에서 들어와 '북(北)감저', 고구마는 남쪽에서 들어와 '남(南)감저'라고 불렀다. 제주도에서는 지금도 '감저'라고 부르며, 감자는 '지실'이라고 한다. 전라도에서는 고구마를 '감저' 또는 '무수감자(무감자)'라고 부른다.

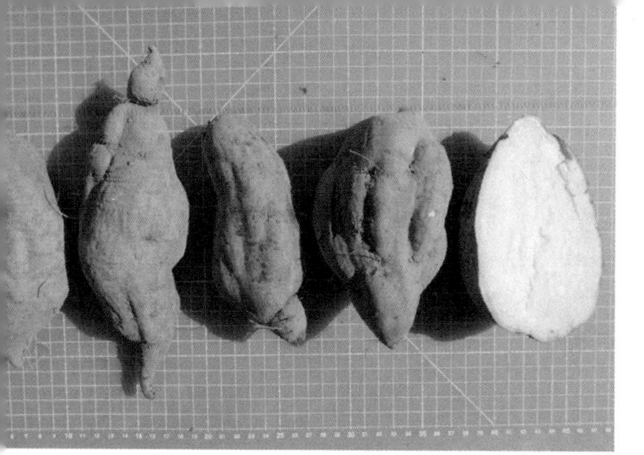

웃장물고구마 (SD6638순천340)

생리

고구마는 메꽃과의 한해살이 식물이다. 고구마에서 나온 순을 5~6월 초에 심어 10월에 거두는데 뿌리는 타원형으로 토란보다 크다. 고구마는 처음에는 달고 오래 지나면 바람이 들어 약간 담담하다.

약성

고구마는 기력을 늘리고 비위를 튼튼히 한다. 고구마를 먹을 때 김치와 함께 먹으면 속이 편한 이유가 고구마가 소금을 필요로 하기 때문이다. 고구마에는 칼리 성분이 많아 고구마를 많이 먹으면 나트륨과 길항 작용으로 나트륨이 몸 밖으로 빠져나간다. 그래서 고구마를 먹을 때 김치가 당기는 이유다. 김치와 먹지 않으면 장에서 가스가 발생하기 쉽다. 대장과 소장을 보호하기 위해 고구마는 삶아 먹는 것보다 구워 먹는 것이 효과가 좋다. 고구마엿은 신경통에 좋으며 장복하면 완치하는 실례가 있다. 고구마는 섬유질이 많아서 배설을 촉진한다. 날고구마를 잘라 보면 하얀 진이 나오는데, 이것이 섬유질이다. 고구마를 먹으면 피부가 고와지는 이유도 통변이 잘되기 때문이다. 고구마는 비만을 해결하는 데 도움을 준다.

고구마 재배 권장 이유

주 재배지역은 아시아로 세계 재배면적의 49%, 생산량의 75%를 차지한다. 중국이 최대 생산지이다. 예전에는 쌀이 떨어졌을 때 밥을 대신한 구황작물이

간동물고구마 (순천391)

횡성물고구마 (SD2759횡성016)

제주물고구마 (SD5566제주13)

다. 조선 시대 서유구는『임원경제지(林原經濟志)』를 통해 고구마 재배를 권장하는 15가지 이유를 밝힌 바 있다.

첫째, 색깔이 희고 맛이 단 것이 여러 땅에 심는 작물 중에서 특별히 뛰어나다. 둘째, 사람에게 이익을 주는 공이 마와 같다. 셋째, 어디서나 넝쿨을 뻗으며 자라고 줄기를 잘라 종자로 삼으면 금년의 한 줄기로 이듬해는 수백 평에 심을 수 있다. 넷째, 가지와 잎은 땅에 붙어 자라고 마디를 따라 뿌리가 내리면 비바람도 침범하여 손상시킬 수 없다. 다섯째, 쌀 삼아 먹을 수 있어 흉년에도 피해를 보지 않는다. 여섯째, 술로 빚어 먹을 수 있다[고구마로 소주의 원료인 주정(에탄올)을 만듦]. 일곱째, 제가에 올릴 수 있는 과실로 충당할 수 있다. 여덟째, 말려서 오래도록 저장하였다가 가루를 빻아 수시로 떡이나 경단을 만들 수 있으며, 조청으로 쓸 수 있다. 아홉째, 생으로 삶아서 모두 먹을 수 있다. 열째, 작은 땅에 심어서 이익을 많이 내고 물주기도 쉽다. 열한째, 잡초가 있어도 재배가 가능하고 밭에 김을 매지 않아도 된다. 농사에 공들일 필요가 없다. 메뚜기도 어쩔 수 없는 것이 그 공이다. 열두째, 잘라낸 줄기는 소와 양 · 돼지를 먹일 수 있다. 열셋째, 성질이 평온하고 독이 없어 비장과 위장을 건강하게 하고 양의 정기를 증가시키며 근골을 튼튼하게 할 뿐만 아니라 다리 힘을 건장하게 하고 피를 보충하며 온갖 병을 치료하여 수명을 연장시킨다. 열넷째, 고구마를 먹으면 배가 고프지 않다. 열다섯째, 고구마 잎은 쪄서 밥을 싸 먹으며 맛이 곰취와 같다. 그리하여 구황 식량이자 간식으로 양식을 대신할 수 있고 농부에게 재배하기도 편한 최고 작물이다.

토종

영양체 번식 작물은 분화가 어려워 토종이 많지 않다. 1930년대 일본에서 들어온 밤고구마 원기가 가장 많이 보급되었고 1938년 원예시험장에서 고구마 육종을 시작해서 신품종이 계속 공급되었다. 목포작물시험장에 전국 각지 재래종을 수집한 결과 진도 재래 1 · 2 · 3, 해남 재래 1 · 2 · 3, 제주 재래, 당진 재래 등 16개 품종을 보존 중이다. 주로 원추형 모양에 속은 황백색의 밤고구마이며 제주 재래는 물고구마이다. 이 밖에 강원도 횡성과 원주, 전남 장흥에서 각각 재래 물고구마를 찾았다. 고구마의 순은 물고구마의 것이 부드럽고 맛이 좋다. 고구마는 도입 이후 꾸준하게 육종되어 왔으며, 1990년대 이후 생식용과 가공용으로 자색미를 비롯한 주황미 · 연자미 등 다양한 색깔과 용도의 품종들이 개발되었다.

물고구마 (순창181)

재배

고구마는 생육 적온이 높고 생육 온도 범위가 긴 작물이다. 생육 온도 범위는 15~38℃이며 30~35℃에서 가장 왕성하게 자란다. 고구마가 싹 트기에 적합한 온도는 30~33℃이며 23~25℃가 생장에 가장 좋다. 따라서 자급의 경우는 2~3월에 고구마 몇 개를 용기에 담아 부드러운 흙을 넣고 방안에 두어 싹트기를 한다. 줄기가 20㎝ 정도면 고구마에서 줄기를 떼어 내 흙에 비스듬하게 묻어 2차 순을 기른다. 한 차례 가식(假植)하면 몇 개의 고구마로 순을 많이 낼 수 있다. 2차 순을 내는 시기는 4~5월로, 충분한 수분을 공급하고 온도를 25℃로 유지해야 한다. 줄기가 왕성하게 자라면 5월 중순 이후부터 6월 중순까지 심는다. 고구마에서 나온 순을 5~6월 초에 심어 10월에 거두는데 뿌리는 타원형으로 토란보다 크다. 본 밭에 옮겨 심을 때는 줄기를 세 마디 이상을 잘라 두 마디 정도 땅에 들어가도록 눕혀서 심는다. 비가 오는지를 잘 살펴 비 오기 전에 심는다. 비가 오지 않을 때는 물을 충분히 주고 심는다. 심고 난 뒤 1주일 이상 비가 오지 않으면 심은 줄기가 말라 죽으니 주의해야 한다.

고구마를 심고 나면 고구마 줄기가 뻗어 나가는데, 고구마 간격을 넓게 하였을 때 뻗은 가지가 땅에 뿌리를 내린 뒤 그 위 줄기를 잘라 주면 뿌리가 내린 곳에서 작은 고구마가 달려 고구마를 심은 효과가 난다. 굵은 고구마를 원할 때는 줄기가 땅에 닿아 뿌리내리지 않도록 들어 준다. 고구마는 20㎝ 높이의 부드러운 두둑이면 뿌리를 잘 내린다. 하지만 두둑을 너무 높이면 부드러운 흙 아래로 깊숙하게 파고 들어가 수확하기 어려우므로 두둑의 높이를 적당히 만드는 것이 좋다.

고구마 재배 기간에는 무성한 고구마 줄기를 들어 주고 잘라내어 나물로 사용한다. 전라도 지역에서는 고구마 생잎줄기로 고구마 김치를 담그거나 고구마 잎으로 된장국을 끓이거나 데쳐서 나물용으로 반찬을 한다. 10월 수확 시기에 고구마를 수확하면서 고구마 줄기와 잎을 따로 갈무리해서 말려 두어 겨우내 반찬으로도 이용한다. 10월 말 된서리가 내리기 전에 수확한다.

채종과 보관

고구마는 감자와 달리 수확 시기에 상처가 있어도 썩지 않고 스스로 큐어링을 한다. 다만 고구마는 보관에 유의해야 하는데 고구마는 추위와 습기를 싫어하여 10℃ 아래로 내려가면 얼어서 썩는다. 보관 온도를 15℃ 정도로 유지해야 하므로 예전에는 방 윗목에 가마니에 담아 보관하면서 겨우내 간식으로 사용하였다. 고구마는 시간이 지날수록 달다. 1월에 가장 맛있는 고구마가 되는데, 그것은 고구마를 저장하는 동안에 고구마의 전분이 단당류로 변화되기 때문이다. 파종 시기가 지난 고구마는 바람이 들어 약간 담담하다.

송광물고구마 (SD6382순천162)

흰물고구마 (화순228)

홍화(잇꽃)

재배 기원

재래 홍화를 잇꽃이라고 한다. 인류가 만들어 쓴 가장 오랜 천연염료 식물의 하나다. 5500여 년 전 이집트 무덤에서 잇꽃 씨앗을 발견했다. 왕의 미라를 싼 천인 아마포는 잇꽃으로 물들인 것이다. 이집트 원산으로 중국 · 인도 · 남유럽 · 북아메리카 등 세계적으로 널리 분포하는 두해살이풀로 아시꽃 · 홍화(紅花)라고도 한다. 우리나라에도 삼국시대 이전부터 사용했다. 2천여 년 전, 평양 부근 낙랑 고분에서도 잇꽃으로 물들인 화장품을 발견했고, 삼국시대에는 잇꽃 염색이 활발했다. 색동 옷, 다홍치마, 이불 천에 물들이기 위해 오랜 세월 재배되어 왔다.

생리

높이 1m 정도로 자라고, 줄기는 곧게 서며 털이 없다. 잎은 어긋나며 넓은 피침형으로 가장자리에 가시 같은 톱니가 있고, 잎자루가 없다.

꽃은 7~8월에 붉은빛이 도는 황색으로 핀다. 꽃은 줄기 또는 가지 끝에 1개씩 달린다. 1개의 꽃에 적게는 10개에서 많게는 100개의 열매가 달리는데, 열매는 흰색 씨앗이다.

약성과 이용

잇꽃은 처음 필 때는 노란색이지만, 차츰 주황색으로 변하다가 붉은색으로 활짝 핀다. 꽃이 아름다운 잇꽃 씨앗은 두루 쓰임새가 좋아 오랜 세월 기름을 짜서 요리에 써왔는데, 여러 가지 신비한 약효가 있다는 사실이 확인된 것은 최근이다. 잇꽃 씨앗은 뼈를 튼튼히 하고 골다공증에 특효가 있어 접골에 아주 훌륭한 약재로 쓰인다. 게다가 어혈을 푸는 데 매우 효과가 뛰어나 혈행 장애, 월경불순, 산후조리, 갱년기장애 등 부인병에 아주 좋아 씨앗을 가루로 내 먹는다.

지난날 시집가는 새색시의 이마에 찍었던 붉은 점, 즉 곤지의 염색 재료인 '연지'는 잇꽃으로 만든 것이다. 꽃잎을 따서 천연물감 재료인 '연지'를 만들어 손수건 등에 곱게 물들일 수도 있다. 씨앗은 좋은 약으로 쓰고, 이웃에게 나눠주어 잇꽃 사랑 가족이 늘어나 더불어 즐기는 것도 참 좋은 일이다.

토종

잇꽃은 오래된 작물로 한 가지만 있다.

재배

잇꽃은 거름을 많이 먹는 작물로 비옥한 토양에서 자란다. 잇꽃을 심는 시기는 지역마다 다르다. 남부 지방에서는 3월 초에서 중순이 적당하고, 중부 지방에서는 3월 중순에서 4월 초가 적당하다. 잇꽃은 평두둑을 만들어 씨앗을 바로 심는다. 줄뿌림을 하는 게 좋은데, 먼저 괭이로 흙을 금 긋듯 살짝 긁는다. 그런 다음 씨앗을 적당히 금에 맞춰 뿌리고 흙을 보일 듯 말 듯 덮는다. 줄 간격은 10cm 정도면 된다. 잇꽃은 진딧물에 약하다. 진딧물이 낄 때는 담배꽁초 우려낸 물이나 목초액을 250배 희석해서 사용한다. 잘 자란 잇꽃은 60~100cm까

SD6788(용인1) 가시홍화

홍화(잇꽃) 씨앗

지 자란다. 노란 꽃에서 주황색 꽃으로 피었다가 붉은색 꽃으로 변하는데, 수정 후에 오그라들어 씨앗이 맺힌다. 잇꽃 씨앗 맺는 시기가 장마와 겹쳐 씨앗 맺기 어려운 경우가 있다. 잇꽃을 대량 재배하는 농가에서 비 가림 하우스를 하는 경우가 이 때문이다.

채종과 보관

씨앗이 맺히고 난 뒤 갈색으로 변하는데, 잎과 줄기가 고동색으로 변하면 줄기를 베어 말린 뒤 채종한다. 채종하는 방법은 베어 말린 씨방에 가시가 많아서 손으로 하기 번거롭기 때문에 발로 비벼 씨앗을 빼낸다. 빼낸 흰색 씨앗을 2~3일 잘 말려 통이나 신문지에 싸서 보관한다. 상온에서 5년 보관할 수 있다.

연근(연꽃 뿌리)

재배 기원

연(蓮)의 원산지는 인도로 추정하나 확실하지 않다. 이집트에서는 4000년 전부터 연꽃을 신성한 꽃으로 여겼다. 중국에서는 3000년 전부터 경작된 것으로 추정한다. 우리나라에는 불교가 들어오면서 전래 되었을 것으로 추정한다.

생리적 특징에 따른 종교와의 연관성

진흙탕 속에서도 아름다운 꽃이 피고 흙탕물이 묻지 않는다는 특성 때문인지, 동양 문화권에서는 연꽃에 특별한 의미를 부여한다. 인도의 종교에서 연꽃은 중요한 상징이다. 베다 시기부터 연꽃은 신의 상징으로 사용되어 왔는데, 힌두교의 최고신 중 하나인 브라흐마는 연꽃에 앉아 있으며 비슈누의 지물 중에는 연꽃 봉우리 모양을 한 몽둥이가 있다.

불교에서 연꽃은 더더욱 중요시돼서, 불상을 보면 그 대좌가 연꽃 모양으로 되어 있음을 알 수 있다. 진흙 속에서도 깨끗하고 아름다운 꽃을 피우는 연꽃은 그 때문에 부처의 자비와 지혜를 나타내는 식물로 여겨진다. 도교의 신 중 나타태자는 연꽃에서 태어나 연꽃의 화신이라는 별칭이 있다. 유교에서도 더러운 연못에서 깨끗한 꽃을 피우는 모습이 절개를 중시하는 선비의 기풍과 잘 맞아,

연꽃의 모습을 군자의 덕에 빗대는 '애련설(愛蓮說)'이라는 글을 남겼다. 다만 유교에서는 사군자가 일반적이라 연꽃의 비중은 상대적으로 적다. 고대 이집트에서는 부활, 영생을 상징했는데 흔히 신이나 파라오와 함께 그렸다는 꽃은 일반적인 연꽃이 아니라 수련이다. 일본에서는 망자에게 바칠 음식을 연잎으로 싸는 등 종교적 의식에 사용한다.

생리

미나리아재비목 연꽃과 여러해살이풀로 부용이라고도 부른다. 높은 온도와 햇빛을 좋아하는 연의 발아 온도는 15도 이상, 생육 온도는 25~30도이다. 땅속줄기는 흙 속을 기며 자라는데 가을이 끝날 무렵 그 끝이 커져 연근이 만들어진다. 연잎은 물을 튕겨내는 성질이 있어 방부 효능으로 예부터 음식을 보관하는 용도로 사용했다. 잎은 원형의 방패 모양이며, 꽃은 7~8월경 물속에서 나온 긴 꽃자루 끝에 핀다. 꽃은 암술과 수술이 함께 있는 양성화다. 열매는 연밥이라고 하며, 그 속에 씨앗이 15~25개 있다. 씨앗 겉껍질은 매우 딱딱해서 수백 년이 지난 후에야 발아하는 경우도 있다. 중국에서 발견된 1000년 묵은 씨앗이 발아된 적도 있고, 일본에서는 2000년 묵은 씨앗이 발아하기도 했다. 늪, 연못, 논 등에 많으며 연꽃부터 열매, 잎, 뿌리에 이르기까지 식용 및 약재로 이용된다.

약성

연의 모든 부분을 약으로 쓴다. 생 연뿌리 즙을 내어 마시면 폐결핵의 객혈이나 하혈에 특효가 있다. 연의 열매는 모든 기맥을 열어 기력을 늘린다. 연근은 독을 풀고 어혈을 내리며 오래 먹으면 몸이 가벼워지고 장수한다. 악성 신장염과 기침에 연 줄기와 쑥을 함께 달여 먹으면 낫는다.

이용

옛날부터 연근을 이용한 반찬과 연잎에 싼 밥을 즐겨 먹었다. 연잎이 방부제 역할을 해 찻잎을 연잎으로 싸서 재워두는 방식이나 연잎 자체를 말려서 찻잎으로 이용했다. 프랑스에서는 노점에서 연꽃을 삶아 팔기도 한다. 또한 연자죽이라고 해서 연꽃의 씨앗을 갈아 죽처럼 만들어 먹기도 한다.

토종

오래된 연 씨앗이 발아한 사례로, '아라홍련'이라는 이름의 연꽃이 유명하다. 아라연꽃은 2009년 5월, 경상남도 함안군 성산산성에서 발굴된 연꽃 씨앗에서 발아한 연꽃인데, 고려 시대 연 씨로 확인되었다. 함안 지역이 옛 아라가야가 있었던 곳이기 때문에 이 연꽃을 '아라연꽃'이라고 명명했다. 이후 아라홍련 습지를 만들었고, 매년 7월 아라연꽃 축제를 열어 관광객을 끌고 있다. 아라연꽃은 꽃잎 하단은 흰색, 중단은 선홍색, 끝은 홍색으로 현대 연꽃과 달리 길이가 길고 색깔이 엷어 고려 시대 탱화에서 볼 수 있는 연꽃의 형태와 색깔을 그대로 간직하고 있다.

우리나라 토종은 종류가 적다. 주로 조선연, 중국계의 백화연, 천왕연 등이 있다. 조선연은 만생종으로 연뿌리가 비교적 크고 맛이 좋으나, 겉껍질이 녹색을 띠기 때문에 상품 가치가 떨어진다. 또한 뿌리가 땅속 깊이 뻗기 때문에 캐내기가 불편하다. 꽃은 담홍색이다. 백화연은 성장이 늦고 뿌리가 크며 수량이 많다. 뿌리가 얇게 뻗어 캐기가 쉽다. 천왕연은 생장이 제일 빠르고 뿌리는 작고 살이 두꺼우며 겉껍질은 흰색이며 꽃은 홍색이다. 연꽃은 홍색이 대부분이고 흰 꽃을 피우는 백련은 귀한 편이다. 백련의 집단 서식지로 전남 무안군 회산의 백련지가 유명하다.

재배

씨앗을 심는 방법도 있지만, 연근이 되지 못한 땅속줄기를 이용하는 방법도 있다. 연근으로 캐지 못한 땅속줄기는 봄에 촉을 틔우는데, 4월에 두 개의 촉이 있는 연근을 캐어 심을 수 있다. 연못에서 재배하지만 다양한 방식으로도 연을 기를 수 있다. 30cm 이상 깊이의 넓은 고무통에 진흙을 3분의 2가량 넣고 물을 채워 길러도 된다. 실내에서도 기를 수 있다. 연꽃은 자기가 자라고 있는 통에 크기를 맞춰 자라는 특성이 있기 때문이다. 봄철에 캐낸 연촉이 있는 뿌리를 진흙에 심고, 지면 위 10cm 정도 물을 잔잔하게 잠기도록 한다.

연잎은 6월경에 만개하는데 수시로 따서 이용하면 된다. 7~8월에 꽃을 피우는데, 연꽃은 피고 지는 시간이 정해져 있다. 새벽에 활짝 피었다가 낮이 되면 꽃잎을 닫거나 시들어버린다. 연근은 10월에 캐는데 물을 빼고 캔다. 대규모 연근 재배지에서는 포크레인으로 캔다.

파종

연밥이라고 부르는 연의 열매 안에는 15~25개의 씨앗이 들어있다. 씨앗은 딱딱한 검회색 껍질로 싸여 있는데, 수백 년이 지난 후에야 싹을 틔우는 경우도 있다. 연 씨를 심기 전에 전정 가위로 두꺼운 겉껍질에 살짝 구멍을 뚫어 주어야 물기가 안으로 들어가 발아가 가능하다. 쉽게 하는 방법은 전정 가위로 둥근 부분을 살짝 구멍을 낸다. 구분이 어려우면 껍질 어느 쪽이든 상관없이 흠집을 낸 후 씨앗이 잠길 정도로 물에 담가 양지바른 곳에 놔두면 일주일 안에 싹이 나온다. 수온은 20도 정도면 적당하고, 물이 탁해지면 깨끗한 물로 갈아줘야 곰팡이 방지에 도움이 된다. 어린 싹이 나오면 수분이 있는 진흙에 옮겨 심는다. 연못이나 물이 고인 논에 던져두면 뿌리를 내린다. 만약 씨앗을 그대로 심으면 싹이 나오는 데 몇 년이 걸린다. 대체로 7년이 지나야 발아된다고 한다.

채종과 보관

6~8월에 연꽃이 피고 지면서 연밥이 생기고 8~9월에 연근이 생긴다. 연밥에는 검은 씨앗이 생기는데 10월 연근을 캘 때, 연밥 줄기를 잘라 그늘에 말린다. 연밥에는 15~25개의 연 씨가 들어있다. 연 씨는 딱딱하고 씨앗 껍질이 두꺼워 수십 년을 보관해도 발아가 된다. 보관은 그늘진 곳에 용기에 담아둔다.

방아

재배 기원

방아는 중국, 한국, 일본 등에 분포하는 야생 식물이다. 주로 산나물과 더불어 약용 식재로 사용해왔다.

명칭

배초향, 방아잎, 깨나물이라고 한다. 노야기, 향채라고도 한다. 1970년대에는 노야기라고 많이 불렀다.

생리

방아는 꿀풀과의 한해살이풀이다. 높이는 60cm, 잎은 달걀형으로 끝이 빨갛고 가장자리가 톱니처럼 째져 있다. 두 잎이 마주 보며 자색의 순형화가 핀다.

약성

방아는 기미가 맵고 미온하며 독이 없다. 한방에서는 종양, 콜레라, 발열, 두통, 감기, 소화불량, 구취에 이용한다. 비린내를 제거하는 용도로도 사용한다.

한방에서는 방아꽃이 핀 뒤로 전초를 채취하여 응달에 말려 사용한다. 수종을 흩어버린다. 열풍을 없애고, 근육 경련을 일으키는데 삶아 즙을 반 되가량 한 번에 먹으면 즉시 그친다. 분말로 만들어 물로 먹으면 코피도 멈춘다. 발한제로 냉기를 다스린다. 해열제로 기를 내리고 번열을 없애고, 위를 덥게 한다. 즙으로 양치질하여 취기를 없앤다. 방아는 각기와 한열을 다스린다. 이뇨제, 복통, 토사, 빈혈에도 쓰인다. 여름병의 특효로 여름 감기, 더위병으로 고통이 심할 때 작두콩 꼬투리 말린 것과 방아잎, 생강즙을 넣어 달여 마신다. 8~9월에 잎을 채취하여 말려 사용한다.

이용

정유 성분이 90% 이상이다. 정유 성분은 성숙한 잎에 많고, 그다음으로 꽃대, 새순, 줄기 순으로 많다. 향신료로 쓰이는 작물은 잎이 뿌리보다 약성이 높다. 북한에서는 벌레가 생기지 않도록 하려고 간장과 된장의 향료로 이용한다. 5~8월에 어린 싹을 날로 먹거나 나물로 먹는다. 경상도에서는 부추전에 방아를 넣어 보양식으로 먹는다. 보신탕과 매운탕에도 방아잎을 넣어 먹으며 방아잎 김치로도 사용한다.

토종

우리나라에는 한 종으로 자생한다. 드물게 흰 꽃이 있다.

방아꽃

재배와 채종

방아는 산과 들에 자생하는데, 집집마다 밭에 심었다. 4월에 심으면 8~9월에 자주색 꽃이 핀다. 자주색 꽃이 지고 검은색 씨앗이 맺힌다. 검은색 씨앗이 3분의 2 이상 맺히면 꽃대를 베어 깔개 위 또는 큰 용기에 털어낸다. 덜 털린 것은 며칠 더 말려서 씨앗을 털어낸다. 씨앗은 용기나 종이에 담아 상온에서 보관한다. 이듬해 봄에 바로 파종한다. 씨앗을 채종하지 않아도 씨앗이 떨어져 주변에 번식한다.

박하

재배 기원

일명 '영생이'라고도 한다. 한국, 중국, 일본 등지에 분포돼 있다. 그리스 신화에 등장하는 민트가 바로 박하다. 원산지는 중국이고, 인도를 거쳐 유럽으로 전파된 것이 서양 박하다. 이집트에서는 3000년 전부터 기름을 얻을 목적으로 재배되었다. 우리나라에는 신라 시대에 전래된 것으로 추정한다. 고려 시대 『향약구급방』이나 조선 시대 『산림경제』에 박하 모종 재배법이 나온다. 우리나라에서는 기름을 얻을 목적으로 1910년경부터 재배했으며, 1960년대에 작물 시험장에서 박하 시범 연구를 실시하여 개량종을 만들었다.

생리

박하는 꿀풀과에 속하는 여러해살이풀이다. 박하라는 이름은 속칭이고, 『식성본초』에는 '발할'이라고 기록되어 있다. 비옥한 토양을 좋아하지 않는다. 낮은 지대의 습지에 자생하며 땅속줄기로 번식한다. 붉은색 줄기다. 잎은 마주 달리는데 처음 났을 때는 모양이 길고 머리 쪽이 둥글지만, 자라서는 뾰족해진다. 담자색 미나리꽃과 같은 순형화가 핀다. 잎이 깨와 비슷하나 깨보다 뾰족하고 길다.

약성

박하는 관절을 통하게 하고, 독과 냉증을 없애며, 상기된 기운을 가라앉게 한다. 어혈을 없애고, 중풍을 다스린다. 특히 상풍, 두뇌풍을 다스리고 급체를 치료한다. 박하잎을 짓찧어 즙을 먹으면 심장의 풍열을 가라앉게 한다. 인후, 입, 치아의 모든 병을 이롭게 한다. 가려움증, 설태 등을 없애고 코가 막힌 것을 뚫어 주고 코피를 멎게 한다. 벌레 물린 데 생잎을 짜서 즙을 바르면 가려움이 멎는다. 두통과 근육통에 사용한다. 오래 먹으면 좋지 않으며, 여위고 허약한 사람은 먹지 않는 것이 좋다. 이집트, 인도, 유럽에서는 박하 잎에서 증류식 방법으로 기름을 채취하여 먹거나 바르는 치료제로 사용한다.

이용

소서(7월 초순) 뒤에 볕에 말려서 쓴다. 잎은 차를 대신할 수 있다. 박하에서 나오는 멘톨 성분은 진통제, 구충제 등 약용으로 쓴다. 향미료로 치약, 잼, 화장품, 담배에 넣거나 욕탕 재료로도 사용한다. 봄철에 부추와 양념을 해서 먹기도 한다. 잎을 7월과 10월에 채취하여 말린다.

토종

박하는 서양종과 동양종이 있다. 서양종은 정유의 성질에 따라 페퍼민트, 스피어민트, 페니로열민트로 구분한다. 동양종은 일본 박하라고도 하는데, 줄기가 붉은 적경종과 그렇지 않은 청경종으로 나뉜다. 우리나라 전통 재래종은 조선 시대 『임원경제지』에 따르면 남박하와 용뇌박하 등 여러 종류가 있다. 지금 토종으로 남아 있는 품종은 적경종, 청경종, 산미종, 수원 1호가 있고, 지역 재래종으로는 덕산 재래종, 울릉 재래종, 송정 재래종, 조치원 재래종이 있다.

1960~1970년대까지만 해도 전북 전주가 약용 식물 재배지로 유명했는데 전주에서 청량한 향기가 진한 개량종 박하를 재배하기도 했다.

재배

박하는 비옥한 토양을 좋아하지 않는다. 옮겨 심을 수 있고, 겨울을 지내도 뿌리는 죽지 않는다. 씨앗 파종, 삽목, 뿌리 분갈이 등으로 재배할 수 있다. 번식력이 왕성하여 한 곳에 경계를 두고 재배해야 한다. 박하는 묵은 뿌리를 3월에 옮겨 심거나, 청명 전후에 싹이 나온 것을 나누어 옮겨 심는다. 박하는 비 온 후에 베어 거두면 성질대로 청량하지만, 그렇게 하지 않으면 청량하지 않다.

채종

박하는 교잡이 잘되는 식물이다. 따라서 여러 품종의 박하를 한 곳에 심지 않는다. 채종은 꽃이 피고 씨앗이 맺히면 털어서 채종을 해도 되지만, 굳이 씨앗으로 심지 않고 줄기를 베어서 땅에 심으면 뿌리를 내린다.

참박하 (SD6690순천392)

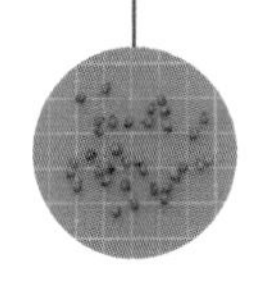

고수

재배 기원

고수는 향신채 중에서 재배 역사가 가장 오래된 작물이다. 지금으로부터 8000년 전부터 재배됐는데 이집트 파피루스에도 기록돼 있으며 묘에서도 씨앗이 발견됐다. 지중해 근방이 원산지다. 구약 성경에는 고수를 축제에 사용한 허브로 기록돼 있다. 우리나라에는 『훈몽자회』에 기록된 것으로 미루어 고려 시대에 들어온 것으로 추측된다.

명칭

향유, 호유(胡荽), 호유실, 고수풀, 고쉬풀이라고도 한다. 잎에서 빈대 냄새 비슷한 노린내가 난다 하여 '빈대풀'이라고도 하는데, 고수를 가리키는 그리스어 코리스(Koris)도 빈대를 가리키는 말이다. 중국에서는 향채라고 하여 재배한다.

생리

고수는 미나리과에 속하는 한해살이풀로 줄기의 속이 비어 있다. 여름에서 가을까지 흰 꽃이 피고, 잎은 달걀형으로 넓고 아래쪽은 잎이 좁다. 잎은 향기와 단맛이 있어 전 세계적으로 가장 많은 향료 식재로 쓰인다. 열매는 작고 둥글며, 익으면 향이 나고 단맛이 있다.

문화적 특징

중국인들은 고수 씨앗을 태워 악령을 쫓고, 고수를 많이 먹으면 환각 상태에 빠지기도 한다. 우리나라 사람들에게는 향취가 맞지 않아 일반적으로 사용하지 않았지만, 사찰에서는 고수를 자주 먹어 "고수를 먹을 줄 알아야 중노릇한다."라는 말도 있다. 사찰에서는 오신채(파, 마늘, 부추, 생강, 무릇)를 먹지 않는 대신에 고수를 재배하여 김치나 나물로 먹었다. 도교에서는 오신채에 고수가 들어간다. 북한에는 고수 소비가 상당히 많은데 황해도 중심으로 독특한 향을 즐긴다. 이에 영향을 받아 강화도와 경기도 일대에서 고수를 식재로 이용해왔다. 파종에 얽힌 속담으로 고수 씨를 뿌릴 때, 외설적인 말을 하면 무성하게 자란다고 한다. 그래서 외설적인 말에 "고수 씨를 뿌린다"라는 속담이 있다.

약성

고수의 뿌리와 잎은 기미가 맵고 온하며 약간의 독이 있다. 제아무리 좋은 것이라고 해도 과유불급이듯이, 고수를 생으로 많이 먹으면 정신을 흐리게 한다. 오래 먹으면 망각을 불러일으키며 난산을 한다. 그래서 고수를 생채로 많이 먹으면 좋지 않다. 고수는 근맥을 보하고 소화를 시키며 오장을 이롭게 하고 기를 통하게 하며 사지의 열을 없앤다. 다른 채소와 함께 먹으면 향긋하다. 고수를 달여 탕으로 날마다 얼굴을 씻으면 주근깨가 없어진다.

이용

동남아시아, 인도, 중국, 멕시코에서는 요리에 잎이나 씨앗을 갈아서 사용한

고수꽃 (SD6085진안63)

다. 고수는 식용 · 약용으로 쓰이는데 줄기와 잎을 생채로 먹거나 고수김치, 고수 쌈 등으로 먹고 열매는 호유자(胡荽子)라고 해서 향료로 이용한다. 약으로 쓸 때는 탕으로 하거나 생즙을 내어 사용한다.

토종

조숙종, 만숙종, 대립종, 소립종으로 분류되는데 강화도에서 재배하는 강화재래와 경기도 화성시 사창리 등에서 수집된 품종들이 있다. 전북 무주는 고수를 집집마다 재배하여 먹는다. 요즘에는 중국 동포가 고수 씨앗을 가지고 들어와 재배하기도 하여 재래종과 혼동돼 재배되고 있다.

재배

고수는 검고 부드러운 비옥한 땅을 좋아한다. 고수는 봄(4~5월)과 가을(8월)에 심는다. 고수를 빨리 발아시키려면 씨를 절구통에서 살짝 갈아 껍질을 깨 흩어 뿌리거나 줄뿌림을 한다. 또는 땅에 펴놓고 젖은 흙을 섞고 발로 밟아 에 열매껍질을 깨어 심는다. 흙이 씨껍질 속에 들어가게 해 주면 싹 나는 것이 빠르고 자라는 것도 빠르다. 봄철에 심으려면 고수 씨앗을 그릇에 담고 물을 서너 차례 뿌려 주면 2~3일 만에 싹이 난다. 만약 씨앗 껍질을 으깨지 않고 파종하여 10~20일 뒤에 싹이 나오지 않더라도 시간이 걸려 나오므로 주변에 나는 풀을 뽑아 주어야 한다. 씨앗을 빽빽하게 뿌리면 보통 15일 뒤에 나와 솎아내어 날로 먹는다. 처음 돋아나는 줄기는 부드럽고 잎은 둥글고, 뿌리는 연하고 희다. 봄에 뿌리면 입하 이후에 꽃이 피는데, 꽃은 미나리 꽃과 같고 담자색이다.

채종과 보관

고수 씨는 모양이 삼 씨와 같고 맵고 향긋하다. 가을에 씨를 뿌린 것은 이듬해 5~6월에 채종하고, 봄에 뿌린 것은 10월에 채종한다. 10월에 채종하는 것은 서리를 충분히 맞힌 다음 거둔다. 5월에 수확하는 것은 씨가 익으면 뽑아서 볕에 말린다. 수확 후에 나뭇가지로 두들겨 턴다. 보관은 여름에 습할 수 있으므로 다시 꺼내어 말린다. 습하지 않으면 5~6년 상온에서 보관해도 된다.

고수잎 (SD6085진안63)

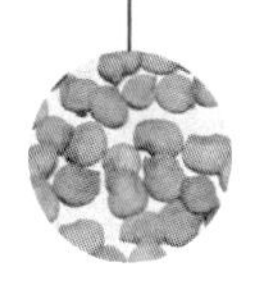

고추

재배 기원

고추는 멕시코가 원산지로 포르투갈 사람이 유럽에 전했고, 임진왜란 때 포르투갈 상인이 조선으로 들여왔다. 이후 조선에서 일본으로 건너갔다. 1613년 쓰인 『지봉유설』에 고추에 대해 언급한 구절이 있다. "남만초(南蠻椒)는 센 독이 있는데 처음에 왜국(倭國)에서 들어왔다. 그래서 속칭 왜(倭) 가자라 하였다. 때로 이것을 심고는 술집에서 그 맹렬한 맛을 이용하여 간혹 소주에 타서 팔고 있는데 이를 마신 자는 모두 죽었다."

명칭

한자 명은 고초(苦草), 적초(赤草), 방언으로는 꼬치, 당추, 댕가지, 댕꼬지 등이 있다.

생리

고추는 가지과에 딸린 한해살이 식물이다. 열대 지방에서는 다년생이며 온대 지방에서는 1년생을 재배한다. 고추는 키가 작아서 줄기가 여러 갈래 뻗어 나가고, 잎은 버들잎 모양이며, 여름에 흰 꽃이 핀다. 고추는 자가 수정을 하는데,

자연 교잡도 30% 안팎으로 이루어진다. 매운 맛은 유전적으로 우성이다. 싹을 틔우고 자라는 온도는 25~35도로 고온에서도 잘 견딘다. 10~15도에서는 생육을 멈춘다. 따라서 정상적인 파종 시기는 4~5월이다. 고추 모양이 들쑥날쑥하지 않고 균일한 고추가 안정된 고추다. 고춧대에서 20개 정도밖에 지탱을 못하며, 고추가 병이 나면 노란색을 띠고 꽃이 떨어지고 고추가 떨어진다. 나무는 초장(땅 표면부터 줄기의 끝부분까지)을 합쳐 볼 수 있다. 대부분의 재래종은 초장이 개장형으로 나뭇가지가 하늘로 뻗지 못하고 땅으로 처진다. 종묘 회사에서 육종한 개량종은 입성으로 나뭇가지가 하늘로 뻗도록 한다. 입성인 경우는 줄 매기가 쉽다.

고추에는 매운 것과 맵지 않은 것이 있다. 매운 것은 대체로 크기가 작고, 맵지 않은 고추는 열매가 크다. 이 두 가지를 교잡해 약간 매운 고추를 만든다.

약성

한방에서는 발한, 식욕부진, 회충 구제약으로 쓴다. 민간에서는 추운 겨울에 먼 길을 떠날 때 고추 몇 개를 신발에 넣으면 동상에 걸리는 일이 없다고 전해진다. 담이 결리면 고추를 쪼개어 발바닥에 붙인다. 오른쪽이 결리면 왼쪽에, 왼쪽이 결리면 오른쪽 발바닥에 붙인다.

재배 시기

고추가 우리나라에 처음 들어왔을 때는 독을 가진 잡목으로 알았다가 향신료로 간헐적으로 사용했다. 그러다가 고추를 본격적으로 재배한 시기는 17~18세기경부터인데, 김치의 양념으로 고추 재배를 적극 권장했다. 그 이유는 소금이 부족했기 때문이다. 17~18세기 조선 사회에서는 유교 제사가 급속하게 확

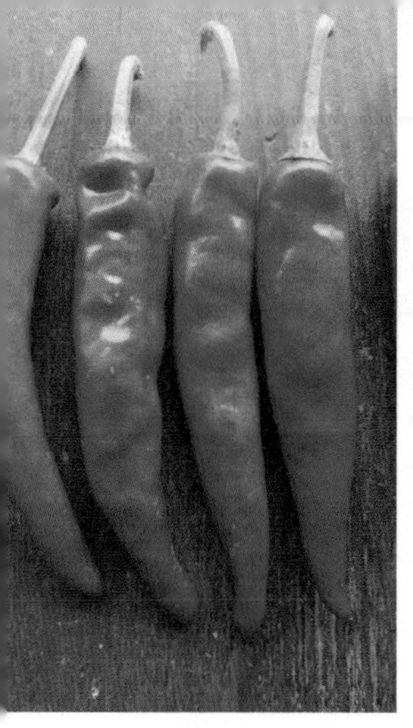
영천고추 (평택467)

울릉초 (SD0640울릉347)

대되었고, 국가 제사에 사용되는 생선은 소금 절임으로 소금 사용량이 20% 증가했다. 기근까지 덮치자 곡물이 없더라도 채소에 소금을 섞어 연명할 수 있으므로, 기근을 이기는 구황식품으로 소금과 장의 역할은 굉장히 컸다. 따라서 소금 사용을 억제할 필요성이 있었는데, 고추가 김치의 발효 과정에서 미생물의 발육을 억제함으로써 채소를 오랫동안 신선하게 저장할 수 있으며, 매운맛이 짠맛을 강화한다는 것을 경험적으로 체득하여, 고추 사용을 권장하면 소금을 절약할 수 있다는 것을 알게 되었다. 서유구의 『임원십육지』 기록을 보면 고추 재배를 적극적으로 권장했다.

고추가 소득 작물로 자리 잡은 이유

고추는 고온성 작물로 남부 지방에서 재배가 잘 되었으나, 현재는 전국적으로 재배한다. 음성재래, 영양재래, 임실재래, 울산재래 등으로 분포되었다. 1960년대 이후 행정기관에서 소득 작물 지원을 시작했는데, 주로 음성, 영양, 임실, 울산 등 담배를 주로 재배하고 있는 곳에 고추를 소득 작물로 지원했다. 왜냐하면 담배 재배에 필요한 여건(400m 산간지에다 육묘, 비닐 피복, 건조 등)이 고추 재배 환경과 잘 어우러졌기 때문이다.

왼쪽부터 붕어초, 음성재래, 칠성초

재래종 고추 발달사

1970~1980년에는 여러 재래종을 재배했다. 충북 음성을 대표하는 재래종은 앉은뱅이 고추와 청룡고추, 붕어초가 있고, 경북 영양을 대표하는 재래종은 수비초, 대화초, 칠성초 등이 있다. 현재 농가에서 이들 재래종이 명맥을 유지하고 있는데, 울릉초. 칠성초, 수비초, 음성재래 순으로 재배되고 이들 재래종은 개량 고추처럼 크기가 크다. 특히 붕어초, 음성재래는 껍질이 두꺼워 건조기를 이용하지 못하고 볕에서 완전히 말리려면 곰팡이가 펴 썩게 된다.

1969년에는 전국적인 고추 흉작으로 중국 고추가 수입되었는데, 당시 재래종보다 열매가 크고 익는 시기가 빨랐다. 모양, 매운맛, 색깔은 비슷했다. 1969년과 1978년에는 고추가 흉년이었다. 1980년대에 접어 들어 개량종이 보급되었다. 1984년~1986년에는 새로운 계통의 탄저병이 극심하게 발생해서 고추 생산에 큰 지장을 초래하면서 고추 개량종이 성행하기 시작한다. 1969년 도입된 중국 고추를 7년 동안 잡종에서 고정한 것이 중공초이다. 특징은 고추가 팽팽하고 두툼해서 암만 눌러 담아도 쭈그렁 덩이가 없고, 색은 약간 검붉으며, 길이는 10cm가 넘었다. 중공초는 질겨서 따기가 힘들고, 껍질이 두꺼워 햇볕에 말리지 못하고 연탄불에 말렸지만 중공초 덕택에 음성 지방이 고추 주산지로 탄생하는 데 밑거름이 되었다.

토종 고추의 특징

첫 번째 차이는 가지 모양이다. 개량 고추는 가지가 위로 뻗어 지지대를 세우기 편하게 자란다. 반면에 재래 고추는 가지가 늘어지고 가지치기가 잘 돼 옆으로 퍼지는 편이다.

두 번째 차이는 껍질이다. 재래 고추는 껍질이 얇아 볕에서 잘 마른다. 하지만 개량 고추는 고춧가루를 많이 내기 위해 껍질을 두껍게 육종한 것이어서 건조기에 말리지 않으면 여름 장마 기간에는 곰팡이가 펴 잘 썩는다. 그래서 완전 태양초란 개량 고추에서는 거의 불가능하다고 볼 수 있다. 고춧가루 제분율은 단연 개량 고추가 높다. 그것을 위해 개량했기 때문이다. 재래 고추의 제분율은 붕어초나 음성재래가 개량 종에 버금가고, 그다음엔 칠성초가 60.4%로 높다.

세 번째 차이는 맛이다. 개량 고추는 다수확을 위해 개량한 것이므로 맛은 싱겁거나 매운맛이다. 이에 반해 재래 고추는 매우면서 달고 또는 맵지 않고 달며 다양한 품종만큼 다양한 맛이 있다. 충북지역의 청룡고추와 울릉초는 매운 정도가 약하다. 매운맛을 내는 캡사이신 성분은 개량 고추보다 높다. 토종 고추의 매운맛 정도는 수비초, 칠성초, 대화초 순으로 높다.

앉은뱅이 고추

토종 고추의 개화 일수는 대화초 95일~131일, 수비초 107일, 칠성초는 118일이다. 색깔은 수비초, 대화초, 칠성초 순으로 붉다.

앉은뱅이 고추

나무가 작은 반면 고추가 크고 껍질이 두꺼우며 고추가 많이 달려 붙은 이름이다. 이후 교배종과 교잡되어 초기보다 나무가 커졌다. 앉은뱅이 고추는 나무 생김새가 가지가 벌어지고 열매가 크다. 매운맛이 적은 편이다. 1975년부터 영양을 중심으로 앉은뱅이 고추를 재배하고 있다.

2640

2640은 재래종 이름이 아니라 농진청에서 보급된 것으로 지금은 교잡되어 원래 원예시험장에서 재배된 모습과는 다르다. 2640은 1954년 서동재래에서 계통 분리하여 육종된 것이다. 2640은 가지만 한 고추로 빨리 달리지만 붉어지는 데 오래 걸리고 고춧가루를 빻으면 양이 많다. 씨가 적고 씨를 빻아도 된다. 고추가 커서 잔가지가 별로 없고, 당도가 있어 덜 마르면 고춧가루 빻을 때 기계에 눌어붙는다. 충북 괴산군에서 토종 씨앗 수집할 때 한 농가에서 지속적으로 재배해오고 있었다. 2640은 맵고 쪼글거리며 수확 시 잘 따지지 않는 편이다.

풍각재래고추(풍각초)

경북 청도군 풍각재래고추는 다른 재래종보다 토양병인 역병과 풋 마름병에 강한 편이다. 풍각초는 초기 성장세가 좋고 열매가 잘 달리지만 생육이 늦은 편이라 고추 수확 시기가 다른 고추에 비교해서 한물 늦다. 껍질이 두꺼워 제분율도 높다. 특히 장마철에 꼭지무름병으로 유실이 많은 결점이 있다. 풍각초는 꼭지에 털이 많고 전체적으로 맵지 않다. 풋고추는 구수하고 달짝지근하며 아삭아삭하다.

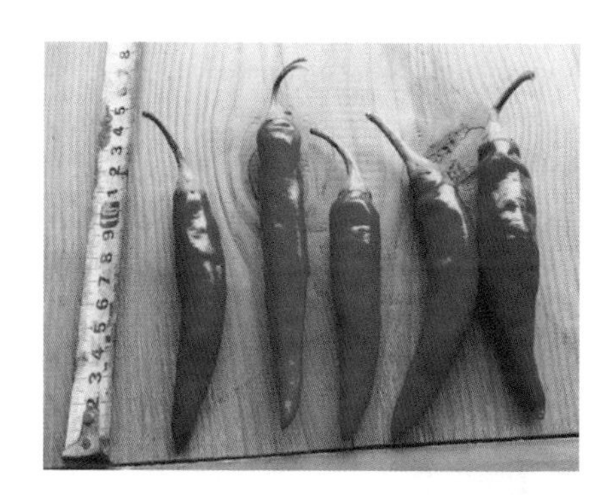

칠성초

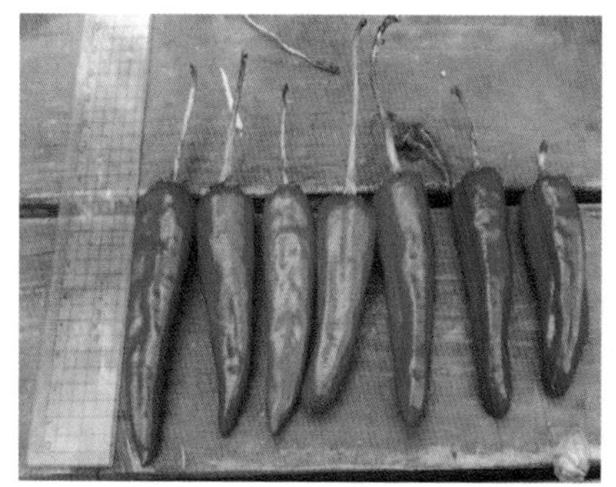

곡성초

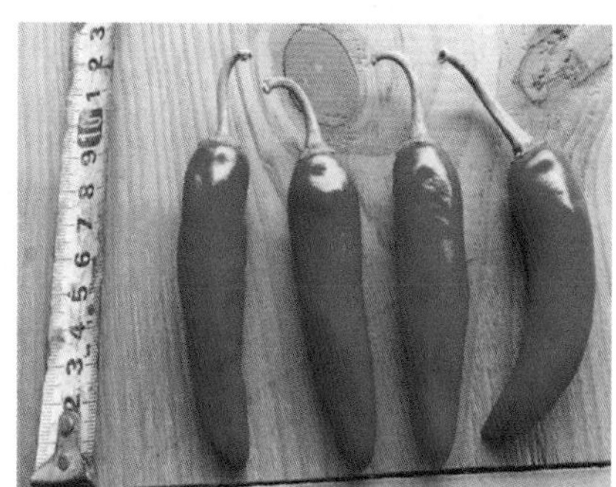

빵빵이초

칠성초

칠성초는 경북 영양군 일월면 칠성리에서 재배하는 재래 고추다. 칠성초는 수비초, 대화초와 함께 붉은 색감이 좋아 건고추를 최고로 친다. 칠성초로 김장을 하면 김치 색깔이 변하지 않는 큰 장점이 있다. 재래종 가운데 비교적 저온에서도 고추가 잘 달려 영양이나 봉화 등 추운 지방에서 재배한다. 고춧가루 질감은 수비초보다 거칠다. 칠성초는 꼭지 부분에만 매운맛이 있고 전체적으로 약간 매우면서 달다. 씨는 적고, 껍질은 두꺼우며 가루가 많이 나온다. 1970년대 충북 지방에서 각광받던 고추가 영양으로 넘어가 재탄생된 재래종으로, 교배종과 자연 교잡에 의해 보존 개량되고 있다.

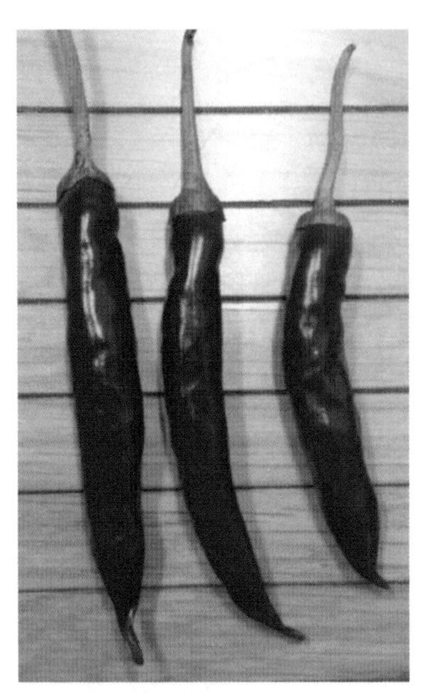
수비초

수비초(칼초)

수비초는 경북 영양군 수비면 신암리에서 우재일 씨가 1983년 수비면 오기리 강용구 씨로부터 종자를 얻어 재배해 왔다. 수비초는 열매 끝이 뾰족하여 일명 칼초라고도 하는데 꼭지가 좁다. 맛은 달콤하며 매운맛이 있다. 개량종보다 수확이 한물 늦으며 수량은 개량종의 3분의 2 정도다. 비교적 고도가 높은 산간지역에서 선발되어 저온 착과성이 좋으며, 영양에서만 잘 되고 다른 지역에서는 역병, 데뎅이병 등 병해와 바이러스에 취약하여 잘 적응하지 못하는 그야말로 토종 고추다. 영양지역 재래종들의 공통적 특성이 다른 지역의 재래종이나 교배종보다 개화가 10일 이상 빠르고 과실의 당도가 높다. 1998년 영양지역 고추 주요 재래종 특성 조사에 의하면, 수비초로 담근 김치나 고추장으로 국을 끓이면 널리 퍼지면서 가라앉지만 교배종은 그냥 가라앉는다고 한다. 수량은 교배종보다 25~30%가 적게 나온다.

청룡고추

충북 중원군 소태면에서 재배되던 재래종 고추로 일명 소태초라고 불렀다. 청룡고추는 현재 소태면 중청리 하청마을에서 허방녕 씨가 1984년에 고정한 재래종이다. 600평에서 건고추 2천 근을 수확할 정도로 큰 청룡고추는 다른 어떤 재래종보다 수확량이 최고다. 크기는 한 뼘씩 되고 팽팽하고 안 맵고 달다.

열매가 길고 큰 만큼 탄저병에는 약하다. 청룡고추는 끝물에는 열매가 작아지기 때문에 초기에 성장세를 올려 많이 수확하는 것이 유리하다. 청룡고추 10근에 매운 고추 1근을 섞으면 딱 먹기 좋은 고춧가루가 된다.

재배

황토 점질 땅에 심으면 질이 좋은 편이다. 고추는 열대식물이라 보통 생육 온도에 맞춰 파종 시기를 정하면 우리나라 기후에서는 7월이 돼야 성장한다. 그러나 고추가 소득 작물로 바뀌면서 2월에 가온 과정을 거쳐 5월 이후 본 밭에 심어 7월부터 수확한다.

토종 고추의 경우 개화 일수가 95일부터 최장 130일이므로 2월에 육묘를 시작해 5월에 본 밭에 들어가 5월 말이면 개화하는데, 장마 때 고추가 열려 병충해 피해가 큰 편이다. 소득은 줄지라도 육묘를 늦게 하면 장마로부터 오는 탄저병 피해를 줄일 수 있다. 작은 하우스가 있는 경우에는 3월 말~4월경에 포트묘를 해서 옮겨 심거나 스티로폼 박스를 이용해서 씨앗을 파종해놓고 비닐로 덮어두고 물을 주지 않아도 그 안에 수분이 생겨 발아와 육묘 성장을 돕는다. 파종할 때는 씨앗을 물에 담가 씨앗 눈을 트게 해서 파종하면 발아가 촉진된다.

노지에서 들깨처럼 파종해서 옮겨 심는 방법도 있다. 밭 가장자리에 부드러운 밭을 만들어 4~5월 초순에 밀식 파종해서 20cm 정도 자라면 6월 초순경에 옮겨 심는 방법이다. 이 경우는 포트묘보다 뿌리가 감기지 않아 본 밭에 심을 때 뿌리 손상이 적어 뿌리 활착률이 높다. 또 다른 방법은 남부 지방의 경우 늦가을에 씨앗을 뿌리고 봄에 발아되면 병충해 피해가 적다. 이는 고추가 다년생이기에 가능하다. 삽목도 가능한 이유가 바로 이 때문이다.

따라서 고추 모종을 2월에 가온 하우스를 만들어 기르기보다 4월 이후 포트묘를 하거나 들깨처럼 파종하고 정식하면 수확량은 관행 농사에 비해 적을 수 있지만, 비용이나 노동력이 덜 든다는 장점과 병해충이 적고, 11월 초까지 수확할 수 있다는 장점이 있다.

병해충 예방

고추의 병해충 예방은 파종 시기에 맞물려 있다. 늦게 직파를 하면 장마 후에 고추가 달리므로 11월까지 수확할 수 있다. 꽃이 필 때 드는 담배나방도 피할 수 있다.

탄저병 증상과 예방

파종 시기와 더불어 토양의 질소비에 따라 병충해를 예방할 수 있다. 고추는 질소비가 필요하지만, 요즘 농가에서 사용하는 퇴비가 60% 이상 부숙이 덜 된 동물성 질소비를 사용하여 오히려 병해충을 강화한다. 고추밭을 만들 때, 퇴비 양을 평소보다 3분의 1로 줄여 넣거나, 한약 찌꺼기나 식물성 퇴비를 사용하는 것이 바람직하다. 투입 퇴비가 적은 자연농에서는 유산균이 풍부한 생활 퇴비, 김칫국물, 쌀뜨물, 오줌, 식초, 막걸리 등을 물에 희석해서 잎이나 밭에 뿌려 준다. 소득 작물로 규모 있게 하려면 재를 토양에 섞어 밭을 만들거나 막걸리를 식초로 만들어 물에 희석해서 뿌려 주면 병충해 예방과 비료 효과가 있다. 또한 고추 한 가지만 심는 것보다 섞어 심는 게 중요하다. 고추와 들깨, 자소, 방아를 두둑을 달리해서 섞어 심으면 충방제에 도움을 준다.

고추+콩(땅콩)은 비료 효과로 빈 곳을 활용하여 돌려짓기를 한다. 고추+옥수수는 균 방제용으로 한다. 고추 옆에 상추를 심어서 작물 간 상승효과를 내는 것도 좋다. 벌레들이 상추를 기피하기 때문이다.

건조

토종 고추는 껍질이 두껍지 않아 태양초가 가능하다. 하지만 붕어초, 음성재래, 2640은 개량종처럼 껍질이 두꺼워 고추를 갈라서 말리거나 건조기를 이용해 말려야 한다. 처음에는 바람이 잘 통하는 그늘진 곳에 널어놓고 2~3일 숙성시킨 뒤 햇볕에 말려야 한다. 이 과정이 없으면 고추를 말리면서 하얀색으로 바뀌는 희나리가 생긴다. 비닐하우스가 없던 옛날에는 구들방에 고추를 말렸다. 지금은 대부분 건조기에 말리고 이후 하우스에서 말린다. 반건 반양이라고 하는데 대부분의 개량 고추는 이와 같은 방법으로 하지 않으면 곰팡이가 생겨 쉽게 썩는다.

채종과 보관

씨앗 선발 기준은 병이 없고 많이 달리며 키가 중간 정도로 잘 따지고 홍고추가 팽팽한 것으로 선발한다. 2~3번 수확할 때 선발한다. 채종할 때는 균일한 고추들을 고른다. 씨앗용 고추는 그늘지고 바람이 잘 통하는 곳에 보관하거나 김장용 비닐에 봉해 둔다. 한여름 비닐하우스에서 말리면 비닐하우스 안의 높은 온도 때문에 고추가 쪄져 발아율이 떨어지게 되므로 씨앗용 고추는 바깥 햇볕에서 말리는 것이 좋다. 또는 후숙된 고추를 갈라서 씨앗만 빼 말리는 것도 안전하다.

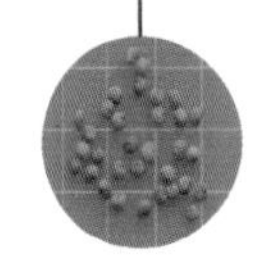

가지

재배 기원

가지의 원산지는 인도로 알려져 있다. 가지과 작물인 고추, 가지, 토마토 등은 열대지역에서는 여러해살이 작물이며 온대에서는 한해살이다. 우리나라에서는 삼국시대에 이미 재배되고 있음을 추정할 수 있는 자료들이 곳곳에 있다.

생리

가지는 전 세계에 150여 품종이 분포한다. 쇠뿔가지, 보주장가지, 대산가지 등이 대표적이며, 계란형, 원형, 장형 등의 모양이 있다. 이 중에서 시장에 가장 많이 나오는 품종이 쇠뿔가지다. 가지 꼭지에는 가시가 많은 것과 적은 것이 있다. 꼭지에 가시가 많으면 씨도 많기 때문에 가지를 선택할 때 가시로 구별할 수 있다. 서양 가지는 영어로 에그 플랜트(eggplant)라 하는데, 이는 서양 가지가 달걀 모양이기 때문이다. 이에 반해 중국과 한국의 가지는 길쭉한 모양인 쇠뿔가지형이다. 우리나라에는 지역에 따라 약간의 편차가 있다. 조금 두툼하며 길쭉한 가지와 원추 모양으로 아래쪽이 통통한 가지가 있다. 지역과 토양에 따라 편차가 있지만, 가지는 특히 물을 좋아하는 성질이라 가지를 재배할 때 가뭄이 오면 가지가 뭉툭하게 자라 마치 서구의 달걀 모양 가지와 비슷하게 된다.

대산가지 (SD1669)

순창쇠뿔가지 (SD5588)

진주가지 (SD1670)

한창 자라는 8월에 폭염과 가뭄이 지속되면 이런 형태로 변이되어 나타날 가능성이 높다.

약성

가지는 발암 물질을 억제하는 최고의 채소로 알려져 있다. 약초 명은 가자(茄子)로 잎사귀, 뿌리, 꽃, 꼭지 등을 약재로 사용한다. 가지는 달고 차가운 성질을 지니고 있어 몸의 열을 내려주는 역할을 한다. 열이 심할 때 생가지를 잘라서 열이 많은 부위에 얹어 놓으면 열을 흡수한다. 열독을 제거하고, 대장 출혈, 종기, 피부궤양, 부인의 유방염을 치료한다. 잎은 소변과 대변 출혈에 사용하며, 뿌리로 대변 출혈, 각기병, 동상 치료제로 뿌리를 물에 넣고 달여서 환부를 세척한다. 또한 사마귀, 땀띠, 티눈에 생가지를 문지르면 효과를 본다. 가지 꼭지를 그늘에 말려 달여 마시면 기침에 특효가 있다. 서리 맞은 가지 꼭지를 약간 태워 가루로 만들어 통증이 있는 곳에 붙이거나 날마다 공복에 먹으면, 대변 출혈과 치통에 효과가 있다. 꽃은 외상 출혈에 쓴다. 약리로는 이뇨 작용이 있으며, 가지 뿌리에는 항균 작용이 있다.

가지는 버릴 것이 하나도 없는 약재이다. 외과 질환에 두루 쓰이고, 피부궤양에는 태워서 가루를 내어 붙이며, 유부선 종기에도 그렇게 한다. 잎도 가루를 내어 피부 습진과 피부염에 바른다. 만성기관지염에 뿌리를 물에 넣고 달여서 내복하면 거담 작용 및 천식이 가라앉는다. 그러나 날것으로 많이 먹으면 복통, 설사가 나온다. 그래서 반드시 익혀 먹어야 하고 과식하지 말아야 한다. 기침을 할 때 가지를 먹으면 기침이 더 잦아지므로 먹지 않는다. 소리를 직업으로 하는 사람, 특히 미성을 필요로 하는 사람은 가지를 먹지 않는 것이 좋다.

이용

가지는 삶아서 양념에 무쳐 먹거나 기름에 볶아 먹고, 찜으로도 먹는다. 쇠뿔가지는 껍질이 얇아 기름에 볶아 먹거나 양념장으로 먹는 것이 좋고, 두툼한 껍질의 대산가지는 찜으로 먹는 것이 좋다. 가지를 저장해서 겨울철에 먹는 방법이 있는데 가지를 세로로 4~5등분 해서 줄에 걸어 바람에 말렸다가 새해 아침에 삶아서 먹는데 이를 일컬어 '안락채'라고 부른다. 가지는 다른 채소와 비교할 때 가장 오래 쓸 수 있는 반찬거리다. 예부터 전국적으로 절인 채소, 메주, 건어물 등 어느 것과도 잘 맞지 않는 것이 없으니 널리 심기를 권했다. 가지 서너 그루를 심으면 한 사람은 충분히 먹을 수 있다. 가을에 거두어 절임을 만들면 아주 훌륭한 반찬거리가 된다. 늙은 가지를 살짝 삶아 연하게 한 다음 물에 담가 껍질을 벗겨내고 소금과 두루 섞어 놓고 겨울철에 꺼내 먹는데, 그때그때 참기름을 쳐서 먹으면 맛이 최고다.

토종

시장에서 나오는 개량종 가지는 주로 아래가 두툼한 타원형 가지다. 횡성의 옥지기 가지와 비슷한 형이며 우리나라에서는 주로 길쭉한 형의 가지가 재배돼

옥지기가지 (SD3090)

거창쇠뿔가지 (거창243)

왔다. 전라도 지역 수집종인 쇠뿔가지, 중부와 강원도 지방의 두툼하고 긴 대산가지, 옥지기 가지 등이 있다.

재배

가지의 발아 적온은 11~18도며, 생육 온도는 30도 이상이다. 보통 4월 중순 이후에 직파하여 6월 초순(망종 전후)부터 자라기 시작한다. 가지과의 특성은 발아가 오래 걸린다는 점이다. 발아를 쉽게 하기 위해 따뜻한 물에 젖은 수건에 씨앗을 며칠 두고 수분을 계속 공급한다. 씨앗에 촉이 나오면 그것을 상토 트레이 또는 밭 가장자리 부드럽게 만든 흙 위에 직파한다. 직파를 하고 10cm 이상 자라면 옮겨 심는다. 고추도 마찬가지다. 입하에 옮겨 심는 경우는 2월 중순에 가온에서 자란 모종이다. 가지는 토양을 가리지 않고 잘 자라는 편이다.

채종과 보관

채종할 가지는 늙도록 매달려 있게 한다. 늙은 가지를 따서 충분히 후숙시켜 놓은 다음 반으로 가른다. 물을 담은 용기에 속을 긁어 씨앗을 가라앉혀 채망으로 씨앗을 걸러 통풍이 잘되는 그늘에 며칠 두었다가 볕에 쬐어 말린 뒤 종이나 용기, 주머니에 싸둔다. 또는 가지를 따고 문드러지도록 놓아둔 다음에 물에 넣어 씨를 발라내어 말려서 씨앗을 거두기도 한다. 씨앗을 받으려면 충분히 익었을 때 따서 4~6조각으로 갈라 볕에 바짝 말려 방안이나 볕을 향한 곳에 걸어서 젖거나 습하게 하지 말아야 한다.

담배(연초)

담배와 연초

대한민국 현행법에 의하면, "담배란 연초(煙草) 잎을 원료의 전부 또는 일부로 하여 피우거나, 빨거나, 증기로 흡입하거나, 씹거나, 냄새 맡기에 적합한 상태로 제조한 것"을 말한다.

재배 기원

담배는 기원전 1세기경 남아메리카 원주민 마야인과 아즈텍인이 종교 행사나 제사 또는 약으로 피웠다고 전해진다. 1492년에 콜럼버스가 아메리카 대륙을 발견한 뒤, 그 일행이 스페인으로 가져가 보급되어 유럽에 전해졌다. 이후 스페인에서 재배돼 크림 전쟁을 기점으로 군대에서 배급되고, 제1차, 제2차 세계대전을 통해 널리 퍼졌다. 아시아에는 포르투갈 상인에 의해 필리핀으로 전해졌고 필리핀에서 중국, 우리나라로, 또 다른 경로는 러시아에서 중국으로, 인도에서 일본으로 다양하게 전해졌다. 우리나라에는 17세기 조선 광해군 때 일본을 거쳐 들어왔다고 이수광의 『지봉유설』에 언급돼 있다. 실제로 광해군 당시 국무회의 때마다 조정 관리들이 피우는 담배 연기가 임금에게로 옮겨가니, 화가 난 광해군이 담배를 피우지 못하게 했다고 한다.

우리나라에는 1618년(광해군 10년)에 일본을 거쳐 들어왔거나, 중국 북경을 왕래하던 상인들이 들여온 것으로 추측된다. 이러한 사실은 우리나라 재래종의 품종명이 일본에서 도입된 것은 남초 · 왜초(倭草), 연초(煙草)였으며, 북경이나 기독교인에 의하여 도입된 것은 서초(西草)라고 한 것으로도 입증된다. 원래 우리나라에서는 의약품으로 많이 사용했다. 이수광의 『지봉유설』에 의하면 "담배는 잎을 따서 건조하여 불을 붙여 피운다. 병든 사람이 대통을 가지고 연기를 마시면 담과 하습을 제거하여 술을 깨게 한다. 그러나 독이 있으므로 경솔하게 사용하면 안 된다"라고 기록돼 있다. 이렇게 전래된 담배는 1921년까지 300여 년간 자유 경작하다가 그 뒤 전매제도로 바뀌었다.

토종

담배가 도입된 이후 1970년대 후반까지 생산은 계속 증가했다. 도입 당시부터 약 300년 동안은 재래종만 재배되었으나, 1940년대 후반부터 크게 감소하여 1970년대 이후부터는 거의 재배되지 않았다. 재래종은 1920년대까지 주종을 이루던 품종으로 90여 종에 달하는 품종이 있다. 품종명은 형태 · 향기 · 재배지명 및 전래된 나라에 따라 다양하게 불린다. 1920년대에는 서초 · 금강초(金剛草), 1940년대에는 향초(香草) · 가자초(茄子草), 1970년대에는 광초(廣草), 1981년까지는 향초가 주로 재배되었다.

1906년, 종이말음 담배와 파이프용 담배의 주원료로 황색종(yellow tobacco)이 도입되었다. 황색종은 건조 후 잎이 황색으로 변해서 붙여진 이름이다. 1906년에 황색종이 보급되면서 전체 생산량의 약 72%를 차지할 정도로 지배적인 품종이 되었다. 황색종은 괴산 · 청원 · 안동 · 봉화 등 충청북도와 경상북도의 산간지에서 재배된다. 1912년에 도입된 벌리종(burley tobacco)은 대전에서 처음 재배하였으나 성공하지 못하고, 1960년대 전주시험장에서 다시 재배한 결과 성공하여 현재는 홍성 · 정읍 등 충청남도와 전라북도의 일부 평야 지대에서 생산되고 있다. 기타 터키종은 지중해 연안에서 재배되는 향미 높은 품종으로 우리나라에서는 1912년 영월에서 재배하기 시작하였다. 그러나 기후가 맞지 않아 폐작을 거듭하는 등 경작에 어려움을 겪다가 우리 풍토에 맞는 품종을 개발하여 재배하고 있다.

생리

담배 줄기의 키는 1~3m이고, 가지를 치지 않는다. 한 줄기에 약 40장의 잎이 나는데, 그중에서 보통 20장이 담뱃잎으로 쓰인다. 잎은 어긋나기로 나며, 길이 30~60cm, 너비 25cm가량의 큰 달걀 모양이다. 잎과 줄기의 표면은 끈적끈적한 진을 내는 털로 싸여 있다. 담배는 7~8월에 길이 3cm쯤 되는 깔때기 모양의 연분홍색 꽃이 줄기 끝에 달린다. 열매는 달걀 모양으로 그 속에 약 2,000개의 매우 작은 씨가 들어있다. 누렇게 변한 잎은 아래서부터 차례로 따서 엮어 매달아 말린다. 잎에는 니코틴이 많이 들어있어 농업용 살충제로도 쓰이며, 이 잎을 따서 햇볕에 말린 다음 썰어서 담배의 재료로 쓴다.

약성

우리나라에 도입 후 의약품으로 사용하였다. 소화불량, 통증, 종기, 악창, 버짐, 환부에 치료용으로 썼다. 뱀이나 개에 물린 데도 효과가 있다. 기생충으로 인해 복통이 심할 때 담배를 피워 진통시키고, 치통이 있을 때 담배 연기를 품어 진통하며, 곤충에 물렸을 때 담배를 피운 후 침을 바르고 상처의 지혈과 화농 방지제로 썼다. 『하멜 표류기』에 따르면, 조선의 어린아이들은 4, 5세만 되면 담배를 피운다고 적었는데, 일각에서는 이 기록이 몸속에 있는 회충을 없애기 위해 약으로 사용하는 것을 하멜이 잘못 보고 기록한 것이라고 한다.

담배 성분과 유독성

담배에 포함된 니코틴의 중독성은 대마초보다 강해서 오히려 담배를 금지해야 한다는 주장도 있다. 농사를 지을 때, 특히 비닐하우스 농장에서는 담뱃잎을 태운 연기를 살충제로 사용한다. 담배의 성분 자체보다 성분을 태울 때 유독하다.

담배의 성분으로 니코틴 · 노르니코틴 · 질소 · 단백질 · 당 · 회분 · 에테르추출물 등이 있다. 노르니코틴 함량이 높은 담배는 냄새가 좋지 않고, 니코틴 함량이 높아지면 독한 담배로 취급된다. 에테르추출물은 향미와 밀접한 관계가 있다. 담배에 들어있는 니코틴 · 노르니코틴 · 단백질 등의 질소함유물은 그 자체의 해독보다 태울 때 만들어지는 질소화합물과 탄화수소물에 의한 해독이 더 크다. 이들 물질 중에는 발암 물질로 여겨지는 것들이 포함되어 있으며, 또 연기 속에는 소량의 일산화탄소와 시안(CN)이 포함되어 있어 유독하다. 특히, 일산화탄소는 헤모글로빈에 흡착할 수 있는 친화력이 산소보다 230배나 크고 일단 결합하면 쉽게 분리되지 않아, 각 조직으로 산소를 운반하는 기능이 둔화하는 결과를 초래한다. 특히 담배를 제조할 때 들어가는 각종 화학 첨가물이 담배의 독성을 가중한다. 담배 제조는 잎을 발효시킨 뒤 잘게 썰어서 종이에 말면 된다.

담배 대체 식물 허브 담배(Herbal cigarette)

담배 대체 식물로 쑥, 민트, 레몬그라스, 계피, 클로버, 장미 꽃잎 등 다양하게 이용할 수 있다. 이것들은 담배, 대마초, 아편과 달리 딱히 중독성 있는 물질

담배 (SD5055봉화131)

이 다량 함유되지는 않아 담배 피우는 기분만 내는 사람에게 대체품으로 괜찮다. 『흥부전』에는 흥부가 담배 대신 옥수수 잎을 피웠다는 이야기가 있다. 보스니아 내전 때는 포도 잎을 담배 대신 태운 사람이 있었다고 한다.

담배 생산의 문제

한국 담배사업의 중요한 특징은 일반 작물과는 달리, 담배사업법에 의해 종자 수입, 잎담배 재배, 담배 제조, 판매, 수출입이 규제를 받는다는 점이다. 담배사업을 전담하는 기관이 전매청에서 1987년 한국담배 인삼공사로 변경됨에 따라 재배 농가 허가제에서 지정제로 바뀌었지만, 재배 농가 지정, 제조 부문 독점, 원료 수요처 한정, 담배수매 및 공급처 독점, 무역 창구 일원화 등으로 여전히 실질적인 전매사업이 이루어지고 있다. 때문에 담배사업의 주요 목적이 잎담배 경작 농가의 생산과 소득 증대에 맞추어져 있지 않고, 전매 이익 증대에 맞추어져 있다. 따라서 매년 수매 시기에 수매 가격 결정을 둘러싸고 농민과 한국담배 인삼공사 간에 크고 작은 마찰이 되풀이되고 있다.

담배(연초) 모종

재배

생육에 적당한 기온은 26~30도이고, 생육 기간은 3월부터 8월까지 약 170일 정도이다. 육묘 기간은 50~60일 정도인데 최대 생장기와 성숙기가 한국의 여름 기온에 알맞다. 한편 비교적 저온에서도 잘 견딘다. 담배는 빛을 좋아하고 뿌리 뻗음이 얕은 작물이기 때문에 일조와 배수가 좋은 완만한 경사지 토양이 좋다. 담배 씨앗은 아주 작기 때문에 모래나 퇴비와 섞어 뿌리거나, 성근 물뿌리개에 넣어 흔들면서 파종한다.

담배 모종

파종 후에는 고운 흙으로 덮어 준다. 포트에서 재배할 경우 파종 30일 후 싹이 4~5잎 정도 되면 포트에 옮겨 심어 9~10장까지 길러 밭에 심는다. 수확은 황색종의 경우, 잎의 색이 연초록으로 변하고 본줄기와 잎 사이 각도가 커지면 밑에서부터 3~4장씩 4~5회에 걸쳐 수확한다.

채종과 보관

8월에 담배는 연한 분홍빛 꽃이 피는데 꽃이 지면 씨앗이 맺는다. 갈색 씨방 안에는 씨앗이 2,000여 개 정도 있으며 씨앗의 크기는 매우 작은 가루 같은 미립자이다. 씨방이 갈색으로 변하고 있을 때 씨방이 달린 가지를 잘라 큰 통에 놓고 말린다. 잘 말린 씨방을 짓찧어 씨앗을 털어내고 얇고 미세한 구멍의 채로 거르거나 키질로 채종한다. 채종된 씨앗은 통에 담아 두면 된다. 3~4년 상온에서 보관할 수 있다.

삼(대마)

재배 기원

재배가 오래된 작물 중 하나다. 전 세계적으로 온대와 열대의 많은 지역에서 재배되었다. 중앙아시아에서는 기원전 2000년경, 중국에서는 2800년경 신농 시대, 유럽에는 기원전 1500년경, 우리나라는 기원전 1세기 무렵부터 재배되었다.

명칭

삼은 대마(大麻) 또는 마(麻), 산우(山芋), 화마(火麻)라고도 한다.

생리

삼은 삼과의 한해살이풀로, 그늘지고 습한 땅을 좋아한다. 자갈밭을 싫어하고 비옥한 땅을 좋아하며 온화한 기후에서 잘 자란다. 상업적으로 재배하는 지역에서 씨를 얻기 위한 삼(암삼)과 섬유를 얻기 위한 삼을 따로 재배한다. 삼꽃은 화분이 생기는 수꽃과 씨가 맺히는 암꽃이 각기 딴 그루에서 핀다. 곧은 뿌리는 지하 30~40cm까지 뻗어 들어가지만, 곁뿌리가 왕성하게 발달하지 않으므로 잘 뽑힌다. 온대에서는 키가 3m 안팎까지 자라는데, 열대에서는 6m까지 자란다. 줄기는 곧게 서서 자라며 속이 비어 있다. 대체로 암그루가 수그루보다 길고 크다. 일반적으로 수그루는 개화하여 꽃가루를 날리고 곧 말라 죽지만, 암그루는 쉽게 시들지 않는다. 또한 섬유의 생산은 암그루가 많지만 섬유의 품질은 수그루가 우수하다. 수꽃은 황록색을 띠며 큰 무리를 이루어 핀다. 삼은 물 빠짐이 좋고 기름진 땅에서 잘 자라고, 수꽃이 완전히 피었을 때 수확을 한다. 씨앗이 떨어져 이듬해 삼이 재배된 자리에 자생적으로 나오기도 한다.

삼 재배가 불법이 된 역사적 배경

삼국시대 이후 의생활의 일부였던 길쌈은 여성의 미덕으로 귀중히 여겨왔다. 해방 이전까지 전역에서 농가의 주요 수입원으로 삼 재배는 국가에서도 장려했고, 아무런 법적 규제가 없었다. 대마를 담배의 대용품으로 사용하기도 했으며, 마약(범죄)으로는 이용되지 않았다. 대마초를 마약으로 보기 시작한 것은 역사적으로 미군이 진주하면서 미국의 대마 금지 제도를 본떠서 미군점령 제119조로 제정한 때부터였다. 1957년 마약법을 제정하면서 마약의 범주에 대마가 포함되었는데 그때 단속 대상은 인도 대마초인 '캐너비스 인디카(cannabis indica)'였다.

우리나라 재래종 대마 재배에는 아무런 제약이 없었다. 이후 1970년 8월 7일 습관성의약품 관리법 제정으로 대마초를 품종 기준으로 하지 않고, THC(Tetra Hydro Cannabinol)를 기준으로 습관성의약품으로 규정해 재래종 삼도 규제 대상에 포함되었다. 이는 재래종 대마가 THC 함량이 많기 때문이다. 1976년 4월 7일 연예인을 비롯해 대마초 흡연이 성행하자, 습관성의약품관리법에서 대마를 분리하여 대마관리법을 제정하고 대마 재배를 엄격히 규제했다. 대마 재배자와 연구자에 허가제를 도입하고 그 외 재배, 소지, 수수, 운반, 보관, 사용을 금지했다. 허가에 의한 대마 재배는 대마의 모든 부산물, 잔재를 완전히 폐기할 것을 의무조항으로 두었다. 1989년 4월 1일, 종자 껍질 흡연 또는 섭취하는 행위를 금지했다. 1997년부터는 종자 껍질 흡연, 섭취, 매매, 알선 행위가 금지되었다.

마약 성분-THC

삼의 잎과 꽃에는 마취 성분인 THC가 있다. 환각제로 쓰기 위해 다 자란 꽃이삭과 줄기 윗부분의 잎에서 추출한다. 잎을 담배처럼 피우도록 만든 것을 대마초(大麻草), 꽃이삭과 잎에서 분리한 호박색 나뭇가지를 가루로 만든 것이 해시시(Hashish), 간자(ganja), 야생 삼에서 얻은 마약을 마리화나라고 부른다.

약성과 이용

줄기 껍질은 섬유 원료로 삼베 · 어망 · 포대 · 밧줄 · 천막 · 종이 등을 만드는 데 쓰인다. 씨는 제유(製油) · 식용 · 약용 등에 쓰이는데 씨에는 30% 안팎의 기름과 18~20%의 단백질이 들어있어 기름을 짜서 먹거나 등유 · 비누 · 페인트 등에 이용되고 깻묵은 비료와 사료로 활용된다.

삼베는 항균성, 내구성, 흡습성, 통풍성이 있어 양말이나 속옷의 섬유 원료가 된다. 삼베는 특히 항균성이 뛰어나다. 또한 벽지로 사용할 수 있으며 샴푸, 화장품의 원료로도 쓰인다. 궁중에 진상한 안동포로 유명한 경북 안동 지역은 기후와 토질이 대마 재배에 적합하고, 제직 기술이 우수하다. 충남 당진 고대면, 충남 청양군 운곡면 모곡리, 전남 보령군 삼베마을, 강원도 정선 일부에서 전통 삼베 기술이 전해지고 있다.

대마 씨를 기름으로 내어 식용과 약용으로 사용한다. 대마유는 특히 위궤양 환자에게 좋은 약재이며 상기된 어혈로 인해 머리카락이 나지 않을 때도 이용

삼(대마)

한다. 잎이나 꽃이삭을 약으로 쓸 때는 탕으로 하거나 가루로 이용한다. 뿌리도 잘 말려 사용한다. 대마유는 특히 화장품으로 사용할 수 있으며, 대마 본줄기를 목재로 건축에 사용한다.

농가에 부가가치 높은 상품

산업적 측면에서 지원하는 법적 근거가 없어 대마 산업은 전멸 직전이다. 저마약성 품종은 산업용 대마로 분류해야 한다. THC 0.5~0.2%는 섭취에 적당함에도 불구하고, 현재는 미량의 THC 섭취도 불법이다. 의약품이나 한약재로 유통도 금지되어 있다. 캐나다에서는 THC 섭취 허용 기준을 정해서 산업용으로 이용하도록 했다.

토종

암수딴그루로 자연 교잡을 하기 때문에 쉽게 잡종이 생긴다. 지방에 따라 재래종이 발달하는데 평창종, 정선종, 경남종, 고원종, 전남재래, 강원재래, 이천재래 등으로 불린다. 개량종으로는 당진 농업기술센터에서 육종한 청삼 등이 있다.

삼(대마) 새싹

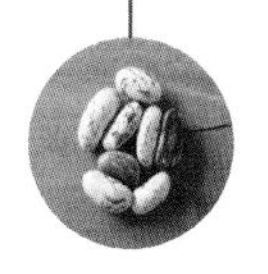

강낭콩

재배 기원

콩과에 속하는 강낭콩은 콩팥 모양과 비슷해 영어로는 키드니 빈이라고 불린다. 서양과 중국에서 음식 재료로 가장 많이 쓴다. 강낭콩은 라틴아메리카가 원산지이며, 현재까지도 강낭콩이 가장 중요한 작물 중에 하나로 소작농의 소득원 역할을 한다.

우리나라 재배 현황

세계 강낭콩 생산량 중 절반 이상이 인도에서 재배되고 있다. 우리나라에서 '강낭콩'이라고 부르는 이유는 강남, 즉 중국을 통해 들어와서 붙여진 이름이기 때문이다. 강낭콩은 동부보다 더 많이 재배를 해오다 강낭콩의 소비량이 줄면서 1990년 이후 생산량도 급격하게 줄었다.

생리

강낭콩은 질소 비료를 많이 요구하고 습기에 약하다. 콩이나 팥에 비해 저온에서 잘 견딘다. 생육 기간도 짧으며 재배하기 쉽다.

토종

강낭콩은 주로 일년생으로 재배되고 있는데 다년생도 있다. 키 작은 강낭콩, 앉은뱅이 강낭콩이라고 하며, 전국적으로 재배된다. 경상남북도 강원도 충청도 이남에서 재배되는 넝쿨 강낭콩은 울콩, 울양대, 울타리 강낭콩 등으로 불린다. 종자는 알록달록한 무늬부터 호피 무늬, 아주까리 무늬 등 실로 그 모양과 무늬와 색깔이 다양하고 아름답다. 익는 시기에 따라 빨리 익는 두벌콩, 하지양대가 있고 늦게 익는 서리 강낭콩이 있다. 강낭콩은 주로 밥밑용 고물, 반찬거리로 텃밭 울타리에 심어왔다.

울타리 강낭콩

울콩이라고도 부른다. 꼬투리가 붉은색과 흰색이 섞여 있으며, 전국적으로 재배한다.

줄콩 (SD5792홍천94)

새알콩 (SD7022거창132)

넝쿨동부 (화순64)

넝쿨콩 (화순226)

홍화채두 (SD7129거창259)

덩굴강낭콩

흰덩굴 강낭콩은 연두색 꼬투리가 익으면서 노란색으로 바뀐다. 흰색 꽃이 피며 콩은 검은 자주색이다. 덩굴강낭콩 종류는 말 이빨처럼 생긴 말이빨 강낭콩부터 검은색, 붉은색 등 크기와 모양이 다양하다.

홍화채두

홍화채두의 꽃은 흰 꽃과 붉은 꽃이다. 콩 모양은 납작하고 큰 편이고, 색깔이 밤색과 자주색이 섞여 아름답다

앉은뱅이 강낭콩(키 작은 강낭콩)

감자밭콩 (SD6147진안125)

두벌동부 (SD6535순천237)

키작은 강낭콩 (SD4699화성63)

빨간강낭콩 (SD6860용인73)

덩굴성이 아닌 키가 작은 강낭콩을 앉은뱅이 강낭콩이라고 부른다. 최근에는 앉은뱅이라는 말을 기피하여 키 작은 강낭콩으로 바꿔 부른다. 앉은뱅이 강낭콩은 감자를 심을 때 파종하여 7월에 수확이 가능해서 감자밭에 간작용으로 재배하기도 한다. 두둑을 달리하여 심으면 된다. 남부 지방에서 많이 재배한다.

까치콩(제비콩)

편두라고도 하는 까치콩에는 흑편두, 백편두가 있다. 열대 아프리카가 원산지로 알려져 있으며 『임원경제지』 등 조선 시대 농서에 기록되어 있다. 까치콩은 『동의보감』에 "어린이가 배가 아파 울 때 까치콩을 다른 약재와 함께 사용하여 차로 먹는다."라고 하였다. 신경 안정 효과 및 해독 작용을 한다. 중초와 더운 기운을 없애는 데 사용하여 조선 시대 약용으로 재배된 것으로 짐작한다.

흰제비콩과 제비콩 (SD0735제주442, SD6233순천65)

제비콩 (SD6233순천65)

꽃이 아름다워 조경용으로도 기른다. 흰 까치콩은 흰색, 검은 까치콩은 자주색으로 꼬투리가 붉은 자주색을 띠거나 연두색을 띠기도 한다.

재배

키 작은 강낭콩은 감자를 심고 난 뒤, 3월 하순부터 4월 초순에 심는다. 두둑을 너무 높게 하면 가뭄을 타므로 가능하면 낮게 두둑을 만들어 심는다. 울타리 강낭콩은 덩굴성이라 울타리 주변에 심어 올린다. 울타리 강낭콩에는 다양한 색깔과 모양의 강낭콩이 있어 울타리를 따라 여러 가지를 함께 심어도 좋다. 울타리가 없는 경우는 나무 주변에 심어서 나무 위를 타고 올라가도 좋다. 울타리 강낭콩은 5월경에 씨앗으로 심거나 모종을 내어 심기도 한다. 키 작은 강낭콩은 감자 수확 시기에 수확하며, 덩굴성 강낭콩은 8월부터 수확하는데 익은 꼬투리를 차례로 딴다.

채종과 보관

꼬투리가 갈색으로 변하면 강낭콩을 딴다. 따서 비에 맞지 않도록 그늘진 툇마루나 토방에 놓고 말린다. 꼬투리를 깐 콩은 잘 말려서 페트병이나 종지 그릇에 놓아두면 된다. 강낭콩은 상온에서 4~5년 보관할 수 있다.

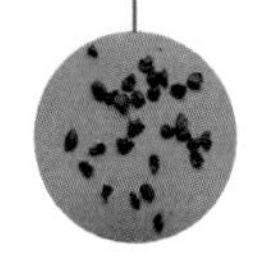

파

재배 기원

시베리아가 원산지로 동양에서는 옛날부터 중요한 채소로 재배해 왔으나, 서양에서는 거의 재배하지 않는다. 2000~3000년 전부터 중국 서부에서 재배되었고 우리나라에는 삼국시대 이전부터 재배되어 왔다.

생리

파는 백합과 여러해살이 식물이다. 파는 추위와 더위에 잘 견디는 특성이 있어 한국 전역에서 재배되고 있다. 겨울에는 잎은 시들고 자라지 않고 있다가 봄에 파란 잎이 나온다.

약성

파의 성질은 따뜻하고 맵다. 부추속이 그러하지만, 특히 파는 마늘과 더불어 한국의 대표적인 약으로 사용하는 양념이다. 『동의보감』에 따르면 파는 첫째, 뿌리째 먹으면 양기를 위아래 잘 통하게 하여 땀이 나게 하고 찬바람과 감기 기운을 몰아낸다. 둘째, 간에 있는 좋지 않은 기운을 몰아내는데 특히 어육의 독을 풀어준다. 또한 오장을 이롭게 하고 시력을 좋게 하고, 대소장을 잘 통하게 해서 대소변이 잘 나오게 한다. 파즙은 어혈을 흩어 버리고, 풍습과 마비통을 없애 준다.

이용

감기에 걸리면 파의 흰 줄거리를 잘게 썰어 열탕에 넣었다가 잠자기 전에 마시면 탁월한 효과가 있다. 신경쇠약 환자의 경우는 생파를 된장에 찍어 먹으면 좋다. 파를 양념으로 사용하면서 파김치, 파절임, 파전으로 이용한다.

품종

여름파, 겨울파가 있고 중간형이 있다. 여름파는 외대파 또는 줄기파로 잎집 부분이 길고 굵게 자라는 품종으로 요즘 많이 재배되고 있다. 여름파는 봄부터 가을까지 자라다가 늦가을이 되면 지상부가 말라 죽고 생장이 정지돼 겨울 동안 휴면한다. 1910년 전후 일본에서 도입된 석창, 금장 품종들이 이에 속한다. 겨울파는 겨울에도 휴면하지 않으며 따뜻한 남부 지방에서만 자란다. 구조파, 서울백파가 있다. 더운 지방에서는 휴면하지 않고 계속 자라는 겨울파의 한 품종으로 가지를 많이 치는 잎파(중간형)가 있다. 파의 품종은 약 30종이 된다.

토종

재래종으로는 추위에 강한 잎파로 조선파라고 불리며, 서울과 경기도 중심으로 재배되었다. 남원의 가랑파, 평택과 연기의 돼지파, 월성의 왕파 모두 키가 작고 줄기 아래가 통통하다. 무주의 골파(부추처럼 생긴 자줏빛 꽃), 김제의 외대파, 안성파, 영월파 등 지역 재래가 있다. 돼지파는 각 지역에서 부르는 이름으로 겹치는 경우가 많은데, 평택의 돼지파는 실처럼 가늘고 가지를 많이 치며 줄기가 가는 것을 말하고 전남지역의 돼지파는 뿌리 주변이 붉은색이 돌고 그렇게 가늘지는 않다. 서울과 경기지역에서 주로 재배한 조선파는 뿌리 주변에 붉은색이 돌지 않고 가지를 잘 치며 잎이 가늘고 키가 크지 않다. 일본에서 건너온 염교, 양파와 파의 교잡형과 같은 것을 돼지파라고 부르는 농가도 있다. 안성파는 키가 아주 작고 밑이 약간 통통하며 향기가 강하다.

재배

봄과 가을에 파종한다. 대체로 8월 초순에 분뇨를 발효시킨 거름이나 재를 흙과 섞어 밭두둑을 만들어 파 씨앗을 뿌린다. 이듬해 4월에 옮겨 심고 북돋아 준다. 심을 때 줄 간격은 듬성듬성하게 하고 포기 사이 간격은 촘촘하게 심는

파 씨앗

다. 포기를 옮겨 심은 파에 닭을 키우는 농가에서는 잘 발효된 닭똥을 섞거나 오줌과 쌀뜨물 등 음식쓰레기를 발효시킨 거름을 흙에 뿌려 북돋아 주면 좋다.

채종

꽃대는 5월에 올라온다. 검은색 씨앗이 3분의 2 정도 차오르면 대공을 잘라서 그릇에 며칠 말렸다가 턴다. 파 씨앗은 일 년을 넘기면 발아율이 떨어진다. 삼층거리파는 파 모양의 영양체가 3층으로 자라는데, 비가 온 후 또는 비가 오기 전에 파 영양체를 잘라서 심는다.

쪽파

쪽파는 변종된 것으로 씨앗이 생기지 않고 영양체로 번식한다. 이집트나 유럽에도 쪽파 비슷한 것이 발견되나, 원산지는 알 수 없고 중국과 일본의 문헌에서 발견된다. 우리나라와 일본에서는 1500년경 전부터 재배된 것으로 추정하고 있다.

쪽파의 변이종 삼층거리파와 쇠꼬리파

쪽파와 같은 변이종으로 삼동고리파라고도 불리는 삼층거리파와 쇠꼬리파가 있다. 삼층거리파는 양파와 파의 잡종으로 5월에 잎 끝부분에서 주아(자라서 줄기가 되어 꽃을 피우거나 열매를 맺는 싹)와 같은 생장점이 3~4개 생기고 거기에서 또 잎이 나온다. 삼층으로 피는 파로, 영양체를 떼어 내서 심는다. 쪽파는 씨앗이 생기지 않는데 삼층거리파는 씨앗을 맺기도 한다. 겨울에 휴면하고 다년생으로 번식 생장한다. 쇠꼬리파는 잎 모양이 쇠꼬리처럼 생겼다고 해서 붙여진 이름이고 쪽파보다 둥글게 벌어지면서 잎이 더 많이 붙어 있다.

삼층거리파

아욱

재배 기원

중국이 원산지로 알려져 있다. 고대 중국에서는 으뜸 채소로 『시경』에 기록되어 있다. 아시아와 유럽 남부에서는 오래전부터 약초로 재배해 왔다. 우리나라에는 고려 시대 이전 전래된 것으로 추정된다. 고려 중엽 이규보의 『동국이상국집』 '가포육영' 조에 오이, 가지, 순무, 파, 아욱, 박 여섯 가지 채소를 읊은 시가 있다.

명칭

아욱은 '부드럽다'라는 뜻으로, 일본에서는 아욱을 '아오이'라고 하는데 이는 한글에서 유래한 것이다. 아욱 씨는 동규자(冬葵子) · 규자(葵子) · 규채자(葵菜子)라고 한다.

생리

아욱과의 한해살이풀이지만 따뜻한 지방에서는 여러해살이다. 한국에서는 1~2년생으로 자란다. 높이 60~90cm이며 줄기는 곧게 선다. 아욱 잎과 줄기에는 '진(津)'이 있다.

약성

추위에 잘 견디는 아욱은 맛이 달고 독이 없으며 봄부터 여름에 걸쳐 어린줄기와 잎이 국거리로 쓰여 옛날에는 중요한 채소로 재배했다. 서양 영양학적 관점에서 칼슘과 단백질이 어느 채소보다 풍부하다. 씨와 뿌리로는 병을 치료할 수 있으므로 하나도 버릴 것이 없어 그야말로 최고품이라고 할 수 있다. 씨는 한방에서 대소변 불통, 산모의 젖이 안 나올 때 약재로 쓴다. 아욱은 매끄러우면서도 차가운 성질이 있어 막힌 것을 뚫어 주는 작용을 한다. 따라서 열로 인한 소변 불통과 변비에 좋은 효과가 있다. 동규자, 즉 아욱 씨는 비만증이 있으면서 열이 많은 사람이 먹으면 숙변 제거에 많은 도움이 된다.

이용

아욱을 삶아서 만든 아욱찜이 별미려니와 보리새우를 넣고 토장국에 끓인 아욱국은 입맛을 돋운다. 아욱 껍질을 벗겨 된장이나 고추장을 풀고 쌀을 넣어 끓인 아욱죽도 있다. 열이 있을 때 먹으면 효과가 좋다. 보통 아욱은 국거리로 가장 좋다.

토종

자급용으로 조금씩 재배했다. 잎이 오글거리고 중간 크기인 사철아욱, 잎이 크고 두꺼우며 줄기가 자줏빛을 띠는 치마아욱, 줄기는 가늘고 잎이 작고 얇은 좀아욱이 있다. 고창 지역의 치마아욱을 비롯해서 각 지역의 수집종들이 있다.

아욱

재배

봄과 가을에 파종해 어린 순부터 계속 먹을 수 있는데, 사실 아욱을 심는 시기는 따로 없다. 8~9월에 심는 것은 겨울을 지나서 먹을 수 있다. 채종은 따로 하지 않아도 씨앗이 땅에 떨어져 그 이듬해 싹이 튼다. 예부터 농가에서 반드시 재배하는 채소 중 하나로, 장이 좋지 않은 식구가 있는 집에서 몇 그루 재배하면 1년 내내 아욱국을 먹을 수 있다.

채종과 보관

봄에 심은 것은 가을에 씨앗이 맺히고, 가을에 심은 것은 이듬해 가을에 씨앗이 맺힌다. 담홍백색의 꽃이 시들고 진갈색의 열매가 맺히고 잎이 시들면 베어 양지에 말려 씨앗을 털어낸다. 씨앗은 '동규자'라고 해서 이뇨제로 사용하기도 한다. 털어낸 씨앗은 양지에 다시 말려 종이에 싸서 보관한다.

수세미오이(絲瓜)

재배 기원

동남아를 비롯한 열대 아시아가 원산지이다. 우리나라에는 중국을 통해 1900년대 초반에 들어왔다.

생리

박과의 한해살이 식물이다. 덩굴성 식물로 여름에 노란 꽃이 피며 열매는 오이처럼 길쭉하다. 열매가 완전히 익으면 섬유가 생기는데 이것으로 수세미를 만들고, 줄기의 절단면에서 나오는 액즙은 사과수(絲瓜水)라 하여 음료 또는 고급 화장수로 쓰인다.

약성

수세미는 성질이 차서 몸에 열이 많아 생기는 가래를 삭이고 기관지 천식에 좋다. 혈액순환을 촉진하고 소염 작용을 한다. 수세미 가루나 즙, 또는 수세미를 달여서 먹는다. 산후에 젖이 잘 나오지 않을 때 수세미를 달여 먹으면 젖이 잘 나온다. 또한 변비, 축농증, 얼굴이 후끈 달아 오르는 증상을 치료하고 이뇨 작용을 돕는다. 헛배가 부를 때는 수세미 씨를 말린 다음 가루 내어 물에 타서

수세미

마신다. 수세미는 복수도 잘 빠지게 한다. 피부 습진에 수세미를 달여 바르면 가려움증이 사라지고 보습 효과가 있어 화장수로도 사용한다.

이용

1970년대 일본에 한창 수출했다. 일본에서는 수세미오이를 신발 깔개, 선박 갑판 세척용, 모자의 모양을 내기 위한 속, 바구니 등 공업용 섬유로 이용한다.

씨앗은 기름을 짜고, 깻묵은 비료나 사료로 쓴다. 수세미 줄기에서 나오는 물은 미용수로 이용한다. 어린 열매를 썰어 말려 차로 만들어 마실 수도 있다. 늙으면 크기가 방망이만 한데, 힘줄이 서로 이어지고 얽힌 것이 천을 짜놓은 것과 같다. 옛날에는 수세미를 가죽신이나 짚신 밑에 깔아 쓰기도 했고, 솥이나 그릇을 씻을 때도 썼다. 연하고 작은 것은 음식으로 먹을 수 있다.

설거지용 수세미

수세미를 이용하면 주부들의 피부 습진을 예방할 수 있으며, 보습 효과도 있어 물에 손을 자주 담그는 직업을 가진 사람은 수세미를 사용하는 것이 좋다.

토종

다른 작물에 비해 늦게 우리나라에 도입된 이래로 농가에서 수세미 용이나 약용으로 재배하거나 간혹 오이처럼 먹기 위해 자급용으로 재배해 왔다. 종묘사에서 파는 수세미도 씨앗을 받을 수 있다.

재배

4월 하순에서 5월 하순까지 파종한다. 씨앗으로 그냥 심어도 덤불이 없는 한 풀에 크게 방해받지 않고 자란다. 덩굴성이라 울타리나 그늘용 터널을 만들어 심는다. 조경으로 꽤 괜찮다. 7~8월에 꽃이 피고 9월 이후 오이처럼 열매가 달리면 물렁물렁할 때 수확해서 반찬으로 먹거나 즙을 내서 약이나 화장품을 만들기도 한다. 서리 내리기 전까지 두면 그물이 생겨 수세미 등 공업용으로 다양하게 쓸 수 있다. 수세미로 사용하려면 꼭지가 있는 윗부분을 가위로 자르면 구멍이 생겨 씨를 뺄 수 있다. 씨앗을 뺀 뒤 껍질째 푹 삶는다. 삶은 뒤 흐물거리는 껍질을 벗겨 그늘에 말려 사용하면 오랫동안 쓸 수 있다.

채종과 보관

서리가 내리면 수세미오이는 검갈색으로 말라 버린다. 겨울에도 매달려 있다. 말라 검갈색으로 변한 수세미를 따서 반을 가르거나 줄기가 달린 꼭지 쪽을 자르면 검은 씨앗이 우르르 쏟아져 나온다. 이미 잘 말린 씨앗이므로 종이나 씨앗 보관 통에 넣어 보관한다. 잘 마른 수세미를 통째로 비를 맞지 않는 창고나 양파망에 넣어 보관했다가 파종하기 전에 씨앗을 꺼내 파종해도 좋다.

오이

재배 기원

인도 히말라야 지방이 원산지로 3000년 전부터 재배된 것으로 알려졌다. 지금도 히말라야 산계 지대인 네팔에는 야생의 큰 오이가 누렇게 익는다고 한다. 우리나라에서는 1500년 전부터 재배한 기록이 있다.

명칭

서역에서 오이씨를 얻어왔다 하여 호과(胡瓜)라고 하며, 빛깔이 노랗게 된다 하여 황과(黃瓜)라고도 부른다. 『증보산림경제』에 의하면, 그물이 생기기 전에 크고 매끄러우며 윤택이 난다 하여 월과라고 하였다. 크기가 작지만 일찍 그물이 생기는 것을 적전과라고도 하였다. 일제강점기에 신품종이 도입돼 전국적으로 '물외'라고 불렸다. 물외는 수분이 많고 살이 도톰한 경우를 흔히 물외라고 부른다. '참외', '물외'의 '외'는 '오이'라는 뜻이다.

토종 오이 특징

개량 오이는 노각이 되지 않고 청록색으로 성장이 멈춘다. 개량 오이와 달리 토종 오이는 익으면 황색으로 변한다. 토종 오이는 중국 남방에서 전래되었다.

오이

유럽에서 전래된 백가시는 익어도 황색으로 변하지 않거나 그물이 생기지 않는 것도 있다. 황천재래, 홍천재래 등 토종 오이는 늙어가면서 몸통이 커진다. 제주 토종 오이는 내륙과 좀 다른데, 모양이 가운데가 통통하여 오목하게 나와 꼭지 쪽이 잘록하다. 전국에서 토종 오이라고 재배하는 오이는 대체로 충북 청원을 중심으로 한 조선 오이로, 고르게 통통하고 길쭉한 오이다.

약성

오이는 성질이 차고 맛은 달고 독이 없다. 이뇨제로서 특성이 있다. 너무 많이 먹으면 한열을 일으킬 수 있다. 특히 위가 약하거나 냉증이 있는 사람은 피한다. 이는 노각이 되기 전 청오이일 때다. 노각이 되면 오이의 찬 성질이 누그러진다. 그래서 노각은 다양한 음식으로 먹을 수 있다. 그리고 아토피가 있거나 열성 체질인 사람들도 이용할 수 있다. 특히 화상을 입었을 때 오이즙을 내거나 오이를 얇게 썰어 환부에 붙이면 화기를 빼는 데 도움이 된다. 땀띠에도 그리한다. 오이 뿌리를 짓찧어 독으로 부풀어 오른 환부에 붙이면 독을 뺄 수 있다. 오이 줄기를 말렸다가 달여 마셔도 효과가 있다.

이용

오이는 감자처럼 화상의 화기를 빼는 데 좋은 치료약이다. 토종 오이는 청록색일 때부터 노각까지 먹을 수 있다. 취향에 맞게 수확해서 먹으면 된다. 오이김치, 오이소금절임, 노각장아찌를 비롯해서 노각 껍질 벗겨 꾸들꾸들 살짝 말려 볶아 먹으면 고기 질감과 향이 기가 막히다. 노각으로 국을 끓여 먹어도 좋다. 개량 청오이보다 사용도가 많으며 냉한 기미로 인한 약점이 적어 건강에 우려점이 별로 없다.

재배

다른 작물을 재배하지 않았던 흙에서 열매가 많이 달린다. 서리가 지나고 나서 모종을 심는다. 4월에도 서리가 내리기 때문에 4월 중순 이후에 심으면 된다. 개량 오이는 지지대가 필요하지만, 늙은 오이까지 먹는 토종 오이는 지지대를 하지 않아도 된다. 넝쿨이 뻗어 나가는 공간을 확보하면 된다. 그래서 배수가 잘되는 밭 가장자리에 심는 것이 좋다.

두둑을 주고 주변에 경사진 곳으로 덩굴이 올라가도록 해도 괜찮다. 오이, 참외, 동아 등 외과는 모두 구덩이를 파서 숙분을 넣고 심는다. 전통적 재배 방법은 겨울 전에 오이와 콩을 한 구멍에 같이 심어 월동시킨 후 이듬해 오이 싹이 나오면 콩 싹을 잘라버린다. 이는 오이가 흙을 밀고 나올 힘이 작아 콩과 함께 심어서 그 덕을 보는 방법이다. 마디가 생겨 뿌리를 내릴 수 있는데 흙으로 덮어 주면 새로운 뿌리가 생겨 무성해진다. 시들어 죽어가려고 할 때 뿌리를 들어올려 북을 주고 재나 유산균 또는 숙분을 주면 살아난다.

노균병 방제

오이는 잎에 노란 점이 생기는 노균병이 많이 오는데, 이는 재를 흙에 섞어 파종하면 예방할 수 있다. 특히 오이는 발효가 덜된 퇴비에 매우 예민하기 때문에 충분히 발효된 퇴비를 사용하는 것이 좋다. 가능하면 식물성 퇴비류(재, 풀, 음식물 등)를 잘 발효시켜 사용하는 것이 좋다.

채종과 보관

노각이 될 때까지 밭에 두었다가 수확해서 그늘진 곳에 놔두면 물러진다. 물러진 노각을 문질러서 흐르는 물에 오이씨를 받아 채반에 걸러 그늘에서 말린다. 통통하게 여문 것을 씨앗으로 한다. 신문지에 싸서 상온에서 몇 년 동안 놔둬도 싹이 튼다.

옥수수

재배 기원

옥수수(Zea mays L.)의 원산지는 아메리카 대륙으로 중남미 멕시코에서 9,000년 전부터 재배되었다. 아메리카 인디언이 먹던 옥수수를 15~16세기부터 아메리카와 접촉한 유럽인들이 담배와 함께 전 세계로 확산시켰다. 옥수수는 기르기가 쉽고 빨리 자라며, 여름이 짧은 지방에서도 기를 수 있어 전 세계에서 3대 재배 작물 중 하나로 꼽힌다. 우리나라에는 고려 말 또는 16세기 후반 포르투갈 사람에 의해 중국으로부터 전래되었다고 추측한다.

명칭

옥수수는 옥고량, 강냉이, 강내이, 강내미, 옥소꾸, 옥수시, 옥쉬이로도 불린다.

생리

벼과에 속하는 남아메리카 멕시코 원산의 한해살이풀이다. 옥수수는 기르기가 쉽고 빨리 자라며 여름이 짧은 지역에서도 기를 수 있어 전 세계에서 밀과 벼 다음으로 많이 재배하는 작물이다. 옥수수 한 자루에 최대 500알까지 가능하다. 미국에서는 주로 가축 사료로 많이 재배하고 유럽에서는 주로 빈농들이 주식으로 재배하고 있다. 미국에서 가장 많이 재배하는 작물인 옥수수는 잡종강세로 가장 높은 수량을 나타내고 있다. 특히 GMO 종자의 대표적 작물이다.

약성

옥수수 씨눈은 단맛이 있고 독성이 없어 비위를 다스리며 막힌 혈을 풀어 준다. 옥수수 뿌리와 잎은 이뇨 작용을 해서 끓여서 자주 먹으면 요석 치료에 좋다. 신장염, 고혈압, 당뇨 등의 치료제로 하루 한 끼를 옥수수죽으로 먹으면 신장을 보한다. 옥수수수염은 부종에 이뇨제로 탁월하다. 뿌리와 잎도 말려 이용할 수 있다.

옥수수를 주식으로 먹는 사람들은 얼굴과 손등에 나타나는 '펠라그라'라는 피부염에 걸리는데, 남아메리카 사람들은 메밀을 갈아서 함께 먹는다. 서양의학에서는 옥수수에 오메가6이 대부분이고 오메가3이 현저히 부족해서 오는 것으로 알려졌다. 메밀이 오메가3을 가진 대표적 식재로 알려져 옥수수를 주식으로 하면 메밀이나 들깨 같은 것을 같이 먹어야 한다.

이용

옥수수는 인간과 동물의 몸을 위해 재배하는 대표 작물이며, 소 · 닭을 비롯한 각종 가축의 사료로 쓰이는데, 옥수수 사료는 동물의 살을 찌게 한다. 가축의 사료로 사용해서 인간의 음식으로 이용하는 경로를 가지고 있어 옥수수가 된 인간의 몸이라 부르기도 한다. 식량 외에 옥수수기름, 식품 첨가물, 사료, 에너지, 공업 원료를 만들기에 유전자 변형으로 다량 재배하는 이유가 여기에 있다. 강냉이죽, 강냉이밥은 굶주리던 시절의 대명사였다. 찰기가 없는 메옥수수는 익기 전에 쪄 먹거나 여문 후 수확하여 맷돌에 갈아 쌀과 조를 넣어 강냉이

밥을 지어 먹었다. 강원도에서 먹는 '올챙이 국수'는 바로 이 메옥수수를 물에 불려 맷돌에 갈아 솥에 넣고 끓여 죽처럼 된 것을 면발로 만든 것을 말한다. 찰기가 적어 면발이 뚝뚝 끊어지는데 국수발이 올챙이처럼 생겼다고 해서 이름이 붙었다. 옥수수로 만든 음식은 소화가 빨리 돼 금세 배가 고파진다. 강냉이 수제비, 강냉이 범벅, 옥수수엿 대부분은 메옥수수로 만든 것이다. 찰옥수수는 옥수수자루 그대로 쪄서 먹는다.

토종

우리나라에서는 강원도 산간 지방에서 주로 재배하는 대표적 식량 중 하나로 2020년 현재 전국적으로 재배하고 있다. 옥수수는 용도별로 간식용 · 알곡용 · 사료용으로 구분된다. 우리나라 옥수수 품종은 1960년대까지 개량이 안 된 재래종이나 농가에서 선발 육종하였으나 1960~1970년대 이후부터 전문 육종이 되기 시작하였다. 재래종 옥수수는 완주나 거창에서 수집된 자루 둘레가 작고 끝이 뾰족한 조선옥수수, 강원도 평창 진부면에서 오랫동안 재배해 온 자루가 짧고 뭉뚝한 주먹 찰옥수수, 알곡이 쥐 이빨처럼 생겨 팝콘용이나 사료로 사용하는 쥐이빨옥수수, 하얀 차돌 모양의 옹골진 차돌박이 옥수수가 있다. 맛에 따라 찰옥수수 · 단옥수수 · 메옥수수가 있고, 익는 시기에 따라 올강냉이 · 올옥수수 · 올찰이 있다. 색에 따라서는 노랑 메옥수수, 흑색재래, 백찰옥, 검은찰, 붉은찰, 흰찰옥수수 등이 있다.

단옥수수는 씨눈을 제외한 모든 부분이 당질과 녹말로 이루어져 있어 다른 옥수수보다 당분 함량이 높다. 다 자라면 알 모양이 쭈글쭈글해지고 색깔이 반투명해지는 특성이 있으며, 익기 전에 수확해서 간식으로 쪄 먹거나 통조림을 만든다. 초당 옥수수는 일반 옥수수의 변이종으로, 단옥수수보다 알이 더 쭈글쭈글하고 종자 무게는 10~12g으로 매우 가볍다. 종자 구성도 단옥수수와 달리 건조되면 당분이 전분으로 전환되면서 수분이 증발하여 저장력이 높아져 냉장고에 보관해 먹을 수 있다. 찰옥수수는 일반 옥수수와 달리 찰기가 강한 것으로 흰찰과 검정찰이 대표적이다. 충북 괴산의 대학 찰옥수수는 보성과 제원 지역에서 수집한 토종 옥수수를 교잡하여 1982~1989년 동안 계통 선발해 육종한 것으로 껍질이 얇고 식미가 뛰어나 인기가 높다. 토종 찰옥수수를 개량한 미니 흑찰도 인기가 있다.

재배

옥수수는 밤 기온이 16~18℃가 적온이며 발아 온도는 8~11℃, 성장 온도는 32~34℃에 최고 40℃ 내외이다. 보통 자급용 옥수수는 4월 이후부터 8월까지 파종하는데, 4월에 파종한 것은 8월 하순에 수확할 수 있다. 포기 사이 25㎝ 간격으로 씨앗을 두 알씩 심어 서로 지지하면서 쉽게 수정하도록 한다. 수꽃은 암꽃보다 2~3일 앞서 핀다. 바람에 의해 꽃가루를 운반해 수분이 이루어지는 풍매화로서 바람이 없을 때는 2m, 바람이 있을 때는 300m까지 간다. 옥수수는 타가수정(他家受精)이므로 다른 품종끼리 교배가 잘 되어 다른 품종을 심을 때는 300m 이상 떨어져 심거나 최소 20일 이상 간격을 두고 심는다. 옥수수를 심는 곳은 비탈져서 양분이 모이는 곳이나 밭 가장자리가 좋다. 경관용으로 밭 경계에도 심는다.

인디언들은 옥수수를 밭 가장자리에 심으면 안에 심어진 작물을 보호한다고 여겼다. 태풍에 쉽게 넘어지므로 뿌리를 내릴 때 주변의 흙을 단단히 잡고 있어야 피해가 적기 때문에 너무 깊게 갈지 않은 밭에 심는 것이 좋다. 옥수수는 거름이 많은 곳에서 잘 자라는데 대체로 콩과 혼작한다. 또한 밭 가장자리에는 거름이 반드시 필요한 호박을 심는데, 그 옆에 심으면 호박의 거름을 이용하면서도 호박과 옥수수가 서로 방해하지 않는다. 또 고추와 섞어짓기를 하는데 고추

얼룩배기옥수수 (순창89)

조선옥수수 (평택189)

를 심은 가장자리 두둑에 경계선으로 옥수수를 둘러 심는다. 경사진 밭에서는 고지대보다 저지대에 유기물이 많이 모이는 곳에 심는다.

채종과 보관

씨앗을 채종할 때는 여러 그루로부터 나온 자루에서 얻은 씨앗을 섞어서 하는 것이 좋다. 씨앗으로 쓸 것은 여러 자루를 옥수수 껍질끼리 묶어 바람이 잘 통하는 곳에 걸어둔다. 벌레가 먹지 않는 한 상온에서 최소 3~4년은 보관할 수 있지만 1년이 지나면 배아의 손상이 있을 수 있어 유의한다. 장기보관하려면 냉장고에 보관한다.

주먹찰옥수수 (홍천112)

쥐이빨옥수수 (SD2867횡성124)

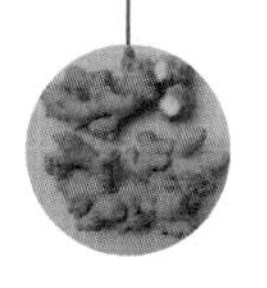

생강

재배 기원

열대 아시아, 인도가 원산지다. 2500년 전부터 중국 쓰촨성이 주 재배지였으며, 지금은 산둥성에서 60% 정도를 재배한다. 우리나라에서는 적어도 1000년 전부터 생강을 재배한 것으로 추정한다. 고려 현종 때(1018년) 왕의 하사품으로 생강을 사용했다는 『고려사』 기록이 있다. 또 다른 설로는 1300년 전 신만석이라는 사람이 중국에 사신으로 갔다가 생강을 얻어 와 전북 완주군 봉동 지방에 심었다고 전해진다.

생리

생강은 겨울이 따뜻한 열대 지방에서는 계속 성장하지만, 우리나라에서는 겨울을 나지 못하기 때문에 한해살이로 재배한다. 생강은 덩이줄기가 자라면서 괴경이 점차 커지고 땅 위로 곧은줄기가 나온다. 25~30도의 고온다습한 기후에서 자라고, 15도 이하에서는 자라지 않는다. 10도 이하에서는 부패한다. 배수가 잘되고 보수력도 좋은 양토가 적당하다.

약성

생강은 음식의 향신료만이 아니라 한방에서 빠질 수 없는 약재로 활용된다. 생강은 기미가 맵고 따뜻하다. 몸이 냉한 사람에게는 더없이 좋다. 한방에서는 기운을 흩뜨리는 역할을 하므로 약물 효과를 빨리 전달하고 해독시키는 작용도 있다. 요즘에는 유칼립투스나 라벤더와 배합하여 그 증기를 흡입해 기관지염이나 코 염증을 완화한다. 하지만 독도 되는데 혈관을 확장하는 성질 때문에 치질, 불면증, 십이지장궤양 등 출혈성에는 좋지 않다.

민간에서는 감기약으로 생강을 얇게 저며 꿀에 재웠다가 뜨거운 물에 띄워 먹는다. 동남아시아 캄보디아 사람들은 감기에 걸렸을 때, 생강을 으깨 소금과 물을 넣고 국물이 걸쭉해질 때까지 달여서 먹는다.

『동의보감』에 따르면 생강은 폐경, 비경, 위경에 작용하여 비와 위를 따뜻하게 하고, 폐를 보해 기침과 담을 삭여준다. 또한 땀을 내며 풍한을 없애고 입맛을 돋우는 효능이 있다. 임상 결과, 생강은 위 점막을 자극해 반사적으로 혈압을 상승시키며, 또 물을 빼 주는 작용을 하므로 부종과 습비증에 효과가 있는 것으로 나타났다. 습비증 관절염의 경우, 생강즙을 내어 아픈 부위에 바르면 효과를 본다. 또한 부종과 습비증 치료를 위해 생강과 함께 솔잎을 뜨겁게 삶아서 자루에 넣어 찜질하면 주삿바늘로 물을 빼는 것보다 훨씬 낫다.

토종 생강, 일명 조선생강

생강은 생육 형태와 덩이줄기(괴경) 모양과 크기에 따라 소생강, 중생강, 대생강으로 구분한다. 중국에서는 대생강을 선호한다. 우리나라에서는 중생강을 선호하는데, 중생강은 중만생종으로 줄기가 크고 싹의 수는 소생강보다 적다. 소생강은 향이 진하고 맵다. 영양체로 번식 되는 식물이라서 품종의 분화가 많지 않다. 전주종, 완주종, 서산종으로 부르는데 현재는 완주의 봉동생강이 유명하다.

조선생강 SD6042(진안20)

재배

4월 중하순부터 5월 초까지 심는다. 생강은 바로 심으면 싹이 나오는 시간이 오래 걸린다. 그래서 미리 싹을 틔워 심는 게 좋다. 방법은 물을 뿌려 수분을 충분히 흡수시킨 다음, 25~30도 정도에서 이틀에 한 번씩 물을 주면서 온도를 유지할 수 있는 덮개를 잘 덮어 둔다. 7~10일쯤 지나면 눈이 튼다. 생강을 심는 토양은 물 빠짐이 좋아야 한다. 두둑을 만들어 생강을 심고 난 뒤 볏짚으로 두껍게 덮어야 풀을 막고 보온 효과가 있다.

채종과 보관

종자로 쓸 생강은 10월 중 서리 오기 전에 캔다. 보관 온도는 12~13도를 유지해야 한다. 봉동은 생강 주산지인데 1톤 이상을 저장할 수 있을 정도로 규모가 큰 생강굴이 있다.

조선생강 자람새 (SD6042진안20)

스티로폼 박스나 깨진 항아리에 깨끗이 말린 모래나 왕겨를 담고, 생강을 넣는다. 뚜껑을 밀봉하지 않고 실내 온도 10~15도 정도 되는 곳 거실이나 방 윗목에 보관한다. 생강을 흙을 대충 턴 다음, 가급적 쪼개지 말고 덩어리째 넣는다. 이때 유의할 점은, 수분이 과도하거나 완전히 날아가지 않도록 하는 것이다.

땅속에 묻을 경우에는, 생강을 놓아둔 곳 가운데 구멍이 있는 둥근 골판지를 세워 묻어 공기 구멍을 내어 주고 묻으면 된다. 생강을 집안에서 보관하다 말라 쪼그라들어 종자로 쓰지 못하는 경우가 있으며, 수분이 과도하여 썩은 경우도 있으니 수시로 확인하는 등 보관에 유의해야 한다.

양하

생강과 비슷한 양하는 열대 아시아가 원산지이다. 귀화식물로 남부 지방에서 흔히 심는다. 8~10월에 흰색 또는 노란색 꽃이 핀다. 어린 잎과 꽃봉오리를 먹는다. 관상용으로도 심고, 뿌리줄기를 약용으로도 쓴다. 양하는 여러해살이로, 초봄에 뿌리를 캐어 분갈이해서 심는다.

토란

재배 기원

토란의 원산지는 인도, 히말라야, 인도네시아, 말레이시아 등 열대 아시아로, 기원전부터 서남과 동남으로 퍼졌다. 중국을 거쳐 우리나라에 들어온 해는 명확하지 않지만, 고려 시대 『향약구급방』에 토란이 약재로 명시되어 있는 점을 보면 고려 이전으로 추정할 수 있다.

구황적 가치

땅속의 달걀이라는 뜻을 가진 토란은 벼보다 오래전부터 재배했다. 한 그루에 1.2kg 정도 달리는 토란은 특히 구황작물로 사용했다. 구황 시기를 대비해 토란을 담으로 쌓아두어 먹었다고 전해진다. 날토란에는 독이 있지만, 삶으면 독이 없어진다.

약성

토란은 기미가 맵고 평하며 독이 있다. 염증을 가라앉히고 몸의 열을 내려 진통제로 널리 쓰여 왔다. 벌이나 독사에 물렸을 때, 토란잎을 따서 즙을 내어 바르면 해독이 된다. 뱀이 많은 지역에 토란을 심은 이유가 민간요법으로 사용하기 위함이다. 또한 치통이 심할 때 토란을 갈아서 바르면 가라앉는다. 타박상, 염좌나 화상에도 바르면 2~3일 내로 치유가 된다. 이는 모두 토란의 찬 성질을 이용한 것이다. 토란을 이용한 찜질법도 있다. 토란을 강판에 갈아서 같은 양의 밀가루와 섞고, 합한 양의 1% 정도 생강을 갈아 잘 섞어 환부에 바른 뒤 거즈로 붙여두면 급성관절염, 급성복막염, 맹장염 등으로 생긴 통증이 가라앉는다. 토란 찜질은 불면증에도 효과가 있다.

이용

10월에 수확하여 햇볕에 말렸다가 겨울에 먹으면 토란의 부작용이 없다. 토란은 토란만이 아니라, 토란대를 거두어 말려 겨울 묵나물 또는 해장국에 넣기도 한다. 전쟁 시기에 식량을 비축하기 위해 토란을 흙에 묻혀 돌담으로 쌓았다가 적이 물러가면 돌담을 허물어 식량으로 먹었다. 토란을 말려 가루로 먹으면 강장 효과가 있으며, 가루를 깨소금과 섞어 양념으로도 쓸 수 있다. 토란은 아궁이에 구워 먹기도 한다. 뱃속의 열을 내리고 위와 장을 원활하게 해주므로 추석에 과식으로 인한 배탈을 염려하여 토란탕을 먹었다. 토란에는 수산석회가 함유되어 있어 너무 많이 먹으면 결석의 원인이 되기도 한다.

이용 시 유의점

토란을 만지다 보면 날토란에 있는 독소 때문에 가려울 때가 있다. 이럴 때에는 식초와 물을 1 대 2 비율로 희석해 가려운 부위에 발라주면 된다.

토란은 손질을 잘해야 하는데, 쌀뜨물에 토란을 삶아 떫은맛을 없앤 뒤 요리하면 각종 유해성분을 없앨 수 있다.

자주토란 (SD6454순천234)

토종

토란은 영양체로 번식하기 때문에 품종이 다양하게 분화되지 않았다. 대체로 흰빛의 백우, 자줏빛의 자우, 진우가 있다. 개량종 토란은 재래종 토란보다 알이 크고 일찍 자라는 조생종이다. 전북 완주에서 토종을 조사하던 중, 자주색 줄기의 자우를 찾았는데, 자우는 줄기가 연하고 알이 작으며 고소한 맛이 있다.

재배

전통적인 토란 재배법은 구덩이에 콩대를 잘라 넣고 물을 주며 발로 밟아서 물기를 머금게 한다. 씨 토란을 네 모퉁이에 넣고 발로 밟아 주거나 또는 냇물의 진흙이나 재거름과 썩은 풀을 이용하여 북돋아 준다. 콩대가 썩으면서 토란이 싹 트는데, 한 구덩이에서 3kg까지 수확한다. 8월에 기운이 왕성할 때 호미로 뿌리 주변의 흙을 파서 진흙을 얹어 주고, 잎을 짚으로 묶어 주면 알이 비대해진다고 한다. 이를 '토란 뿌리 놓아 준다'라고 한다. 토란을 수확할 때는 토란대를 먼저 잘라 놓은 뒤 1~2주 뒤에 수확한다. 그 사이에 토란은 더욱 살이 찐다. 4월 중순부터 파종하고, 옮겨심기를 하는 경우에는 소만(입하와 망종 사이, 양력 5월 21일경) 전까지 끝내야 한다. 토란을 심는 곳은 물에 가까운 습한 곳이 좋다.

전남 곡성에서 토란을 많이 재배하는데, 퇴비를 한가득 붓고 경운을 한 뒤에

토란 (SD6599순천301)

비닐 멀칭을 해서 3월 중에 파종하고 추석 전후로 수확한다. 이는 소득용 토란 재배 방법이다. 수확량에만 집중된 재배 방법은 토란의 약성을 떨어뜨리는 데 큰 영향을 미치지 않을까 생각이 든다.

채종과 보관

종자로 쓸 토란은 모양이 둥글고 길며 꼭지 부분이 흰 것을 골라야 한다. 남쪽을 향해 구덩이를 파고 왕겨에 씨 토란을 섞어 구덩이에 넣은 다음 볏짚으로 덮는다. 또는 왕겨를 태운 훈탄을 박스에 넣고 그 안에 씨 토란이나 양하를 넣어 영하로 떨어지지 않는 곳에 보관한다. 또는 잘 말린 토란을 양파망에 넣고 무를 보관하는 것처럼 땅속에서 보관해도 좋다. 3월 중에 씨 토란을 꺼내 4월에 비옥한 땅에 심는다.

호박

재배 기원

호박의 원산지는 여러 설이 있는데 남멕시코를 중심으로 한 중남미 설과 호박 종자가 유적지에서 발견된 북아메리카의 콜로라도라는 설이 있다. 지금은 북아메리카의 상징 식물로 되어 있다.

종류

전 세계적으로 호박은 동양계, 서양계, 페포계, 믹스타, 흑종 5종의 계통이 있다.

동양계 호박

우리나라에서 재배되는 덩굴성 호박으로 애호박, 늙은 호박으로 이용하는 호박이다. 중국과 일본을 거쳐서 16~17세기에 들어왔다.

서양계 호박

단호박, 밤호박으로 페루와 칠레 등 고랭지 건조 지대가 기원이다.

페포계 호박

덩굴 없이 위로 곱게 자라는 호박으로 빨리 재배되는 촉성 재배형이다. 쥬키니 호박이 이에 해당하는데, 비닐하우스에서 애호박으로 재배한다. 미국에서 뉴멕시코에 이르기까지 기원전 5000년 지층에서 몇 개의 종자와 과피 조각이 출토되었다. 무게는 100g 되는 작은 것에서부터 20kg까지 다양하고, 이탈리아나 유럽에서 주로 재배한다. 우리나라 강원도에서 재배하는 국수 호박이 페포계 호박이다.

믹스타 호박

과실의 꼭지 쪽 머리가 굽은 모양이다. 멕시코 중부와 동부가 기원지다. 서기 100년경부터 재배했다. 주로 사료로 사용한다.

흑종 호박

주로 오이 대목(접목할 때 본 뿌리를 가지고 있는 것)으로 사용한다. 멕시코 중남부 지방이 기원지다. 여러해살이로 한번 심으면 2~3년 동안 수확한다.

우리나라 재배 기원

동양계 호박은『한정록』'치농편'에 남과(南瓜)에 대해서 기록되었다. 임진왜란 후 일본을 통해 들어왔다는 설이 있다. 서양계 호박인 단호박은 일제 식민지 시대인 1920년대 이후 도입되었다. 주로 일본인들이 애용한 까닭에 우리나라 사람들은 기피했다. 페포계 호박인 주키니 호박은 1955년 도입되었다. 촉성 재배가 가능하여 하우스에서 재배한다. 우리나라 호박 재배의 50% 이상이 하우스 재배다.

명칭

호박은 영어로 스쿼시(squash)라고 하는데, 애호박 같은 여름 스쿼시와 늙은 호박 같은 겨울 스쿼시, 그리고 핼러윈 장식용으로 쓰는 호박은 펌프킨이라고 한다. 우리나라에서 부르는 호박이라는 이름의 유래는 오래전부터 박을 사용했는데, 오랑캐로부터 들어왔다고 해서 오랑캐 '호' 자와 모양이 박과 비슷해서 '박' 자를 써서 호박이라고 했다.

생리

호박은 저온이나 고온에도 강하며 섭씨 53도 이상에서도 견디지만 35도 이상이 되면 양성화(兩性花, 암꽃과 수꽃이 한 꽃으로 피어 열매를 맺지 못한다)가 나오기 쉽다. 서양종은 서늘한 기후를 좋아한다. 적당한 온도는 22~23도로 이보다 높아지면 암꽃이 잘 피지 않는다. 호박은 거름기가 많은 곳에서 자라기 때문에 예전에는 퇴비간에서 자생적으로 자란 호박을 볼 수 있었다.

되호박 (SD5791홍천93)

토종

덩굴성 호박으로 재래종이 가장 많은 작물 중 하나다. 토종 조사할 때 제일 많은 종류를 수집하는 게 호박이다. 모양에 따라 긴호박, 둥근호박, 납작호박, 되호박(국수호박), 큰호박, 색에 따라 청호박, 흑호박, 지명에 따라 서울마디호박, 울릉호박, 기타 맷돌호박, 참호박, 재래호박, 떡호박 등이 있다. 긴호박은 찌개용으로, 납작호박이나 둥근호박은 호박고

지나 약용, 죽으로 이용한다. 청호박은 약용, 사료용으로 사용한다. 울릉호박은 조선 고종 때 구황작물로 들어가기 시작했는데, 호박을 고아 엿을 만드는 데 사용했다. 울릉호박은 무게는 보통 20kg에 달하며 둥글고 성숙한 후에도 녹색 반점이 많다. 갈라 보면 진한 주황색으로 살이 많다. 단호박도 상리단호박, 떡호박, 밤호박 등이 있다. 되호박은 속이 국수처럼 생겼다 하여 국수호박이라고도 한다. 호박으로 맛이 그리 달지 않아 찌개용으로 많이 쓰인다. 토종호박을 우리나라 종자 회사에서 애호박으로 품종 개량하여 1대 잡종 품종으로 팔고 있다.

약성과 이용

호박의 성질은 달고 평하다. 우리 몸의 비위에 기능하는데, 약용이 되는 것은 덩굴, 잎, 꽃, 꼭지, 과실, 과육 거의 전체가 활용된다. 그래서 호박 중탕을 할 때는 호박 전체를 쓴다. 회충약 대신 먹는 것이 호박씨다.

호박씨에는 다량의 기름이 함유돼 있다. 천식에는 늙은 호박 1개의 속을 파내고 그 속에 보리엿을 채워 넣어 냉한 곳에서 한 달 동안 두었다가 쪄서 매일 먹으면 효과가 탁월하다. 종기나 종기통에는 호박꽃을 짓찧어 붙이거나 호박 꼭지를 말려 가루로 만들어 참기름에 개어 붙인다. 늙은 호박은 특히 부종을 내리는 것으로 산모나 환자를 위해 호박죽이나 호박 중탕을 해서 먹었다.

청호박 (SD6329순천109)

병충해 대책

호박류의 해충인 호박과실파리에게 당한 호박은 만져 보면 물렁물렁

하고, 호박을 따면 금세 상한다. 물론 외상 없이도 그 피해가 크다. 방제 방법이 거의 없는데, 호박과실파리가 활동하는 7월 말에서 9월 말까지 끈끈이 트랩 특히 흰색을 주변에 많이 설치해 성충을 줄이는 방법이 유효하다. 또는 호박이 달릴 무렵 껍질이 연할 때 봉지를 씌운다. 애호박의 경우 유효하다.

재배

호박은 거름기가 많은 곳에서 잘 자란다. 퇴비 더미 위에서 호박이 자생적으로 나오는 이유가 그 때문이다. 구덩이를 넓게 파 잘 삭은 인분이나 퇴비를 넣고 겨울을 지낸 뒤 4월 중하순에서 5월 중순까지 호박 씨앗을 심는다. 호박은 덩굴성이라 울타리에 심는 것이 좋다. 지붕을 타고 올라가면 풍광으로도 좋다. 서리를 맞힌 뒤 색이 노랗고 손상되지 않은 것을 거두어 따뜻한 곳에 둔다. 타원형으로 반들거리고 윤기가 있는 호박에서 씨를 받아야 한다. 호박은 대체로 타원형이 제일 맛나다.

호박 (SD6908용인121)

채종과 보관

늙지 않은 호박은 된서리가 내리기 전에 수확해야 한다. 된서리는 상강(한로와 입동 사이, 대략 10월 20일경)에 내린다. 씨앗으로 사용할 늙은 호박은 서리를 맞힌 뒤 수확하여 온도가 10도 이상 되는 곳에 둔다. 영하로 떨어져 얼면 즉시 썩는다. 호박을 갈라서 걷어낸 씨앗을 물에 씻어 말린다. 충분히 마른 씨앗을 종이나 병에 보관한다. 호박씨는 상온에서 5년 정도 충분히 보관 가능하다.

납작호박 (SD6235순천67)

골호박 (SD6388순천168)

박

재배 기원

멕시코에서 기원전 7000년경 지층에서 박의 유적이 발견되었으며, 기원전 3500년경 이집트의 옛 무덤에서도 발견되었다. 중국에서는 기원전 1200년경 유적지에서 박이 출토되었으며, 우리나라에서도 기원전부터 재배해온 것으로 추정하고 있다. 재배 기록은 『삼국사기』 신라 본기 제1권에 "辰人謂瓠爲朴 以初大卵如瓠 故以朴爲姓(진한 사람들은 박〔瓠〕을 朴이라 부르는데, 처음에 큰 알이 마치 박과 같았던 까닭에 朴을 성으로 삼았다."라는 기록으로 미루어 진한 사람들이 이미 박을 활용하고 있었음을 알 수 있다.

생리

박과의 한해살이 덩굴식물이다. 한 그루에 암꽃과 수꽃이 따로 핀다. 박과 식물의 꽃은 대개가 황색이나 박은 일부 야생종을 제외하고는 모두 백색을 띠고 있다. 8~9월에 꽃이 피며, 보통 오후 5~6시에 개화하여 다음 날 아침 5~7시에 시든다. 잎은 손바닥 모양과 같고 부드러운 털이 있다. 열매는 호박처럼 둥근 것이 있지만 여러 종류의 박이 있어 이름과 모양이 다르다. 종자의 발아와 생육 온도는 25~30도이다.

이용

식용이나 관상용, 공예용으로 사용한다. 박의 겉과 속은 돼지 사료로 쓰고, 전이나 김치찌개 등에도 들어가며, 씨는 기름을 내서 촛불을 밝힐 수 있어 하나도 버릴 것이 없다. 속을 긁어내고 박을 얇게 썰어 말렸다가 겨울 정월 보름에 물에 불려 기름에 볶아 먹으면 쫄깃한 맛이 별미다. 박 잎은 부드러운 미향이 있어 벌레가 들지 않는다. 그래서 박잎으로 전을 만들어 먹으면 그것도 별미다. 박은 덩굴성으로 그늘을 만드는 터널의 관상용이나 닭장, 지붕 위로 덩굴을 올려 늦여름의 흰 박꽃과 지붕 위에 열린 박은 보는 이로 하여금 시골 정취에 빠지게 한다. 박은 이름 그대로 속을 모두 긁어내어 바가지를 만들어 쓴다.

토종

식용박, 조롱박, 참박, 큰박 등이 있으며, 지역에 따라 강진대박, 양산박 등이 있다. 뒤웅박은 종자를 담아 두는 그릇을 만드는 타원형의 박을 말한다. 물바가지용 고지박이나 박이 있고, 표주박 물바가지를 만드는 조롱박이 있다. 표주박이란 조롱박을 반을 갈라서 만든 바가지를 말한다. 대박은 흥부가 타서 금은보화가 나온 박을 대박이라고 한다.

동아(冬瓜)

박 중에 특별한 박이 있는데 바로 동아다. 동아는 서리를 맞으면 껍질이 희어져 분을 바른 것처럼 되고, 그 씨 또한 희므로 백과라고도 부른다. 월과라고도 부르는 동아박은 전통 농사법에 의하면 10월에 구덩이에 심는데, 겨울에 눈을 구덩이 위에 쓸어 모아 덮어 주면 윤택하고 살이 통통하며 보기 좋은 것이 봄에 심은 것보다 낫다. 봄에 심어도 괜찮다. 동아박은 10월에 수확하는데 서리를 흠

대박

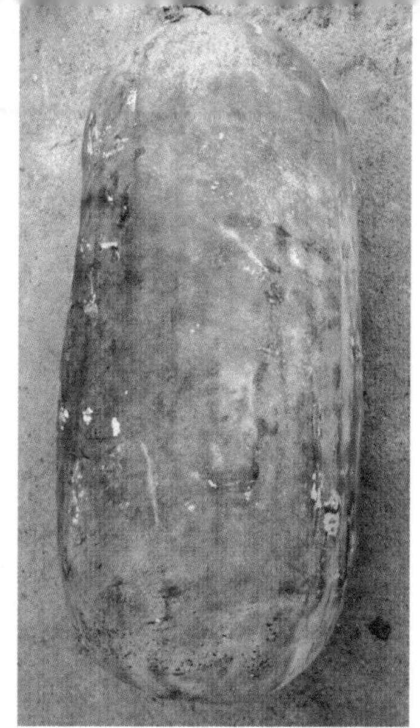
동아박

뼥 맞으면 거둔다. 동아를 거두어 저장할 때는 흠이 없는 것으로 한다. 동아는 손바닥으로 어루만지는 것을 꺼려 민간에서는 동아를 처녀의 넋이 사람들의 손을 가까이 하는 것을 싫어하기 때문이라고 전해진다.

동아박의 약성

동아는 찬 성질을 가지고 있기 때문에 열이 있는 사람에게는 좋지만, 몸이 차고 허한 사람은 장복하지 않도록 한다. 동아는 강한 이뇨 작용과 제독 작용으로 기미, 주근깨, 비만을 치료하기도 하므로 몸이 붓고 소변이 나오지 않을 때, 급만성 신장염으로 인한 부종, 간경화 복수증 등의 수종을 치료하기 위해 사용한다. 또한 비만증과 더위를 먹어 갈증이 날 때, 기침과 가래가 나올 때 사용한다. 동아죽으로 수종병을 치료할 때는 10~15일 꾸준히 먹어야 하고, 신선한 동아 100g과 동아 씨앗 말린 것 15g을 멥쌀 적당량에 넣어서 죽을 쑤어 먹는다. 동아죽에는 소금을 넣지 않는다. 『동의보감』에 의하면, 동아의 씨를 빻아 꿀에 개어 장복하면 피부 색깔이 백옥같이 희어진다고 한다.

주먹외(王瓜)

3월에 싹이 나는데 열매가 연할 때 나물로 먹을 수 있다. 뿌리는 하늘타리 뿌리의 어릴 때와 같은데 뿌리가 깨끗한 녹말가루처럼 아주 희고 매끄럽다.

재배

박은 일반 호박을 심는 것과 같다. 구덩이를 넓게 파서 잘 발효된 퇴비를 넣고 그 위에 흙을 살짝 덮고 박 모종이나 씨앗을 넣는다. 박은 4월 중순 이후 5월 하순까지 파종한다. 발아 생육 온도는 25~30도이다.

박은 덩굴성이므로 지붕이나 울타리 아래에 심어서 올라갈 수 있도록 그물망이나 대나무, 나뭇가지를 지지대로 만든다. 집 뒷마당이나 퇴비 더미 위에 박 넝쿨을 볼 수 있다. 밭에 파종할 경우는 밭 가장자리 둔덕에 파종하여 다른 작물에 피해를 주지 않도록 한다. 7~8월에 박이 꽃이 피고 열매를 맺어 9월이면 박이 익는다. 껍질이 물렁거릴 때 수확하여 반찬용 박고지를 만들 수 있고, 9~10월경 껍질이 두껍고 딱딱해지면 박을 수확한다. 딱딱해진 박은 바가지나 기타 용기로 이용한다.

채종과 보관

껍질이 두껍고 딱딱해질 때까지 기다렸다가 박을 수확한다. 박을 탈 때는 톱으로 반을 잘라 하얀 박속을 꺼내 그 안의 검은 씨앗을 털어낸다. 발라낸 검은 씨앗을 깨끗이 씻어 통풍이 잘되는 그늘에서 말려 보관한다. 씨앗으로 사용할 박은 겨울에 채종해도 발아에는 영향을 끼치지 않는다. 박속만 꺼내서 바람이 잘 통하는 그늘에 잘 말려 두었다가 나중에 씨앗만 골라 보관해도 좋다.

☆ 바가지 만드는 방법

1. 박을 톱으로 반으로 잘라 속을 긁어낸다.
2. 긁어낸 박을 찜통에 물을 붓고 담가서 1시간 정도 찐다.
3. 식은 다음 나머지 박속을 깨끗이 긁어낸다.
4. 박 겉면도 숟가락으로 긁어내어 반질반질하게 만든다.
5. 겉과 속을 다 긁어낸 박은 바람이 잘 통하는 그늘에 여러 날을 말리면 바가지가 완성된다.
6. 다 말린 바가지 겉에 콩기름을 먹이면 더욱 매끈해진다.

우엉

재배 기원

지중해 연안에서 서부 아시아에 이르는 지역이 원산지로 알려져 있다. 유럽과 미국에서는 먹지 않는다. 고대 중국에서는 어린잎과 뿌리를 먹었으며, 일본에서도 먹었다. 조선 시대 여러 고농서와 『동의보감』에 기록돼 있다. 한국에 언제 어떻게 유래되었는지는 기록이 없다. 현재 우리나라에서는 식용과 약용으로 이용하는데, 중국에서는 약용으로만 이용한다.

명칭

열매에 가시가 많아 나쁜 과실이란 뜻으로 악실(惡實), 소도 먹을 수 있어 우채(牛菜), 우방(牛蒡)이라 하였으며, 방술(方術)을 연구하는 사람들은 우엉에 신통한 힘이 있다고 하여 대력(大力)이라 부르기도 했다. 대력의 씨앗을 대방자(大方子)라고 했으며, 씨앗이 검은색이어서 흑풍자(黑風子)라고도 한다. 무엇보다 씨앗에 난 가시 때문에 쥐가 지나가다가 달라붙으면 떼어 내지 못한다 하여 서점자(鼠粘子)라고 한다. 그래서 『임원경제지』에서는 나락을 보관하는 곡간에 서점자를 바닥에 깔아놓으면 좋다고 기록되어 있다.

생리

추위와 더위에 강하고 8월에서 10월 사이에 수확한다. 생육 적온은 15~20도로 전국 어디서나 재배 가능하다. 저장성도 높다. 곧은 뿌리가 흙 속에서 30~60cm까지 깊게 뻗어 나가면서 비대해지는데, 원기둥 모양의 육질이며 긴 막대기처럼 생겼다. 뿌리 끝에서 나온 줄기는 자주색을 띠며 곧게 서서 자란다. 지상부에서 50~150cm까지 자란다. 표면은 짙은 녹색이지만 뒷면에 솜 같은 흰 털이 있다. 꽃은 7월에 피는데 검은 자줏빛이 돌며, 엉겅퀴꽃과 비슷하다. 씨앗은 검은색이며, 꽃이 지고 씨앗을 둘러싼 털은 갈색이다. 꽃이 진 다음 열매를 맺고 뿌리는 죽는다. 이 점에 착안하여 무경운 재배를 할 때, 땅속 통기성과 유기물을 확보하는 것으로 이용할 수 있다.

약성과 이용

우엉 뿌리와 줄기는 기미가 쓰고 차며, 독이 없다. 그래서 우엉 뿌리는 쪄서 익혀 말려 쓴다. 그렇게 하지 않으면 토한다. 줄기와 잎은 삶아 즙으로 술을 빚어 마신다. 찬 성질을 이용하여 옛날에는 우엉 뿌리를 낙태하는 데 썼다. 우엉씨는 '서점자 약성가(藥性歌)'가 있을 정도로 약으로 칭송된다. 잎은 약간 볶거나 물에 쪄서 말려 산제로 하거나 생즙을 내어 사용한다. 뿌리는 술을 담가서도 쓴다. 씨는 부기가 있을 때 이뇨제로 사용하며, 인후통과 독충의 해독제로도 쓴다. 우엉차는 혈액순환을 돕고 상처를 치료하는 사포닌이 들어있어 뇌질환, 심장병, 염증 치료에 좋다. 우엉은 신장 기능을 보한다. 특히 노인 중풍에는 우엉 뿌리껍질을 벗겨 짓찧어 가루로 만들고 쌀가루로 반죽해서 수제비로 먹으면 효과가 있다.

우엉

우엉밭. 비닐 포대에서도 우엉을 기를 수 있다.

어린잎은 나물로 먹고, 뿌리는 다양한 찬으로 이용한다. 돼지고기와 우엉을 함께 조리하면 돼지고기의 누린내를 우엉 특유의 향으로 없앨 수 있다. 우엉의 효능을 보려면 껍질을 벗기지 않고 먹는 게 좋다. 영양 성분이 껍질에 많기 때문이다. 특히 껍질에는 인삼에 많이 들어있는 사포닌 성분이 많다.

우엉은 바지락과는 궁합이 맞지 않는다. 우엉에 함유된 섬유질이 체내에서 바지락의 철분이 흡수되는 것을 막기 때문이다.

우엉을 삶을 때 파랗게 되는 경우가 있다. 이는 우엉에 있는 사포닌 성분이 우엉의 색소(안토시아닌)와 반응해서 변색되는 것이므로 인체에는 무해하다.

토종

자연 교잡도 적고 수요도 많지 않아 품종의 변화가 거의 없다. 남부 지방에서 재래종이 재배돼 뿌리와 잎을 이용하고 있다. '대포'라는 품종이 있는데 수량은 적다. 그 외에 대부분은 일본 품종이 도입돼 재배 되고 있다. 육질이 좋고 뿌리가 짧은 '사천(砂川)'이 있으며, 뿌리가 길고 굵은 장근종인 '용야천'이 있다.

재배와 채종

한해에 두 번 파종할 수 있는데, 4월 중순 봄 파종과 가을에 파종하여 동면시키는 방법이 있다. 봄에 파종하면 그 해 5~6월에 잎이 나오고, 그 잎을 쌈으로 먹을 수 있다. 가을에 파종하면 이듬해 7월에 꽃이 피고 8~9월에 씨앗을 받을 수 있다. 뿌리를 먹으려면 꽃이 피기 전에 뿌리를 수확한다. 씨앗은 검은색이며 한 그루에 상당히 많은 양의 씨앗을 받을 수 있다. 번식은 씨앗이나 포기나누기로 할 수 있다 뿌리 수확이 어려워 비닐포대나 긴 화분을 이용해 재배하면 수확이 용이하다. 우엉의 씨앗은 가시가 많아서 발로 밟아 비벼서 씨앗을 갈무리하는 것이 좋다. 손으로 갈무리하면 매우 번거롭고 성가시다. 한 그루에 1,000개 정도 나오므로 한꺼번에 말려서 가시 더미를 털어내고 가시에 붙은 씨앗은 그냥 밭에 버리면 그 이듬해 싹이 나온다.

☆ 자연농에서 우엉의 중요 역할

우엉은 씨앗을 많이 받을 수 있고 재배도 쉽다. 딱딱하고 건조한 땅에 우엉을 심어서 싹만 먹고, 씨앗을 받을 목적으로 키운다. 우엉은 뿌리가 60cm까지 자라므로 딱딱한 토양에 통기성과 유기물을 제공해 준다. 자연농을 하는 농가에서 우엉을 기르면 땅을 갈지 않고 땅심을 확보하기까지의 시간을 줄여 준다. 몸에 좋은 우엉은 토양에도 유용한 역할을 한다.

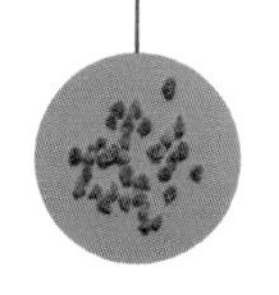

일년감(토마토)

재배 기원

원산지는 남아메리카 서쪽 해안의 고산 지대인 안데스산맥 페루와 에콰도르 일대이다. 화석 발굴로 보면 토마토의 기원은 5200만 년 전을 뛰어넘는 것으로 보인다. 남미 문명(아스텍, 잉카 등)에서는 토마토를 많이 먹었고 그 요리법도 수없이 많았다. 그러다가 스페인이 남미를 멸망시킨 후 토마토를 유럽으로 가져온 것이 시초지만, 유럽에서는 관상용 식물로 재배했으며 식용으로는 재배한 적이 없었다. 이는 원산지 남아메리카가 에덴동산이며 선악과가 바로 토마토라는 설이 더해져 적어도 150년간 기독교도들에게 냉대를 받아오다가, 1700년대 초반에 이르러서야 비로소 인정을 받기 시작했다. 특히 이탈리아에서는 토마토를 퓌레로 만들어 요리 재료로 쓰거나 다른 음식에 소스로 곁들여 내기도 했다. 스페인에서는 매년 토마토 축제를 벌이고 있다.

우리나라 재배 기원

서양에서 식용하기 전부터 이미 중국이나 한국에서 식용했다. 조선 광해군 때 이수광의 『지봉유설』에 토마토 이름인 '남만시(南蠻柿)'가 기록된 것으로 보아, 그 이전에 전래된 것으로 짐작된다. 모양이 감과 비슷해서 일년감이라고 불렀다. 한방에서는 토마토를 '번가(蕃茄)'라고 부르며 대만에서도 이렇게 쓴다. 토마토 재배가 일반화된 것은 도시 근교 농업이 발달했던 1970~1980년대로 그리 오래되지 않았다.

생리

토마토는 가지과의 여러해살이풀로 열매를 말한다. 생육 적온은 21~24도로 한여름 무더운 때에는 열매를 잘 맺지 못한다. 습기를 싫어하고 건조한 기후에 강한 편이다. 키는 1m 이상 자란다. 줄기를 잘라서 심으면 뿌리가 나는 삽목이 가능한 작물이다. 꽃은 6월에서 8월에 피는데 암술과 수술이 함께 있는 양성화다. 열매는 붉은색 외에도 노란색이 있다. 열대작물이라 저온에 약하므로 서리를 맞으면 말라 죽는다.

이용

생식하면 혈액을 맑게 하고, 동맥경화나 간장병에도 유효하다.

토종

토마토는 우리나라 사람들이 좋아하는 작물이 아니어서 품종의 분화가 잘 되지 못했다. 더구나 외국으로부터 많은 품종이 도입되었고 신품종 보급이 활발한 까닭에 토종이 사라졌다. 그러나 토종씨앗 수집에서 농가에서 받아 이용했던 옥발토마토, 괴산찰토마토, 진안노랑토마토 등이 보급되어 있다. 개량종 토마토라도 씨앗을 받을 수 있어 씨앗을 대물림할 수 있다.

찰토마토 (SD1151괴산228)

채소냐? 과일이냐? 논쟁

식물학적으로 토마토의 열매는 개화식물의 씨방이 발달한 것이기 때문에 토마토의 열매를 과일로 볼 수 있다. 하지만 서양에서는 식사의 주요리에 쓰이기 때문에 채소로 볼 수 있다. 1887년 미국에서 과일에는 매기지 않고 채소에만 세금을 매기는 관세법이 통과됨에 따라, 이 문제가 중요하게 떠올랐다. 1893년 미국 연방 대법원은 토마토가 저녁 식사에는 나오지만 후식으로는 나오지 않는다 하여 토마토를 채소로 판결했다. 우리나라에서는 토마토를 식사와 별도로 먹는 경우가 많으므로 채소보다는 과일에 가깝게 인식된다.

재배

4월 중순 이후 파종한다. 보통 포트묘로 파종한다. 직접 파종하는 방법은 반 한편에 고운 흙을 펴서 씨앗을 조밀하게 뿌리고 흙을 덮은 뒤, 5월 중순경에

진안토마토 (SD6264)

10cm 이상 자라면 옮겨 심는다.

4월 중순이면 종묘상에서 토마토 모종을 파는데, 도시에서 텃밭 하는 도시농부들은 이것을 사서 심는다. 토마토 모종은 가온 하우스에서 길러 밭으로 나오는데 토마토 생육 온도는 28~35도이므로 4월 중순이면 찬 서리가 내려 냉해를 입기 십상이다. 냉해를 입으면 토마토는 빨리 열매를 맺고 병충해에 취약하게 된다. 식물의 경우 생명의 위험에 처하게 될 때, 종족 번식을 위해 빨리 씨앗을 맺어 퍼트리려는 속성이 있어 노화 속도가 빨리 진행된다. 작물의 병해 원인 중 하나는 '철이 없을 때' 생기며, 병해는 농약에 의존하여 재배하게 되는 결과를 낳는다. 상업적으로 토마토를 재배하는 사람들은 하우스에서 재배하는데, 노지 재배법과는 다르니 유의한다.

본 밭에 옮겨심기 전에 모종에 물을 충분히 줘야 한다. 이후 지지대를 만들어 본 줄기를 묶어 둔다. 토마토는 곁순이 잘 자라므로 수시로 곁순을 잘라 준다.

채종과 보관

붉게 익은 토마토를 따서 문드러지도록 놓고 씨앗을 채반에 걸러 받는다. 받은 씨앗은 바람이 잘 통하는 그늘에서 충분히 말려야 한다. 충분히 말리지 않으면 밀봉한 씨앗에 곰팡이가 필 수 있으니 유의한다.

☆ 토마토 효과(Tomato effect)

미국에서는 토마토를 먹으면 죽는다는 설을 받아들여 19세기까지 먹지 않았다. 1820년 9월 26일, 미국 뉴저지 주의 존슨 대령이 수많은 사람들 앞에서 20개가 넘는 토마토를 한꺼번에 먹겠다고 널리 알렸다. 당시 미국 의사들은 존슨이 오래가지 않아 죽을 것이라고 말렸으나, 존슨은 약속대로 토마토를 다 먹으면서 토마토 열매를 먹으면 죽는다는 이야기가 허구임을 증명했다. 이 이야기에서 유래한 심리학 용어가 바로 '토마토 효과(Tomato effect)'. 토마토 효과는 아무 근거 없는 추측 때문에 불필요한 일을 굳게 믿는 마음을 뜻하는 심리학적 용어다.

옥발토마토 (SD6785)

딸기

재배 기원

옛날부터 유럽에서는 야생나무 딸기를 먹다가 14세기 프랑스와 벨기에에서 재배하기 시작했다. 즉 야생 딸기를 밭에서 경작하기 시작했다. 지금 우리가 먹는 열매가 큰 딸기는 17세기경 미국에서 육종되었고, 사계절 수확이 가능한 '스트로베리(strawberry)'는 18세기 말 프랑스 브르타뉴 반도에서 육종 경작되었다.

우리나라 재배 번성기

야생 딸기를 육종해서 만든 서양 딸기, 즉 양딸기가 우리나라에 전해진 것은 1920~1930년대 무렵으로 추정된다. 딸기가 동양에 처음 전해진 것은 19세기 말, 네덜란드를 통해 일본에 관상용으로 들어온 것이고, 우리나라와 중국에서 딸기를 먹기 시작한 때는 20세기 초반이다.

우리나라에서는 1943년 경상남도 밀양시 삼랑진읍에서 처음 딸기 재배가 이루어졌다. 이후 1960년대 수원에 대규모 딸기 재배지가 있었으며, 논산 등지에서는 하우스 딸기를 대규모로 재배하기 시작했다. 요즘은 하우스 딸기가 겨울에 공급되어 어린이들은 겨울에 딸기가 나오는 걸로 알고 있을 정도이다. 딸기를 겨울에 과도하게 먹으면 몸에 차가운 기운을 넣는 것이므로 유의해야 한다.

딸기의 종류

산딸기, 뱀딸기, 야생 딸기와 재배하는 딸기로 구분한다. 장미과의 여러해살이풀 또는 그 열매다. 딸기는 씨 부분이 진짜 열매다. 딸기 과육은 열매가 아니라 꽃받침 부분이 크게 자라난 것이다.

겨울에 휴면하는 정도에 따라 한지형 · 난지형 · 중간형으로 나눈다. 난지형에는 거의 휴면하지 않고 촉성 재배용으로 많이 쓰이는 사계성 복우 등이 있고, 한지형에는 휴면이 매우 길고 노지 재배용으로 쓰이는 노스웨스트, 대학 1호 등이 있다. 중간형은 한지형과 난지형의 중간 정도의 휴면성을 나타내는데, 한국에서 많이 재배하는 보교조생, 행옥 등이 포함된다.

한국의 야생 딸기로는 땃딸기, 흰땃딸기, 뱀딸기, 겨울딸기, 산딸기, 장딸기, 줄딸기 등이 있다.

뱀딸기를 서양에서는 '가짜 딸기(Mock strawberry)'라고 부른다. 식용이 아닌 관상용으로 간혹 재배하는 수준이다. 열매 말린 것을 '사매'라고 하는데 이것을 약재로 쓰기도 한다.

생리와 재배

딸기는 호냉성 열매채소(외형으로는 과일이지만)이기 때문에 서늘한 기후에 강하다. 생육에 적당한 온도는 17~20도이며, 토양은 배수가 잘되고 수분을 알맞게 지닌 참흙이 좋다.

재배 방법은 매년 가을에 새 모종을 심어 한 번만 수확하는 일년식 재배와 한 번 모종을 심고 몇 년간 수확을 계속하는 다년식 방법이 있다. 일년식 재배는 따뜻한 지방에서 촉성 재배 또는 반촉성 재배를 할 때 쓰이는 방법으로 고품질의 과실을 생산한다. 추운 지방에서는 주로 3~4년 수확을 계속하는 다년식 재

수원딸기

배 방법을 많이 이용한다. 이 재배 방법으로는 2~3년째가 수확량도 많고 품질도 좋다. 시설 재배에서는 일년식 재배를 하지만, 노지 재배에서는 다년식 재배가 많다. 모종을 뜨기 위한 딸기밭은 수확이 끝난 다음 2줄 간격으로 1줄씩 솎아내어, 포기 사이를 넓혀 거름을 충분히 주고, 나오는 포복지를 알맞게 배치하여 모종을 기른다. 모종을 옮겨 심는 시기는 9월 하순부터 10월 상순이 적기이다.

토종

재배종 딸기의 토종은 없다. 다만 1960년대 대학 1호가 수원 근교에서 재배되어 전해 내려오고 있다. 수원 딸기라고 전해지는 것이 대학 1호 재배형 딸기며, 사계절 딸기라고 하는 것은 사계절 재배가 가능한 육종 품종을 말한다. 우리나라에서 볼 수 있는 야생 딸기는 산에서 자라는 땃딸기로 털이 있고 가지로 번식하는 딸기다. 흰땃딸기는 고산 지대 숲에서 자란다.

개량종

설향, 죽향, 산타, 매향, 대황 등이 있으며, 일본 도입 품종으로는 사치 노카, 토치오토메, 아키히메, 드펄 등이 있다. 사계성 품종으로는 관하, 트리스탄, 엘란, 고하, 멀란 등이 있다.

재배형 딸기가 육종된 이야기

1712년, 남북으로 길게 이어진 남미 칠레의 해안가 숲에서 프랑스의 한 식물학자가 야생 딸기를 관찰하는 모습이 눈에 띄기 시작했다. 얼마나 열정적이었는지 비가 오나 눈이 오나 하루도 쉬지 않고 해안가를 뒤지며 야생 딸기 종자를 채집하며 기록했다. 그 프랑스 식물학자의 이름은 아메데 프랑수와 프레지에였다. 지금 우리가 먹는 딸기가 만들어지는 데 결정적 기여를 한 인물인데, 그의 직업은 교수나 학자가 아니었다. 프랑스 육군 정보국 소속 현역 중령, 즉 스파이였다. 그가 수첩에 빽빽이 적어놓은 칠레의 야생 딸기 관련 기록은, 딸기에 관한 기록인 동시에 군사 정보를 적은 암호였다. 칠레 해안가에 설치된 요새와 주둔 병력, 대포의 수와 병참 공급 현황 같은 군사 정보는 물론이고, 독립 전 칠레를 통치했던 스페인 총독의 근황과 원주민의 움직임까지 정치, 경제, 사회와 관련한 모든 정보가 함께 적혀 있었다.

엔지니어이자 수학자이며 현역 군인인 프레지에 중령을 남미에 파견한 사람은 당시 프랑스 국왕 루이 14세였다. 프랑스가 멀리 떨어진 남미에 간첩을 보낸 까닭은 유럽의 국제정치 판도 때문이다. 이때의 스페인 국왕 필리페 5세는 루이 14세의 손자로, 필리페 5세의 왕권을 유지하고 스페인에 대한 프랑스의 영향력을 유지하기 위해 스페인과 식민지의 정보를 수집했던 것이다. 반대파들이 필리페 5세를 몰아내려고 할 경우 즉각적인 무력 개입을 하려는 의도였다. 그 때문에 멀리 페루와 칠레까지 간첩을 보내 군사 정보를 수집했던 것인데, 프레지에 중령이 야생 딸기 종자를 관찰하고 채집한 것은 스파이 활동을 들키지 않기 위한 위장이었다.

프레지에는 임무를 성공적으로 완수한 후 1714년 프랑스로 귀국했다. 그리고 칠레의 해안가 방어진지를 포함한 군사 정보가 담긴 지도를 제작해 루이 14세에게 제출했다. 프레지에 중령에게 금화 1,000냥을 상금으로 내린 것을 보면 그가 그린 군사 지도에 루이 14세가 아주 만족했던 모양이다. 스파이 활동을 완수한 프레지에 중령은, 그동안 칠레에서 꼼꼼히 관찰하고 스케치한 바닷가의 토종 딸기에 관련한 책을 파리에서 출판한다. 그리고 귀국할 때 함께 가져온 토종 딸기 종자를 파리에 심었다.

토종 칠레 딸기는 빨갛고 예쁜 계란 크기의 탐스러운 열매를 맺었지만, 먹을 수는 없는 종자였다. 그런데 유럽에서는 풍토가 맞지 않았기 때문인지 아예 열매조차 맺지 못했다. 이때부터 프레지에를 포함한 유럽의 여러 식물학자가 칠레 딸기와 다른 야생 딸기 종자를 교배시켜 열매를 맺게 하려는 다양한 시도가 이루어졌는데, 마침내 영국의 필립 밀러가 남미 칠레의 야생 딸기와 북미 버지니아의 야생 딸기를 교배시켜 새로운 종자를 얻는 데 성공한다. 이 딸기가 지금 우리가 먹는 재배용 딸기의 원조다. 그리고 품종이 우수한 묘목을 선별해 대량으로 재배를 시작한 것이 1806년 전후다. 그러니 자연에서 자라는 산딸기가 아닌, 재배해서 먹는 딸기의 역사는 기껏해야 200년에 불과하다.

참외

재배 기원

성경에 이집트에서 멜론을 재배했다는 기록이 있는 것으로 보아 아프리카나 인근 중동 지방이 원산지로 짐작된다. 중국에서는 6세기 『제민요술』에 참외 재배 기술이 나와 있고, 우리나라에는 삼국시대 이전부터 첨과(甛瓜)로 기록되어 있다. 우리나라 전통적으로 서민들이 즐겨 먹던 여름 과채류다. 참외는 밭두둑이나 간작으로 심어 한 포기에 4~10개를 수확하여 먹었는데, 수박보다 대중적이며 재배 역사가 깊다.

명칭

참외는 왕과, 첨과 등으로 불렸고, 중국에서는 향과라고 불렀다.

생리

참외는 암꽃의 어미 덩굴에서는 나오지 않고 새순의 새끼 덩굴의 제1 또는 제2 마디에서 피는 습성이 있다. 재래종은 비교적 습한 기후에도 적응을 하지만 고온 건조를 좋아하는 성질로 비가 적은 가뭄에 풍작을 이룬다. 발아와 생육 적온은 25~30도다.

약성

참외는 기미가 달고 차기 때문에 많이 먹으면 더윗병에 걸리지 않는다. 하지만 허한 사람이 많이 먹으면 살이 빠진다. 참외는 여름 한 철에 다양하게 먹을 수 있다. 참외장아찌를 만들어 먹고, 덜 익은 참외를 굵게 저며 쇠고기, 고추장, 깨소금, 기름을 넣어 주물러 참외 지짐도 만든다. 참외로 김치도 담근다. 참외 꼭지는 말려서 약으로 쓴다. 참외 꼭지는 기미가 쓰고 차며 독이 있다. 기침과 천식을 다스린다. 참외 잎은 머리털이 없는 사람에게 머리털 나는 데 좋다. 참외 씨는 말려서 가루로 바르거나 먹어서 종기의 농혈을 다스리고 장, 위가 막힌 것을 푼다.

토종

참외는 여러 고농서에 언급되어 있는데, 『증보산림경제』에는 참외의 계통이 많고 껍질 색이 청록색이면서 금빛이 나는 것, 또는 개구리 무늬가 있는 것으로 기록돼 있다. 모양에 따라 둥근 것, 길쭉한 것, 뾰족한 것, 평평한 것이 있으며 색도 가지가지다.

1960년대 이전에는 전국 각지에서 재래종이 재배되었는데 강서참외, 감참외, 골참외, 백사과, 청사과, 성환참외(개구리참외), 줄참외, 노랑참외, 수통참외 등 지명이나 모양, 색을 따서 불렀다.

개구리참외로 불린 성환참외

참외 재래종으로는 성환참외, 사과참외 등이 전부다.

성환참외는 1850년경 한국으로 이주해 온 중국 사람이 전했다고 추측한다. 1900년대 충남 청원군 성환면을 중심으로 재배되어 일본까지 명성을 떨쳤던

참외로, 겉모양이 울퉁불퉁하고 개구리 무늬가 발달해서 개구리참외라고 불렸다. 성환참외는 초세가 강한 만생종으로 배꼽이 비교적 큰 편이다. 성숙하면 껍질이 황금색을 띠고, 과육은 2.5cm 이상 두꺼운 편이며 껍질은 옅은 녹색이나 가운데 속에 가까울수록 주황색이 짙어진다. 과육은 즙이 풍부하고 맛이 달 뿐만 아니라 향기가 뛰어나다. 대형 종으로 숙기가 늦어 8월 중순에 익는데, 후숙이 빨라 조금이라도 과숙하면 신미가 크게 떨어진다. 해방 전까지 전성기를 누리던 성환참외는 1970년 개량 참외의 등장으로 자취를 감추었다가 1980년대 초 되찾은 종자이다. 성환참외 순종은 표면이 매끈하지 않고 울퉁불퉁하며 겉모양은 흰색이 많고 얼룩이 조금 있다. 속은 빨갛고 씨는 작아야 한다. 껍질이 매끈하고 진녹색은 성환참외 교배종으로 개구리참외라고 불린다. 사과참외는 저장성이 떨어지고 참외가 많이 열리지 않는다. 성환참외를 재래종의 으뜸으로 친다.

왼쪽 위부터 개구리참외, 사과참외, 노랑참외, 청참외, 장전참외

사과참외

토종 참외의 특징

당도가 개량 참외보다 낮고, 저장성이 좋지 않다. 토종 참외 중에 당도가 높은 사과참외는 당도는 높지만 저장성이 낮다. 이러한 문제로 개량 참외는 당도와 저장성 즉 유통을 중심으로 육종됐다.

개량 참외 품종의 변천사

개량 참외 품종의 변천사는 입맛과 당도의 변천사라고 할 수 있다. 1960년 이후 고정종 은천참외, 1980년 금싸라기 은천참외, 2000년 오복꿀참외는 당도와 입맛에 의해 품종 전환이 되었다.

1957년, 일본에서 금향 참외 계통의 노랑참외가 도입되었고, 은천참외가 재배되며 재래종은 급격하게 쇠퇴했다. 재래종이 사라지게 된 이유는 당도, 저장성, 숙기 때문인데 특히 당도 때문이다. 1960년대 일명 나이롱 참외라고 불린 은천참외는 당도로 참외 시장을 석권했다. 우리나라 재래종 참외의 당도는 8~9도였고, 일본에서 들어온 노랑참외의 당도는 9~11도였다. 이에 비해 은천참외의 당도는 11~12도로 1970년까지 재배됐다. 그러나 식생활에서 당도가 급격하게 높아지면서 11~12도 당도로는 단맛을 느끼지 못하게 되어 당도가 더 높은 품종을 요구하게 되었다. 1980년 이후 15~17도의 멜론 재배가 늘어나고 금싸라기 은천참외가 13도 내외로 당도를 높였다. 이러한 당도에 대한 욕구는 참외를 멜론으로 대체하고 있다. 2016년 성주의 참외 재배 농가가 3분의 1이 줄었다고 한다. 이러다가 참외가 사라질 수도 있다.

토양 선별

시중에서 판매하는 참외는 하우스에서 재배한다. 토종참외 중 사과참외는 특히 노지에서 재배하기 어려운데, 당도가 높아 익으면 쥐가 먼저 먹기 때문이다. 하우스에서 재배하면 당도를 올리기 위해 물을 적게 주기 때문에 흰가루병이 자주 발생한다. 흰가루병 방제는 소리쟁이 액비로 하는데 소리쟁이 뿌리를 캐어 잘게 썰어 식초에 담가 6개월 후에 물에 250배 희석해서 사용한다. 토양은 노지에서는 붉은 팥을 심었던 땅이 좋고, 기장 그루터기 땅이 그다음으로 좋다. 다 베어내면 바로 여러 번 밭을 갈아엎는다. 참외는 해마다 땅을 바꾸어 심어야 한다. 안 그러면 열매가 작다. 입하 2~3일 전에 심는다. 벼를 심고 난 뒤에 파종하기도 한다.

종자 선별

씨앗으로 바로 심기 위해서는 먼저 참외 씨를 물로 깨끗이 씻은 다음 소금을 약간 섞어 심는다. 소금과 섞으면 가뭄이 와도 소금이 땅속의 수분을 붙들고 있어 죽지 않는다. 파종하기 하루 전에 설탕물에 참외 씨를 하룻밤 담갔다가 꺼내어 심으면 참외의 당도가 높아진다. 참외 씨앗을 심고 난 뒤에는 짚을 덮어 둔다.

파종

참외의 발아와 생육 적온으로 볼 때, 5월 이후에 심는 것이 좋다. 옛날에는 모내기가 끝나고 심기도 했다. 참외 씨앗은 아주 가벼운 흙에서 싹이 트기 때문에 노지에 직접 심을 때는 참외 씨 4개와 콩 씨 3개를 둔덕 옆 양지쪽에 심어 둔다. 참외 잎이 몇장 자라면 콩을 잘라낸다. 참외는 약해서 싹이 홀로 자랄 수 없기 때문이다. 반드시 콩을 심어 흙을 일으켜 주어야 싹을 틔울 수 있다. 참외가 자랐을 때 콩을 없애지 않으면 참외를 가려 무성해지지 않는다. 이랑을 곧게 하고 두 줄 사이는 조금 가깝게 하고 두 줄은 조금 넓게 하여 그 가운데를 지나다닐 길로 만든다. 길 밖에는 다시 두 줄씩 서로 가깝게 심는다. 참외 싹이 나와 처음 꽃이 피면 반드시 호미로 부드럽게 서너 차례 김매주어 잡초가 생기지 않게 한다. 잡초가 생기면 참외를 사방에서 압박하기 때문에 열매를 맺지 않는다.

재배

뿌리 주변을 북돋아 사방으로 높게 해 주고 비가 조금만 내려도 물이 고이게 한다. 넝쿨을 그루터기 위로 기어오르게 하여 참외가 밑으로 매달리게 한다. 대나무 칼로 뿌리 부분을 파고 보리 한 톨을 넣어주면 참외가 크게 열리고 오래도록 달린다. 매우 길게 뻗어 나가면 넝쿨 끝을 잘라 끊어 준다. 참외는 손자 마디에서 자라기 때문에 길게 뻗어 나가는 넝쿨 끝을 끊어 주지 않으면 줄기와 넝쿨이 살찌지 않는다. 넝쿨이 뻗기를 기다렸다가 똑바른 가지만을 남기고 마구 난 싹을 잘라낸다. 빽빽한 잎을 따내어 햇빛을 받게 하고 바람이 통하게 해 준다. 이른 아침에 일어나 안개가 걷히지 않았을 때, 넝쿨을 들어 올리고 뿌리 아래쪽으로 재를 뿌려 주며 하루나 이틀쯤 지난 뒤에 다시 흙으로 그 뿌리 근처를 북돋아 주면 오래도록 벌레가 생기지 않는다. 노란 딱지가 있는 작은 벌레는 참외

잎을 뜯어 먹기를 좋아한다. 옛 농서에 의하면 익지 않은 참외는 마른 물고기 뼈를 위에다 꽂아주면 꼭지가 떨어지고 쉽게 익는다. 참외는 따서 하루 이틀 숙성시켜 먹어야 맛이 좋다. 오래된 것은 참외 속이 문드러져서 맛이 좋지 않다.

채종

참외 씨앗은 노란색에 가깝고 오이 씨앗보다 크기가 작다. 맛이 좋고 색깔과 크기가 적당한 참외를 따서 먹고 난 뒤, 씨앗을 물에 씻어 말리면 된다.

수박

재배 기원

남아프리카 중앙의 칼라하리 사막과 주변 사바나 지대에서 여러 야생종 수박 군락이 발견되어 남아프리카가 원산지로 알려져 있다. 이 열매-수박이 주요 물 공급원이었기에-가 열리는 시기에만 칼라하리 사막을 건너갈 수 있었다고 한다. 4000년 전 이집트의 벽화에 수박 재배 광경이 있어 이집트에서 널리 재배한 것으로 추측한다. 중국에는 11세기에 중앙아시아로부터 들어와 재배되기 시작했고, 우리나라에는 13세기 고려 때 몽골에서 귀화한 홍다구가 처음으로 개성에 수박을 심었다고 전해진다.

생리

보통 수박이라고 하면 둥글고 줄무늬가 있는 모습을 떠올리지만, 실제로는 모습이 다양하다. 수박은 모양에 따라 원형과 타원형, 껍질 색에 따라 녹색, 진록, 흑록, 노란색으로 나뉘며, 껍질 무늬에 호피 무늬가 있느냐 없느냐로 나뉜다. 그리고 속살이 빨간색과 노란색으로 나뉜다.

토종

서양에서 온 과일이라 하여 서과(西瓜), 물이 많다고 하여 수외라고 불렀다. 우리나라의 토종 수박은 원형으로 호피 무늬가 있고, 겉은 녹색이고 속은 빨간색이다. 5천 원 지폐 뒷면에 신사임당의 그림으로 알려진 초충도(草蟲圖) 병풍 가운데 호피 무늬의 수박이 들어가 있는데 이것이 우리나라 토종 수박이다.

재래종 무등산 수박의 기원과 역사

광주광역시 북구 금곡동 일대에서 재배되는 재래종으로 광주광역시의 고산인 무등산(해발 1187m)에서도 화순 쪽 산기슭 설림골이라는 마을이 무등산 수박의 본산지다. 구전에 의하면, 무등산 수박은 수박이 도입된 후 300년 뒤인 임진왜란 전후에 재배했는데, 왜군의 침공을 피해 무등산으로 갔던 사람이 재배를 시작한 것이 마침 기후나 토질이 적합하여 명물을 생산하게 되고 그것

무등산 수박과 씨앗

이 오늘날 무등산 수박의 시초가 되었다고 한다. 무등산 수박은 조선 궁중에 진상으로 올릴 만큼 귀하게 재배되었다가 일제 때는 많은 농가에서 재배했다. 1965~1975년 사이 거의 멸종에 있다가 화순 쪽 산기슭 설림골에서 수박을 재배하던 후손이 살렸다.

무등산 수박의 특징

무등산 수박의 본래 품종은 '푸랭이'라고 해서, 껍질이 두껍고 짙은 녹색이며 무늬가 없다. 한 덩어리 무게가 20~30kg까지 나가는 대형종으로 8월 말경에 수확하는 만생종이다(보통 수박의 무게는 8~10kg이다). 만생종이므로 30~45일까지 저장이 가능하다. 당도가 비교적 높은 편으로, 1978년 신세계 백화점에 납품할 때 당도가 12도까지 되었다고 한다. 지금 무등산 수박이라는 이름으로 광주에서 출하되는 수박 중에는 미국 품종인 찰레스톤 그레이와 클론다이크 등이 있어 원래의 무등산 수박과 혼동하는 경우가 있다.

무등산 수박은 분뇨를 거의 넣지 않고 심었는데, 먼저 구덩이를 사람이 들어가면 상투 꼭지가 보일락 말락할 정도로 깊고 넓게 팠다고 한다. 거기에 가리나무를 넣고 불을 피워 퇴비로 만들어 넣고 수박씨를 심었다고 한다. 5월 초순에 씨를 심고, 8월 초순부터 시작해서 9월 말까지 출하했다고 한다. 현재 재배 방식은 해발 500m 산에 구덩이를 파서 퇴비를 많이 넣고, 20마디 이상에서 착과시킨다. 수박을 크게 하려면 참박을 대목으로 접목해서 모종을 낸다. 6월 상중순에 비닐하우스에 미니 비닐하우스를 하고, 7월 중하순에 정식, 9~10월에 1주당 1과 수확한다. 무등산 수박 씨앗은 다른 수박과 달리 색이 희고 크기가 크다. 흰색에 까만점이 양쪽에 박히기도 하고, 거무스레한 것도 있다. 무등산 수박은 일반 수박과 교잡이 잘 돼 씨앗 종류가 11종류나 된다.

왼쪽은 민무늬수박, 오른쪽은 흑수박의 씨앗이다.

개량종

1990년 중반, 품종 재배기술발달로 개량종인 타원형의 삼복꿀수박이 농가에 보급되었다. 이때부터 타원형 수박이 전성시대를 이룬다. 이후 겨울철에도 재배할 수 있는 타원형의 스피드꿀수박이 육종돼 보급되기 시작, 하우스 전성시대를 열었다. 2000년대에는 껍질 색이 노랗고 속이 빨간 수박, 호피 무늬의 타원형으로 속이 노란 수박, 껍질 색이 검고 속이 빨간 수박 등이 등장했다. 한국은 전통적으로 속이 빨간 수박을, 중국과 아랍은 속이 노란 수박을 선호하는데 요즘 속 노란 수박은 국내로 도입된 품종이다.

열대 지방의 수박은 껍질이 두껍고 색은 검으며 당도가 낮고 물이 많다. 열대 지방에서는 수분 보충용으로 수박을 이용하기 때문에 당도가 높게 육종되지 않았다. 유전적으로 호피 무늬가 있는 수박이 민무늬 수박보다 당도가 높다고 한다. 무등산 수박은 호피 무늬가 없는 민무늬 수박으로, 호피 무늬가 있는 수박보다 당도가 떨어진다.

이용

수박은 한과(寒瓜), 수과(水瓜), 하과(夏瓜)라고 부를 정도로, 수분이 90% 있는 여름 과일이다. 참외는 한 포기에서 여러 개를 수확하지만, 수박은 대부분 한 덩어리를 수확해서 화채로 만들어 가족이 나눠 먹었다. 수박 껍질로 깍두기도 담가 먹는다. 위가 약한 사람은 수박을 많이 먹지 않는다. 기름이나 떡을 함께 먹으면 비위를 상하게 한다. 수박은 이뇨제로 사용한다. 수박 과육을 끓여 만든 탕을 먹으면 수기(水氣)가 많은 신장, 방광 병에 특효가 있다. 맛있는 수박에는 설탕 주사를 놓는다고 하는데, 육종 기술의 발달로 단맛이 강화된 것이다. 수박을 달게 먹으려면 소금을 넣어 먹는 것이 좋다.

씨 없는 수박

1953년, 우장춘 박사가 씨 없는 수박을 육종했다. 씨 없는 수박이지만, 씨앗이 조금은 있다. 단지 씨앗 자체가 구실을 하지 못한다. 씨 없는 수박이 대중화되지 못한 까닭은, 수확기가 늦고 기형 과실이 생기는 문제가 있기 때문이다. 지금 씨 없는 수박은 동남아시아 등 열대 지방에서 나온 것으로, 열대 지방은 고온기에 씨앗을 재배하면 수박씨가 많아져서 먹기 불편해서 씨 없는 수박을 육종해서 대중화시켰다. 또한 민무늬 수박으로 녹색이나 검은색 수박이 주종을 이룬다. 우리나라는 온대 지역이라 씨앗 양이 많지 않으므로 씨 없는 수박을 선호하지 않았다. 또한 우리나라 사람들은 아삭아삭 과육의 씹히는 맛을 선호하기에 과육이 발달하지 못한 씨 없는 수박은 널리 재배되지 못했다.

재배

열대성 작물인 수박의 발아 적온은 25~30도이고, 재배 기간에는 25도 정도를 유지해야 한다. 토양은 통기성이 좋고 물이 잘 빠지는 곳이어야 한다. 수박은 보통 밭에 직접 씨앗을 심지 않고 육묘를 하는데, 정식하기 30일 전에 모종을 낸다. 곁순이 4~5개 나오면 원줄기를 잘라 주고 곁순 3줄기를 키운다. 6마디마다 암꽃(꽃 아래 작은 수박이 달린 것)이 피고 그 중간에 수꽃이 핀다. 보통 수박 재배 농가는 3번째 암꽃에 수꽃을 따서 암꽃 암술에 꽃가루를 묻혀 수정시킨다. 수정시킨 수박을 키우고, 나머지 암꽃의 수박은 모두 제거한다. 수박 개수가 많으면 양분이 분산돼 무게가 작아지기 때문이다. 8~10kg 무게의 수박으로 키우려면 광합성을 하는 수박 잎이 45장 정도 필요하다. 기온이 낮을수록 암꽃 발생 빈도가 높다.

채종과 보관

수확은 개화 후 25~30일이면 가능한데, 껍질에 광택이 나고 두들겨 보아 둔탁한 소리가 나면 익은 것이다. 수박은 새벽에 수확해야 한낮에 시원하게 먹을 수 있다. 수박은 수확할 때 온도를 기억하고 있기 때문이다. 한낮에 수확하면 수박이 뜨거워진다. 냉장고에 넣어 두더라도 새벽에 수확한 수박이 훨씬 시원하다. 가락동 농수산물 시장의 수박 농가들은 새벽 2~3시에 일어나 수확해서 출하한다. 수박이 바로 햇빛에 닿으면 데어 피수박이 되기 때문이다.

잘 익은 수박을 먹고 씨앗을 골라 그늘에 잘 말려 상온에 보관한다.

땅콩

재배 기원

땅콩(Arachis hypoagea. L.)은 남미 브라질과 페루가 원산지로 중국에는 동아시아를 거쳐 18세기경 전래되었고, 우리나라에는 중국을 통해 들어왔다. 일본에는 19세기에 미국에서 전래되었다. 조선 영조 때 이덕무의 『앙엽기(盎葉記)』에 "낙화생의 모양은 누에와 비슷하다."라고 기록되어 있다. 『임원경제지(林園經濟志)』에도 땅콩 재배 기록이 남아 있다.

생리와 재배

장미목 콩과에 속한 한해살이 식물로 땅속 열매를 식용하는 식물로 낙화생(落花生), 남경두(南京豆), 향우(香芋), 번두, 호콩, 왜콩이라고도 부른다. 콩과 식물이라 뿌리혹박테리아가 많이 생긴다. 꽃은 여름부터 가을까지 2~3개월에 걸쳐 피는데, 해 뜰 무렵에 꽃봉오리가 벌어져 수정이 이루어지고 저녁이면 꽃이 진다. 땅콩의 꽃은 잎겨드랑이에서 피며, 형태는 노란색 나비 모양을 띤다. 수정이 되고 난 며칠 뒤 자루처럼 생긴 씨방자루가 땅 밑을 향해 자라 깊이가 약 3~5cm인 흙 속까지 밀고 들어간다. 다 자란 씨방자루는 길이가 18cm 정도로 끝에는 열매가 들어있다. 이 끝이 부풀어 올라 땅콩 꼬투리로 익는다. 꼬투리에는 2~3개의 씨앗이 들어있다. 땅콩 껍질 안에 든 적갈색 땅콩이 씨앗이다.

약성

땅콩은 비위(소화기)를 강화하고 기관지와 폐 계통을 튼튼히 해 주며, 가래를 삭이고 인후를 시원하게 도와주는 효능이 있다.

이용

껍질을 벗겨 볶아 먹거나 껍질째 소금물에 삶아 먹기도 하고, 간장에 졸여 땅콩 조림(땅콩 자반)을 만들기도 한다. 유지함량이 50%로 높아 땅콩기름으로 만들기도 한다. 등급이 낮은 땅콩기름은 비누, 화장품, 면도 크림, 샴푸, 페인트, 폭약(나이트로글리세린)의 원료가 되며, 껌 자국을 제거하는 데에도 쓰인다. 기름을 뽑아내고 남은 찌꺼기는 가축 사료로 쓰고 잎과 줄기도 사료로 사용한다. 땅콩 껍질 가루는 플라스틱, 코르크 대용품, 벽판, 연마제 따위를 제조하는 데 사용된다. 껍질을 벗겨서 파는 땅콩 대부분은 산패된 것이 많다. 산패된 땅콩은 냄새가 나는데, 이것은 먹지 않는 것이 좋다. 땅콩은 먹을 만큼만 볶아서 먹거나 껍질째 삶아서 먹는 것이 좋다. 땅콩은 식물성 기름 공급원으로 세계적으로 다양하게 이용하고 있다. 미국에서는 56%가 땅콩버터 제조에 사용하며, 유럽에서는 착유용으로 쓴다. 우리나라에서는 주로 간식용 볶음 땅콩으로 소비되고, 반찬과 환자 건강식으로 사용된다. 영남 지방을 중심으로 삶아 먹는 풋땅콩은 국산 땅콩 소비의 절반 이상을 차지한다.

식용에 유의할 점

껍질을 벗긴 가공해서 판매되고 있는 땅콩 대부분은 유통기간에 의해 산패

붉은 땅콩 (SD5711홍천13)

된 것이 많다. 산패된 땅콩은 쩐내가 나는데, 이것은 먹지 않는 것이 좋다. 땅콩은 먹을 만큼만 볶아서 먹거나 껍질째 삶아서 먹는 것이 좋다.

토종

땅콩은 재배 역사가 짧고 자화수정 작물이라 품종 변이가 크게 없다. 1970년대 대덕, 소사, 평창, 예천 등에서 재래종을 수집하였고, 그 뒤 작물 시험장에서 육종한 서둔땅콩, 영호땅콩, 올땅콩 등 10여 종의 신품종이 보급되었다. 최근에는 검정 개량 종자도 있다. 재래종은 대체로 크기가 작고 미색과 진한 적색이 있다. 우도땅콩은 대표적인 재래종으로 조선 시대 『세종실록지리지』, 『신증동국여지승람』, 『여지도서』 등 조선 전 · 후기 고문헌에 지역 토산물로 기재되어 역사성과 전통성을 가지고 있다.

재배

땅콩은 높은 온도에서 잘 자라고 기름 함량이 많다. 생육에 알맞은 온도는 25~27℃이다. 땅은 물이 잘 빠지는 모래참흙이 좋다. 5월 초 · 중순경에 30㎝ 간격으로 한 군데에 2알씩 심고, 3~5㎝ 깊이로 덮는다. 싹이 트면 솎아서 한 군데에 1개씩 남기고 김매기와 북 주기를 해 주어야 하는데, 북 주기를 하면 씨방이 잘 자란다. 10월 중 · 하순경에 꼬투리가 충실해져서 그물 무늬가 또렷해졌을 때 수확한다. 줄기를 위로 들어 올리면 땅콩 꼬투리가 주르르 딸려 나온다.

채종과 보관

꼬투리에는 2~3개의 씨앗이 들어있다. 땅콩 껍질 안에 든 적갈색 땅콩이 씨앗이다. 꼬투리째 잘 말려서 양파망이나 용기에 보관한다. 이듬해 씨앗을 뿌릴 때 꼬투리를 까서 사용한다. 상온에서 보관하면 꼬투리 안의 땅콩의 수분이 빠지므로 상온에서는 2년을 넘기지 못한다. 단, 7~5도 꼬투리째 냉장 보관하면 수명은 조금 더 길어진다.

우도땅콩 (SD6170)

참깨

재배 기원

참깨(Sesamum indicum L)는 이집트와 인도 등 서아시아가 원산지로, 한국을 비롯한 동아시아와 북아메리카 · 아프리카에 널리 분포한 유지용 재배 작물 중 가장 오래된 작물이다. 고대 중국에서는 5,000년 전부터, 우리나라에서는 통일신라 이전부터 재배한 것으로 추정된다.

생리

참깨는 꿀풀과에 속한 한해살이풀로 씨앗으로 기름을 짜거나 씨앗 자체를 양념으로 이용하는 식물이다. 호마(胡麻), 지마(芝麻), 향마(香麻)라고도 부르고, 검은깨는 거승이라고 한다. 줄기는 곧추서고 네모지며 잎과 더불어 부드러운 털이 빽빽이 난다. 잎은 마주나거나 윗부분에서 때로 어긋나기도 한다. 잎자루는 긴 타원형이고 밑부분이 3개로 갈라지기도 하며, 잎자루 밑부분에는 노란색 작은 돌기가 있다. 꽃은 7~8월에 피며 흰색 바탕에 연한 자줏빛으로 윗부분의 잎겨드랑이에 달린다. 열매는 삭과(익으면 껍질이 말라 쪼개지면서 씨를 퍼뜨리는, 여러 개의 씨방으로 된 열매)로 원기둥 모양이고 끝이 뾰족하며, 익으면 끝에서부터 터져서 깨가 쏟아져 나온다. 네모 또는 여섯 모로 된 것은 방이 작고 씨가 작다. 여덟모는 방이 크고 씨가 많다.

약성

참깨를 삶아 먹으면 담석을 제거하고, 볶지 않은 흰 참깨는 성질이 차갑고 병을 다스린다. 볶은 것은 성질이 뜨겁고 병을 일으킨다. 찐 것은 몸을 보한다. 기름은 흰 참깨로 하지만 먹는 것은 검정 참깨가 우수하다. 참깨 기름은 많이 사용하지 않는 것이 좋다. 예부터 참깨죽은 지마죽이라 하여 병 회복기에 먹었다. 참깨를 볶아 먹으면 모발이 많아지고 머리털이 빛나며 백발을 예방한다. 참깻잎을 이용하여 머리를 감으면 풍이 사라지고 머리털과 피부에 윤기가 난다. 찔린 상처 부위에 참기름을 바르면 빨리 살이 오른다. 『해동농서』에서는 "검은깨를 구증구포한 후 빻아 꿀을 섞어 거위 알만 한 환을 만들어 하루 5개씩 100일을 먹으면 다시는 병이 없으며, 1년이 지나면 몸과 얼굴이 매끄럽고 기름져서 물이 묻지 않고, 2년을 먹으면 흰머리가 다시 검어지고, 3년을 복용하면 빠진 이가 다시 나며, 4년을 먹으면 물이나 불로 화를 입지 않으며, 5년이 되면 달리는 말을 따라잡을 수 있다."라고 하였다.

이용

참기름과 통깨 양념으로 쓰이며, 떡 · 엿 · 과자에 넣기도 한다. 참기름을 다른 기름과 섞어서 샐러드유를 만든다. 지방유가 들어있어 자양 강장 및 변비 치료에 좋고, 다른 생약과 배합하면 허약체질 · 병후회복용으로 유효하며, 염증에 외용되고, 해독제 · 완화제 · 연고 등으로 이용되기도 한다. 기름을 내고 남은 찌꺼기인 깻묵은 사료 · 비료로 이용한다. 일반적으로 흰깨는 기름이 많으므로 착유용으로, 검은깨는 보양식품이나 건강식품으로 분류하였다. 그래서 흰깨는 고함유 지방산이, 검은깨는 고단백 아미노산 개량이 육종 지침으로 되었다. 공업용으로는 선박기관의 냉각제, 등화유, 접착제로 이용하고 화장품 원료로도 쓰인다.

토종

조선 시대에 경기도 지역에서 가장 많이 재배된 대표적 토산물이다. 재래종 참깨는 색깔에 따라 흰깨 · 누런깨 · 검정깨로, 꼬투리 모양에 따라 팔모깨 · 육모깨 · 네모깨로 나뉘며, 익는 시기에 따라 올깨와 늦깨가 있다. 경상도에는 올깨를 끝깨라고도 부른다. 팔모깨는 가지를 잘 치지 않고 마디가 짧은 특징이 있지만, 간혹 6개의 가지를 치기도 한다. 『농사직설(農事直說)』에는 "오직 꼬투리가 여덟 모진 것이라야 기름이 많이 나온다."라고 하였다. 경기도 안산 사사동에서 재배한 사사팔모깨는 키가 크고 가지를 치지 않는다. 재배 기간에 따라서 40일깨, 50일깨, 60일깨가 있다. 40일깨는 숙기가 빠르고 키가 작으며, 60일깨는 숙기가 늦고 키가 크며 수확량이 많다. 완전히 익어도 벌어지지 않는 것을 벙어리깨라고 부르기도 하며, 늦게 열매가 달리는 것을 느리깨 · 느레참깨, 가지를 많이 치는 것을 가지깨라고도 한다.

재배

보통 4월 말에서 5월 초에 씨를 뿌린다. 플라스틱 작은 병뚜껑에 구멍 세 개를 뚫어 한 구덩이에 세 알씩 파종한다. 비닐을 사용하지 않을 때는 가능하면 모종을 내어 심으면 씨앗 손실이나 풀 관리 면에서 이롭다. 포트에 3알을 넣는다. 참깨와 팥을 섞어짓기도 한다. 참깨를 세 구멍에 심고 늦팥을 한 구멍에 심는다. 『농사직설(農事直說)』에는 "땅이 거칠고 백색의 토양이 더욱 좋다. 보리와 그루갈이면 거름재와 섞어서 비가 내린 후 땅이 습할 때 땅을 갈고 씨를 흩뿌린 다음 고무래로 흙덩이를 깨뜨려 복토하며, 김매기는 두 번 이상 하지 않는다."라고도 하였다. 밭을 간 다음에 이랑을 만들고 섞은 종자를 고루 뿌리도록 한다. 포기 사이는 넓게 하는 것이 좋다. 촘촘히 심으면 가지가 많이 나지 못하여 수확이 적으므로 솎아내기를 반드시 해야 한다. 성숙기 무렵에 여름 태풍이 오므로 참깨를 지탱해 줄 수 있는 작물로 섞어짓기를 하는 것이 좋다. 8월에 꼬투리가 벌어지기 전 줄기가 3분의 2 정도 익었을 때 이슬이 깨기 전 아침에 거두어 참깨대를 5~6다발로 묶어 서로 기대어 세워 놓고 꼬투리가 벌어지기를 기다린다. 흙바닥인 경우에는 바닥에 비닐이나 바닥 깔개를 이용하여 익으면서 씨앗이 터져 떨어져도 문제가 되지 않게 한다. 이후 꼬투리가 벌어지면 다발을 하나씩 거꾸로 세워 들고 작은 막대로 가볍게 두드려 탈곡한다. 1차로 턴 다발은 제자리에 세워 두고, 3일에 한 번씩 서너 차례 탈곡한다. 먹을 참깨는 씻어 물기를 뺀 다음 잘 말려서 쓴다.

채종과 보관

씨앗으로 쓸 것은 씻을 필요 없이 바람이 잘 통하는 그늘에 2~3일 널어 말렸다가 이듬해 쓴다. 상온에서 3~4년 묵혀도 싹이 잘 나온다.

기름 보관

참기름은 들기름보다 산패가 더디다. 옛날에는 참기름을 소금 독에 넣어 1년 이상 보관했다. 들기름은 산패율이 높아 적은 양을 기름으로 짜서 짧은 시간에 먹어야 한다. 산패율이 높은 기름은 몸에 좋지 않으니 주의해야 한다. 요즘은 냉장고에 넣고 보관해서 먹는다.

참깨꽃

벼

재배 기원

벼는 세계에서 옥수수와 밀에 이어 세 번째로 많은 생산량을 가지며, 전 세계 인구 절반이 벼를 주식으로 한다. 벼농사는 노동집약적이라 인구 밀집도가 높은 지역에서 재배하며, 강수량이 많은 지역 특히 아시아 몬순기후에 적합하나 벼는 가파른 산 중턱에서도 자랄 수 있을 만큼 토양을 가리지 않는 편이다. 재배종으로는 아시아종과 아프리카종 벼로 나뉜다.

벼 재배 기원과 원산지는 아직도 미정이다. 일반적으로 알려지긴 인도의 아샘 지방과 중국의 윈난성이 기원지로 6,000년~7,000년 전부터 재배했으며 한반도에서는 4~5000년경으로 추정했으나 충북 청원군 옥산면 소로리 유적에서 출토한 토탄층 속 볍씨가 1만5천 년 전의 것으로 알려져 오히려 벼의 재배가 일반적으로 알려진 것보다 훨씬 오래됨을 추정할 수 있다.

언어의 기원

벼는 인도의 가을에 익는 벼인 '브리히'라는 말이 만주 지방의 백미를 뜻하는 '베네'를 거쳐 우리나라에서 '벼'로 정착했다. 쌀이란 말은 인도에서 겨울에 익는 벼인 '사리'가 어원으로 불교의 영향을 받아 사리 또는 보살이 되고 'ㅂ' 자

다백조

대궐도

가 없어지며 쌀로 변하게 되었다. 경남 지방에는 '쌀'을 '살'로 발음하는 것이 비슷하다.

생리

한해살이풀인 벼의 키는 50-130센티. 한 이삭에 달리는 볍씨는 100-200개이다.

재래종 역사 및 도입종 현황

볍씨 선택은 벼 품종 중에 가장 좋은 것을 골라 심는 것이 벼농사의 기본으로 '볍씨 선택은 맏며느리 고르기와 같다'라는 속담이 있다. 1906년 권업모범장이 설립되어 1911년과 1931년 재래종 수집품종만 해도 1451품종이었다. 1912년에는 벼 재배면적이 97%가 재래 벼였지만, 1923년 일본 재래종이 도입돼 33%만이 토종 벼를 재배했으며 1928년에는 22%로 재배면적이 더욱 줄었다. 당시 일본 도입 재래종에는 조신력(早神力), 다마금(多摩錦), 관산(關山), 애국(愛國), 은방주(銀坊主), 곡량도(穀良都), 빗구리나 등이 있다. 국내 육성

불도

품종은 풍옥, 수성(水城), 팔굉(八紘), 팔달(八達), 풍광(豊光), 진흥(振興), 재건(再建), 팔금(八錦), 농백(農白), 낙동(洛東)벼, 관악(冠岳)벼, 진주(眞珠)벼, 설악(雪嶽)벼 등이 있다. 도입 육성종에는 후지사카〔藤坂〕 5호, 농림 6호, 시로가네〔白錦〕, 신 2호(新二號), 농림 25호, 농림 29호, 김마제〔金南風〕, 아키바레〔秋晴〕, 사도미노리, 레이메이〔黎明〕 등이 있다. 1970년 이후 통일형 신육성 품종이 많아졌는데 기존의 육성품종들은 혈통이 유사한 자포니카(Japonica) 간의 근연 교잡이라 품종개량이 일정한 수준에 도달하면 병충해 저항성이나 수량성을 더 이상 향상시키기 힘들어 인디카(Indica)의 우량 형질을 도입하는 원연 교잡 육종이 시작되었고 이로부터 많은 새로운 품종들이 육성되었다. 예를 들면 통일(統一), 조생통일(早生統一), 밀양(密陽) 21호, 밀양 23호, 유신(維新), 황금(黃金)벼(수원 251호), 금강(錦江)벼(수원 258호), 만석(萬石)벼(수원 264호), 노풍(魯豊), 내경(來敬), 밀양(密陽) 30호, 태백(太白)벼(수원 287호), 한강(漢江)찰벼, 서광(署光)벼(이리 342호), 백운(白雲)찰벼(이리 344호), 청청(靑靑)벼 등이 있다. 현재 토종 재래벼는 농진청 유전자원센터에 350여 품종이 보존돼 있다. 국립유전자원센터에서 발간한 《한국 재래벼 품종 특성집》에는 324종의 토종 벼 주요특성이 정리돼 있다.

보리벼

농가에서 심는 개량종

재배되는 벼 품종은 대부분 개량종으로 약 163종이다. 경기지역은 추청벼, 일품벼, 충청 지역은 동진, 주남벼, 호남 지역은 동진, 일미, 남평벼, 영남 지역은 동진, 주남벼가 많이 재배되고 있으며 토종 벼는 거의 재배되고 있지 않으며, 밭벼라고 불리는 산두를 재배하는 농가가 극소수가 남아 있다.

벼의 육도(밭벼)

벼의 육도와 수도의 뚜렷한 구분 기준은 없으나 오랜 세월에 걸쳐 진화를 거듭하여 생태나 형태 면에서 차이가 있다. 습윤한 밭에서는 수도를 재배해도 되지만 가뭄이 심한 경우에는 육도보다 못하다. 한국에서는 과거에 수리시설이 빈약하여 많은 육도 품종들이 전국적으로 재배되었으나 수리시설이 개선됨에 따라서 점차 그 재배면적이 줄어들어 현재는 1만 ha 미만이다. 과거에 재배되던 품종들은 많이 소멸하고 현재는 도입품종까지 합하여 700여 종이 보존되어 있다. 한국의 재래종 육도는 대부분 메벼이고 유망종으로 무망종은 드물다. 찰벼는 상대적으로 수가 적으며 찰벼 역시 무망종은 몇 품종에 지나지 않고 대부분 유망종인데 이와 같은 경향은 유망종이 무망종보다 불량환경에 견디는 힘이 강하고 상식(常食)하기에는 찰벼가 부적당하여 밭 상태에서는 품질이 불량한 데도 불구하고 메벼가 대종을

북흑조

이루게 된 것으로 생각된다. 이 종에는 육도(陸稻), 산도(山稻), 전첩(戰捷), 오백도(伍百稻), 육도농림나(陸稻農林稬) 1호 등이 있다.

품종 분류법

농사직설(1429) 벼 품종으로 올벼, 늦벼, 밭벼로 나뉘고 벼 품종은 많다. 금양잡록(1474) 27개의 벼 품종과 특성까지 소개되었는데 대부분 경기도 중심으로 조사된 것이다. 금양잡록에 소개한 것을 품종 유형별로 나누어 검토하면 다음과 같다.

숙기별로는 조, 중, 만생종 중 만생종이 압도적으로 많다. 이는 수량 위주로 품종 선발을 해왔던 탓이다. 점질성 별로는 메벼와 찰벼가 각각 23:4로 찰벼는 구렁찰, 쇠노찰, 다다기찰이 있고 밭찰벼로는 점산도뿐이다. 밭벼 2품종 가운데 보리산도는 밥 짓기가 부적당한 품종이었다. 까락 모양은 없고, 짧고, 길고, 길면서 구부러진 것으로 구분하였다. 이삭의 빛깔도 출수 초기와 성숙기로 나누어 백, 미백, 청, 적, 미적, 미흑 등으로 분류한다. 밥은 품질로는 부드럽다, 아주 부드럽다, 적당하다, 가장 적당하다, 좀 거세다, 아주 거세다, 부적당하다 7등급으로 나누었다. 쌀의 빛깔은 붉은 밭벼와 희고, 희며 광택이 있고, 약간 흰 몇 등급의 구분으로 상품 가치와 관련 있다. 벼의 껍질도 백, 미백, 심황으로 나누었다. 탈립성을 귀의 엷음 정도를 두고 표시했다. 재배 적지를 기름지고 습한 땅, 척박하지 않은 땅, 기름진 땅, 물 마르지 않은 땅, 아무 곳, 높고 건조하나 습하지 않은 땅, 척박한 땅, 노후답 등으로 나누었다.

재래종

벼를 도(찰벼 도, 메벼 도(稌))라고도 부른다. 찰기가 있는 벼를 나(稬)(찰벼 나), 찰기 없는 벼는 갱(秔)(메벼 갱)이라 한다. 또 어떤 품종은 선(秈)(메벼 선)이라고 하는데, 갱과 비교하여 작으며 더 찰기가 없다. 선은 매우 일찍 익는다. 그래서 선을 올벼(유두절인 6월 15일에 익는다 하여 유두 올벼라고 한다)이며 갱을 늦벼라고 부른다. 선갱, 나갱으로 구별한다. 조선 시대 재래종은 색깔에 따라 붙이기를 자서의 화부에 자색 줄기를 비라고 하고, 백색을 찬, 적색을 만, 홍색을 사, 까마귀 색을 릉, 청색을 혐, 백색을 예, 흑색을 부라고 한다. 즉 벼에 별종이 많고 색깔에 따라 이름을 달리한 것이다. 품종이 나날이 분화되고, 특이해지고 복잡해진다. 토질이 다르고 형색이 다르고 절후가 다르니 명칭이 다르다.

재래 쌀에는 조동지(趙同知), 노인조(老人租), 다다조(多多租), 정근도(精根稻), 구황도(救荒稻), 자치나(雌雉稬), 적나(赤稬), 금나(錦稬), 사람 키만 한 북흑조, 무릎 아래로 자라는 졸장벼, 쌀알 크기가 큰 원자벼, 일반 쌀 절반 크기인 흑갱, 다백조, 자치나, 검은색의 흑저도, 흑도 등이 있다. 재래종들은 자색

줄기면 '비'라고 하고, 백색 줄기는 '찬', 적색은 '만', 홍색을 '사', 까마귀 색을 '릉', 청색을 '혐', 백색을 '예', 흑색을 '부'라고도 한다. 반점이 있어 메추리찰벼, 정금찰벼는 흰벼처럼 색이 희고 각시찰벼는 쌀알이 매우 하얗고 올벼처럼 생겼다. 돼지찰벼는 까끄라기가 검은색이어서 까마귀찰벼라고도 부른다. 왜찰벼는 허리 부분이 길어 메추리찰벼와 비슷하다. 꾀꼬리찰벼는 황색이다. 구렁이찰벼는 얼룩 반점이 있다. 비단찰벼는 까끄라기가 붉은색이고 코끼리찰벼라고도 한다. 푸른물찰벼는 얼룩 반점이 있다. 올정금벼, 늦정금벼, 흰녹두벼, 옥녹두벼는 모두 흰 품종의 벼이다. 옥녹두는 까끄라기와 눈이 검다. 오대추벼, 대추벼, 중달대추벼, 거올대추벼, 홍도벼(붉은벼)는 모두 붉은 품종의 벼다. 오대추는 까끄라기가 없고 일찍 여물며, 대추는 까끄라기가 있고 줄기가 길며, 거올은 까끄라기가 매우 길고 적색이다. 홍도는 호상벼라고도 부르는데 조금 일찍 여문다. 등터지기벼는 껍질이 매우 얇고 희미하게 금이 가 있다. 지마벼는 올벼와 흡사하게 생겼으므로 조금 일찍 여문다. 강올벼는 금빛처럼 누른색이고 늦게 여문다. 밀까리벼는 황적색이고 쌀의 품질도 매우 좋다. 두충벼

알찬벼 (순천7)

아롱벼

는 적색이다. 천상벼는 색이 희고 까끄라기가 길며 이삭은 잘 끊어지지 않는다. 이상은 모두 늦벼며 여러 번 서리를 맞은 뒤에 벤다. 옥산벼, 거울산벼, 올산벼는 모두 마른 땅에 심는다. 자광벼, 노인도, 유도, 대관도, 녹두도, 흑도, 홍나, 안남조, 북흑조, 흑저도, 흑대구, 아롱벼, 천주도, 홍색도, 강배도, 구왕도, 구종도, 돈나, 용천, 이천메벼, 한양조, 해도, 청군벼, 다다조, 각씨나, 대골도, 유나, 황토조, 올벼, 깨벼, 긴까락사래벼, 졸장벼, 냉조, 은조, 백석조, 친다다기치기, 쇠머리지장, 가위찰, 쥐입파리벼, 오백조, 원자벼, 무산도, 조도, 자치나, 조동지, 불도, 사래벼, 다마금, 동산조, 덕적조, 흑갱, 대구도, 도아지, 모도, 노인다리, 구황도, 돼지찰 등이 있다. 육도는 밭에서 재배하는 것이며 수도는 논에서 재배하는 것인데, 어떤 품종이든 사실 밭이든 논이든 다 된다. 남부에서는 토질이 습하여 수도를 주로 하고, 북방에서는 지평이 비옥한지라 한도(육도)를 주로 한다. '저습지의 풀이 나는 곳은 망종(芒種)을 심는다'라고 하여, 망종은 벼나 보리를 파종하는 일을 말하는데 가뭄이 심하거나 물이 부족한 산간지역에서 밭에서 재배한다. 논에서 일반적으로 벼를 재배하지만 혹시 모를 가뭄에 대비해서 종자를 준비하기 위해 밭벼품종을 조금씩 재배하기도 한다. 재래종 밭벼는 대부분 메벼로 유망종이며 간혹 무망종 찰벼도 있다. 할머니들이 종자도 보존할 겸, 찰진 것을 섞어 먹을 겸 찰벼가 토종 수집을 하다 보면 조금씩 나온다.

적토미 (SD6402순천182)

족제비찰

한원식밭벼

찐쌀

찐쌀은 덜 여문 벼를 쪄서 말린 후에 찧은 쌀을 말한다. 찐쌀은 덜 여문 풋벼를 베어 바로 찐 후에 이를 말려서 찧어낸 것으로 고대 인도에서부터 유래되었다. 이 지역은 장립종의 쌀을 주식으로 하는데 원시적인 도정 과정에서 싸라기가 많이 생겨 쌀알이 잘 부스러지기 때문에 쌀을 먼저 찐 후에 말려서 찧는 과정을 거치는 방법을 이용하게 되었다. 찐쌀은 전에는 쌀이 부족할 경우 덜 여문 벼를 베어서 도정하여 양식으로 이용하는 방법이었으나 요즘에는 별미식 또는 유통과정에서 보존 효과가 높다는 점 때문에 많이 생산되고 있다. 찐쌀은 고온다습한 기후에서도 곰팡이나 해충에 의한 피해가 적고 쌀 맛의 변질도 적으며 벼의 껍질이 잘 벗겨지기 때문에 현미로도 만들기 쉽다. 또한 비타민 B군과 미량 영양소를 많이 보유하고 있어 영양적으로도 우수하며 밥을 지었을 때 밥알이 제 모양을 유지하고 있다.

멥쌀의 약성

멥쌀은 상식하는 쌀로 희고 붉고 작다. 멥쌀은 달면서 약간 쓰고 맛이 평하며 독이 없다. 북쪽의 메벼는 시원하고 남쪽의 메벼는 따뜻하다. 붉은 메벼는 열이 있고, 흰 메벼는 시원하다. 늦은 흰 메벼는 차갑고, 햅 메벼는 열이 있고, 묵은 메벼는 시원하다. 모든 사람들이 햅쌀을 즐겨 먹는데 햅쌀보다 묵은 것이 기를 내리며 병자에 좋다. 항상 마른 쌀밥을 먹으면 속이 열 하고 입술을 마르게 한다.

쌀을 도정하는 것은 백미, 현미로 정백한 것이다. 현미는 회복기에 뭉근한 불로 중탕을 만들어 먹으면 회복이 빠르다. 현미죽물로 몸이 가려운 곳에 바르면 효과가 있어 소양증을 치료한다. 멥쌀은 기를 늘리고 설사를 그친다. 속을 덥게 하고 위장을 편안하게 하여 살찌게 한다. 목이 쉬었을 때 멥쌀을 날것으로 씹어 먹는다. 익히지 않은 멥쌀은 차갑고, 익힌 것은 뜨거운 성질이 있다. 멥쌀을 날로 먹으면 비장에는 도움이 되지 않으므로 일상적으로는 푹 익혀 먹는다. 멥쌀죽은 심장병을 다스리고 혈맥을 통하게 한다. 가슴과 명치가 아픈 심통 증상, 가슴앓이, 갈증을 치료한다. 가슴이 쑤시고 아픈데 묵은 멥쌀을 태워 재를 만들어 꿀에 타서 하루에 몇 차례 먹으면 통증이 낫는다. 위경련과 열이 있는 소갈증은 청량미(생동쌀)로 밥을 지어 먹는다. 청량미를 삶은 물을 마셔도 좋다. 생동쌀이나 쌀죽은 위경련과 열이 있는 소갈증과 열독으로 인한 설사를 멈추게 하고 소변을 잘 나게 하고 기력을 북돋아 주며 속을 보하고 몸을 가볍게 한다. 설사를 그치게 하려면 멥쌀로 밥이나 죽을 끓인다. 물 설사를 금방 낫게 하려면 말린 생강 분말을 미음에 넣어 공복에 마신다. 부스럼에 3~5차례 멥쌀을 씹어 붙이면 낫는다. 어린아이 몸에 부스럼이 날 때 우엉 뿌리 즙과 멥쌀 죽을 끓여 먹인다. 약을 과용하여 정신이 혼미할 때 쌀뜨물을 마신다. 코피가 흐를 때 쌀뜨물에 참기름이나 무즙을 조금 떨어뜨려 마신다. 독(毒)에는 볏짚을 태워 잿물을 받아 한 사발 마시면 독이 아래로 내려간다. 음경 속이 아프면서 소변에 모래나 잔돌 같은 것이 섞여 나오는 병증에 호두 속살을 갈고 넣은 쌀죽을 만들어 먹는다.

대개 메벼는 까라기가 있고, 찰벼는 까라기가 없는 것이 보통이지만 까라기가 있는 품종도 있다. 찹쌀은 겉모양이 흰빛이고 부드러워 보이며, 쌀알 배젖이 하얗다. 찹쌀은 기미가 쓰고 독이 없고 맛이 달다. 찹쌀은 성질이 따뜻하여 술을 빚으면 뜨겁고, 끓여서 엿을 만들면 더욱 뜨겁다. 술지게미는 따뜻하며 평하다. 찰벼는 예로부터 젖이 안 나올 때 먹으면 젖이 잘 나오고 설사가 심할 때 찹쌀죽을 쑤어 먹거나 찹쌀밥을 먹으면 속을 열 하게 하여 대변을 굳혀 준다. 위궤양 환자가 찹쌀밥을 계속 먹으면 병이 낫는다. 찹쌀은 비장과 폐가 허한 사람이 먹어 폐를 따뜻하게 하고 비장을 덥게 하므로 마른 사람이 먹으면 살이 찌고, 잠을 잘 오게 한다. 하지만 찹쌀을 오래 많이 먹으면 몸을 연하게 하고 근육을 무르게 하므로 주의한다. 노인이 소변이 잦으면 인절미나 떡을 만들어 먹는다. 갑자기 귀가 들리지 않으면 찹쌀에 곶감을 넣고 쪄서 떡을 만들어 두고 오래 먹는다.

볍씨의 부산물로 미강이 있는데 미강에는 왕겨와 분겨가 있다. 왕겨는 벼의 겉껍질이고, 쌀의 껍질을 벗긴 분겨는 미강이라고도 부른다. 분겨(미강)를 볶아 두고 먹는데 볶은 미강을 상온에 오래 두면 쉽게 상한다. 미강을 넣은 된장국을 먹으면 각기병이 예방된다. 왕겨는 동상에 특효가 있는데 왕겨를 삶아 뜨겁게 하여 상처에 심하게 자주 1회 30분쯤 계속하여 문지른다.

잡곡을 주식으로 하는 주산지가 평균수명이 월등히 높다. 백미 편식은 인간을 단명하게 하고 결핵에 걸리기 쉽게 한다고 일본 구마다시 박사 연구결과에 나왔다. 하지만 소식은 장수한다.

재배 방법

15세기에 제시한 전통적인 기술을 살펴보면 다음과 같다. 제민요술에는 땅갈이를 봄여름 갈이로 나누고 가을갈이는 깊게 봄여름 갈이는 얕게 갈며, 첫 갈이는 깊게, 두 번 갈이는 얇게 갈았다. 농사직설에는 땅 갈이는 천천히 해야 흙이 부드러워지고, 봄갈이는 수시로 하나 가을갈이는 흙빛이 희게 마르기를 기다리라고 하였다.

농사직설에는 물갈이는 물을 끌어들이고 아래로 물을 뺄 수 있는 논이 최상이고 물이 흐르지 않고 괴어 있는 논은 다음이지만 비가 장기간 내리면 물이 탁하여 모가 썩으며 비가 내려야 파종되는 곳은 가장 좋지 않은 논이다. 금년에 객토를 하면 명년에는 거름이나 잡초를 서로 교호할 수 있다. 논흙은 진 땅이거나 해식은 땅이다. 수온이 낮은 곳이면 모름지기 새 흙이나 떼 흙을 넣고 메마른 땅이면 외양간 거름이나 갈잎을 넣는다.

마른 씨앗 뿌리기

농사직설에는 볍씨를 물에 담가 3일이 지난 후 건져내 물에 젖은 볍씨를 거적이나 공석에 담아 따뜻한 곳에 두고 자주 살펴보아 속이 뜨지 않게 하여 싹눈이 나오면 심기를 한다. 논은 흙이 부드럽고 기름지며 습기가 없이 흙먼지가 일어나는 시기를 기다려 밭갈이를 한다. 밭갈이를 한 논에 이랑과 골 사이가 일정한 간격으로 만들어 씨앗을 뿌리는 방법은 줄뿌림으로 볍씨를 고루 뿌리고 고무래로 씨를 덮은 후 물을 댄다. 줄뿌림을 해야 풀 메기가 좋다. 싹틔우기를 거른 채 마른 씨앗으로 직파한 후 물을 넣어 자라는 어린싹은 냉해를 받지 않도록 한다.

모판 만들고 옮겨심기(모내기)

모내기 농사법은 즉 이앙법은 5~6세기 고대 중국의 제민요술에 수록되어 있다. 고려 시대에는 수차를 이용하여 가뭄에 대비할 수 있도록 했다. 모내기법은 이용 기간을 단축하고 돌려짓기로 보리나 밀로 이모작을 할 수 있는 장점이 있다. 적은 면적과 물의 양만으로 못자리 기간을 유지 조절하면서 물을 얕게 대어 모내기를 한다. 한 포기의 모는 3~4본 또는 4~5개를 넘지 않도록 한다. 뿌리가 흙에 활착되기에 앞서 물을 대면 뿌리가 깊어지지 않는다. 제초에는 편하지만 만일 크게 가물면 자칫 농가로서는 위험하다.

6월에 김을 맨다. 벼가 기운차게 자랄 때는 물을 빼 말리고 잡초를 발로 밟아 진흙 속에 묻어 버린다. 전통적인 권고 사항은 똥재와 깻묵을 서로 섞어서 논에 뿌려 4~5일 동안 말리며 흙이 말라서 갈라질 즈음에 물을 얕게 대어 벼를 적셔 준다. 6월에 한 차례, 7월에 한 차례 한다. 벼농사는 논배미를 크게 하지 말아야 한다. 논배미가 크면 물의 양을 알맞게 조절하기 어렵다.

수확 시기에 비 오는 날이 많으면 논과 벼가 모두 젖어서 마당으로 볏단을 옮길 수 없으면, 나무통을 논으로 가져다가 볏단을 쳐서 낟알을 턴다. 날씨가 맑게 개어서 벼가 마르면 돌 판을 쓰는 것이 매우 편리하다. 볏단을 손으로 움켜쥐고 내리쳐서 낟알을 터는 데 모탕으로는 나무통이나 돌판을 쓴다. 벼쭉정이를 제거할 때 풍구(농사 연장)를 사용하거나 키로 까불거나 체에 붓고 흔든다. 겉껍질이 벗겨지지 않은 곡식이 체의 바닥에 드러나면, 다시 토매(나무 맷돌)에 넣고 찧는다. 돌 맷돌에 하게 되면 낟알이 손상을 받을 염려가 있다.

채종과 보관

종자로 쓸 벼는 수확하기 전에 잘 익고 낟알이 좋은 교잡되지 않는 벼를 골라 베어서 걸어 두고 말린다. 올벼 품종은 가을에 처음 수확하여 저장할 때에, 한낮에 햇볕에 말리면 강렬한 태양의 불기운이 종자 안에 들어가서 더운 기운을 머금고 끈끈한 채로 저장되기에 급하게 곡간에 넣지 않는다. 일반적으로 늦가을에 수확을 한 뒤 볕이 잘 드는 곳에서 3~4일을 말려 발로 비벼서 껍질이 잘 까지면 그때 거두어 곡간에 둔다. 특히 종자로 쓸 곡식은 가을 늦게 서늘해지면 곡간에 넣는다. 혹여 좋은 모종을 내려면 동지 후 81일 안에 설수(雪水)와 얼음물을 항아리에 거두어 저장했다가(봄이 되어서 저장하면 효과가 없다) 청명에 종자를 적실 때 몇 사발씩을 끼얹어 뿌리고 그 자리에서 더운 기운을 풀어버리고서 동남풍의 따뜻한 기운에 맡기면 어느 모종보다 빼어나다. 나락 보관 창고는 바람이 통하는 창문의 성긴 격자는 참새를 끌어들인다. 벽돌이 빠지고 벽에 바른 흙이 벗겨지면 쥐가 들어온다, 먼지와 더러운 것이 뒤섞이면 좀이 생기므로 틈새를 꼼꼼히 살펴야 한다. 땅광이나 곡간에 곡식을 저장할 때는 타작하고 남은 콩깍지를 바닥에 두껍게 깔면 습기와 쥐를 막을 수 있다. 참깨 줄기를 쌀 곡간 안에 거두어 두면 좀이 쓸지 않는다. 쌀 곡간의 바닥에 나무판자와 지게미와 겨를 많이 깔면 축축하게 스며드는 습기 때문에 썩어 망가지지 않는다. 번거롭지만 벼의 알곡은 누런 측백나무즙에 담갔다가 수증기로 찌면 수백 년이 지나도 마치 새것과 같다. 벼를 찧으려면, 반드시 겨울철에 여러 날 말리고 하룻밤 서리와 이슬을 맞게 했다가 찧어야 한다. 만약 겨울에 찧을 때 말리지 않으면 낟알이 푸르고 붉은 무늬가 생긴다. 서리를 맞히지 않고 햇볕에 말리지 않으면 낟알이 부서진다. 겨울 섣달 4~9일에 낟알을 갈아서 저장하면 오래되어도 변하지 않는다.

피마자

재배 기원

피마자는 이집트의 고대 유적에서 씨앗이 출토되었는데, 인도와 북아프리카가 원산지로 알려져 있다. 그리스 시대에 연료와 향료로 사용하였다. 조선 시대 『향약집성방』에 피마자를 약용한 사례가 나온다.

생리와 이용

피마자는 대극과에 속한 여러해살이풀로, 아주까리라고도 부른다. 피마자의 학명 리키누스(Ricinus)는 라틴어로 진드기를 뜻하는데, 이름처럼 열매가 진드기와 비슷한 모양이다.

온대 지방에서는 한해살이풀로 2~3m로 자라는데, 열대 지방에서는 여러해살이 교목으로 13m까지 자란다. 줄기는 납질로 덮여 있고 속은 비어 있다. 줄기에는 20개 내외의 마디가 있고, 각 마디에는 긴 잎자루가 있는 잎이 어긋난다. 여름에는 잎을 따서 데쳐서 나물로 먹는다.

대보름에 묵나물로 만든 아주까리잎을 먹는다. 가을에는 열매를 딴다. 씨앗은 타원형으로 밋밋하며 짙은 갈색 점이 있어 마치 새알 모양이다. 겨울에는 뿌리를 캐서 햇볕에 말려 약용으로 쓴다.

피마자유

씨앗에 34~58%의 기름이 들어있으며, 열에 대한 변화가 적고 응고점이 낮다. 피마자유는 설사약 · 포마드 · 도장밥 · 공업용 윤활유로 쓰고, 페인트 · 니스를 만들거나 인조가죽과 프린트 잉크 제조, 약용으로도 쓴다. 예전에는 들기름, 참기름 대용으로도 썼다. 양초를 구할 수 없던 과거에는 호롱불 기름으로 썼다. 이상화 시인의 '빼앗긴 들에도 봄은 오는가'에 "아주까리기름 바른 이가 매던…"이라고 나오듯, 예부터 머릿기름으로 자주 쓰였다. 생기름을 마시면 강력한 설사를 일으킨다는 점을 이용해 독성물질을 마셨을 경우 이를 빨리 배출하기 위해 피마자유를 먹였다.

피마자유는 높은 온도에서도 잘 분해되지 않고, 낮은 온도에서도 굳지 않고 점도를 유지해서 우수한 공업용 윤활유로 널리 쓰이고 있다. 공기 중에 오래 두어도 굳어서 마르거나 산화되지 않아 화장품이나 산화 방지제, 식품보존제 등 다양한 공업적 용도로 이용되고 있다. 현재 전 세계적으로 매년 30~40만 톤의 피마자유가 공업적으로 사용되는 등 대표적인 공업유지 중 하나이다. 재배 가능 지역도 넓고 재배도 쉽다.

윤활유나 바이오디젤 등 석유 대체재로 경제성도 높아서 북미 등에서 재배를 장려하려는 움직임도 있다.

피마자 씨앗의 독성

아주까리 생 열매에는 리신이라는 독성 단백질이 있다. 리신은 독성이 매우 강해 씨앗 4~8알 정도면 성인 치사량이다. 먹고 몇 시간에서 사흘 안에 증상이 나타나는데 제대로 치료하면 완전히 회복할 수 있지만, 치료하지 않으면 3~5일 내에 사망에 이를 수 있다. 하지만 문제의 리신은 피마자유에는 들어있지 않다. 기름을 추출할 때 피마자를 가열하는데 이 과정에서 리신이 파괴되기 때문이다. 하지만 가정에서 손으로 짜서 피마자유를 만들 경우, 피마자를 고르게 가열하지 않으면 기름에 리신이 섞일 수 있으니 주의해야 한다.

토종

전국적으로 심은 유류 식물로 마당 끝이나 화단 뒤쪽, 대문 앞 자투리 땅에 심었다. 농가에서 흔히 볼 수 있는 것은 대부분 토종이다. 수집종으로는 청도수집종, 보성수집종, 예천수집종 등 전국 다양한 지방에서 수집해오고 있다.

재배

4월 하순에서 5월 중순까지 심는다. 키가 크고 습하거나 건조한 곳을 가리지 않고 잘 자라는데, 특히 습한 곳에서 더욱 잘 자란다. 여름이 끝나갈 무렵 8~9

청피마자 (SD6444순천224)

월에 꽃이 핀다. 10월경에 열매가 익는데 익는 대로 수확한다. 겨울이 되도록 열매는 떨어지지 않기에 수시로 수확하면 된다.

채종과 보관

아주까리 씨앗은 상온에서 5년이 돼도 싹을 틔운다. 종자 껍질이 두껍기 때문이다. 보관은 바람이 잘 통하는 곳에 두면 된다. 종자를 둘러싼 딱딱한 껍질째 오랫동안 보관하면 습기를 빨아들여 곰팡이가 슬 수도 있다. 물론 곰팡이가 슬어도 피해는 극히 드물다.

피마자 열매

목화

재배 기원

목화(Gossypium indicum LAM)는 인도에서 기원전 3000년경부터 재배하였고, 유럽에서는 기원전 2500년경에 재배를 시작하였다. 우리나라에서 목화는 백제 시대부터 재배하였다. 충청남도 부여군 능산리 6세기 백제 시대 절터에서 면직물이 발견되면서 목화 재배는 이 시기로 거슬러 올라간다. 또한 삼국사기(三國史記)에 따르면 통일신라 시대 때 공물로 면직물을 당나라에 보냈다는 기록이 전해진다. 이후 고려 시대에 문익점(文益漸, 1329~1398)이 1363년 원나라에 사신으로 갔을 때 목화의 실용성을 깨닫고 목화씨를 들여와 목화 재배에 대중화를 꾀했다. 원나라에서 귀국할 때 문익점은 자신의 시종인 김룡(金龍)과 함께 목화밭을 지키던 노파의 제지를 무릅쓰고 몰래 원나라의 어느 목화밭에 들어가 목화 몇 송이를 따서 그 종자를 붓대 속에 넣어 와서 장인 정천익(鄭天益)에게 나누어 주고 함께 시험 재배를 하였다. 문익점이 가져온 품종은 아시아 면이었다. 문익점은 가족들과 함께 목화를 키워 솜으로 실을 뽑아냈다. 고려 시대에 들어온 목화는 조선 시대에 획기적인 의류 작물이 되었다. 조선의 영조가 왕비를 뽑는 시험을 하였는데 세상에서 가장 아름다운 꽃이 무엇이냐는 질문에 모두 장미나 모란 같은 꽃을 언급할 때 정순왕후 김 씨는 백성을 따뜻하게 하는 목화꽃이 가장 아름답다고 대답해서 왕비로 채택되었다는 이야기가 있다.

생리

아욱목 아욱과에 딸린 한해살이 또는 여러해살이풀로 섬유를 만드는 줄기가 나무처럼 딱딱하게 자라는 목본성 식물이다. 높이는 60~150cm, 꽃은 흰색 또는 노란색이고, 무궁화나 접시꽃 모양이랑 비슷하다. 꽃은 아침에 흰색으로 피었다가 저녁에 시들어 홍색으로 변한다. 열매는 녹색의 달걀 모양으로 덜 익은 열매는 먹을 수 있다. 목화 열매는 익으면 속이 3~5개로 갈라 터지며, 수십 개의 씨앗이 나온다. 씨앗의 표피는 순백색 털로 덮여 있다. 순백색의 털이 바로 목화 실을 만드는 원료다.

이용

9월 이후 꽃이 지고 나면 녹색 달걀 모양인 다래만 한 열매가 열리는데, 달큼한 맛이 다래와 비슷하여 '목화 다래' 또는 '실 다래'라고 한다. 다만 특유의 섬유질이 입속에 많이 남기 때문에 식감은 좋지 않은 편이지만, 1950~1970년대 가공 과자들이 없던 시절에는 이것으로 군것질을 하곤 했다. 당시만 해도 시골에서 목화를 키우는 건 다반사였다. 목화 열매는 익으면 속이 3~5개로 갈라지고, 수십 개의 씨앗이 나온다. 씨앗의 표피 세포가 순백색 털로 발달하는데, 이것을 솜으로 이용하거나 실로 뽑아 옷감을 짠다. 한편 씨앗으로 기름을 짜기도 하는데, 이것을 면실유라고 하며 식용이나 비누, 페인트, 등유 등 공업용으로 쓰기도 한다. 목화의 뿌리는 염색 원료나 약용으로 사용했다. 요즘 귀촌 귀농하는 사람들이 구들방을 지어 산다면 화학솜보다 목화솜 이불이 필요하다. 왜냐하면 웃풍 때문에 두껍고 약간 무겁게 덮어 주는 느낌이 좋기 때문이다.

토종

목화는 종류에 따라 육지면, 해도면, 아시아면, 인도면 등으로 구분된다. 육지면은 1900년 이후에 도입되어 재배되기 시작하였다. 아시아 면의 토종으로는 수원, 영덕, 청송재래, 엄근재래, 만주재래 등이 있다. 엄근재래는 경기도 이북과 평안도에서 재배되었다. 줄기가 가늘고 잎 가장자리가 깊이 파여 들어가 있다. 조숙성이며 아래쪽으로 꽃이 피고 꽃의 중심에는 붉은 꽃눈이 있다. 섬유장이 짧고 굵어서 탈지면이나 이불솜으로 매우 좋다. 육지면은 주로 경기도 이남 지방에서 재배하였다. 육지면으로는 서산 독동, 승주, 순천, 서산 봉남, 의성, 진도, 제주 등이 있다. 숙기가 다소 늦고 섬유장이 긴 편이어서 면사용으로 이용하였다. 한국에서 개량한 품종으로는 수원 1호, 목포 3호, 목포 4호, 목포 5호, 목포 6호 등이 있다.

목화 사용의 역사와 현황

목화가 대중화되어 기존의 삼베옷보다 백성을 따뜻하게 해 준 건 사실이지만, 목화로 만드는 무명천은 비쌌고, 조선 시대는 무명천으로 화폐를 대신하는 경우가 많았다. 삼베옷과 무명옷은 보온 효과가 있어 백성들에게 널리 보급된 것으로 보인다. 평민들이 여러 벌 가지는 수준이 아닌 겨울나기 옷으로 한두 벌 수준이었지만 말이다. 하지만 화학솜 및 수입 목화와의 경쟁에 밀려 오늘날 국산 목화는 산업용 수준으로는 거의 생산되지 않는다. 국내 목화 농업은 조선 시대에 일본으로 수출까지 했을 정도로 기반이 있었고, 개화기에 수입 목화가 들어왔지만 일제강점기까지는 계속 성장해 나갔다. 그러나 한국전쟁으로 섬유 공업이 가장 발달해 있던 수도권이 초토화되고, 미국의 원조로 미국산 원면이 대량으로 들어오면서 사실상 목화 농업은 끝났다. 요즘에는 인도산 원면이 들어오고 있다. 세계적으로 중요한 농작물 중 하나인 목화는 생산량이 많고 경제적인 직물로서 몬산토에서 개발한 GMO 목화가 인도에서 대량 생산되고 있다.

현재 목화 재배가 완전히 사라지지는 않았다. 유기농 목화솜을 찾는 수요 때문에 매우 극소량으로 목화를 재배하는 농가들이 남아 있다. 혹시라도 집에 옛날 어머님이 혼수품으로 가져오신 진짜 국산 목화솜 이불 같은 게 있다면, 다시 구하기 힘든 물건이니 간수를 잘해야 한다. 목화솜은 오래되면 뭉치기 때문에, 1980년대만 해도 동네마다 이것을 얇게 떠서 풀어주는 솜틀집이 있었는데 여기서 솜을 조금씩 빼돌리는 게 뉴스에 나오던 시절이었다. 요즘에는 재래시장에 한두 곳 남아 있는 이불 집에서 솜을 틀어 이불을 만든다. 목화는 꽃이 예뻐서 경관용으로 지자체나 학교 텃밭 수업에 활용되곤 하는데 농촌진흥청에서 GMO 목화를 광범위하게 공급한 사례가 있어 경각심이 요구된다.

재배

파종 시기는 4월이다. 솜털을 뺀 목화 씨앗은 딱딱해서 발아 기간이 꽤 걸린다. 물에 1~2일 동안 담갔다가 파종하면 발아 시기를 앞당길 수 있다. 또 목화는 충분한 거름이 필요하므로 오줌에 1~2일 담갔다가 파종하는 것도 성장하는 데 도움을 준다. 『농사직설』에는 목화씨를 파종하기 전에 쇠똥에 비벼 목화씨의 흰털이 보이지 않도록 한 다음 오줌재를 많이 묻히고 마른 재에 굴려 크기가 개암만 하게 해서 파종한다고 기록되어 있다. 밭의 형태는 평두둑으로 하고 30~40㎝ 간격으로 파종한다. 도시에서는 화분에 심어 길러도 좋다. 다카하시 노보루의 『조선반도의 농법과 농민』에는 "평안도 지역에서는 목화 종자 1말 2되에 참깨 한 줌을 섞어 뿌린다."라는 섞어짓기 기록이 있다. 꽃은 아침에 흰색

목화꽃

익은 열매에서 솜털이 터진 모습

으로 피었다가 저녁에 시들어 홍색으로 변한다. 9월 이후 꽃이 지고 나면 다래만 한 열매가 익어 간다. 열매가 완전히 익으면 3~4갈래로 터지면서 수십 개의 씨앗이 나오며 씨앗의 표피는 순백색 솜털로 덮여 있다. 이것이 바로 목화 실을 만드는 원료이다. 이렇게 삐져나온 솜털을 딴다. 목화는 10월부터 매일 터져 나오는 것을 수확한다.

채종과 보관

10월부터 열매가 완전히 익으면 3~4갈래로 터지면서 솜털이 쑥 삐져나오는 것을 매일 딴다. 수확한 것을 모아 솜털을 벗겨내고 씨앗을 얻는다. 솜털은 여러 용도로 사용하고, 씨앗을 모아 둔다. 씨앗의 겉껍질이 두껍기 때문에 상온에서 5년 이상 있어도 발아가 잘 돼 냉장고에 보관할 필요가 없다.

여주

재배 기원

열대 아시아가 원산지이며 베트남을 비롯한 동남아시아에서는 중요한 식재로 이용하는 식물이다.

명칭

여주를 전라남도에서는 여자라고도 부른다.

생리

여주는 박과에 속한 한해살이 덩굴식물이다. 우리나라에서는 주로 남부 지방에서 재배되고 있다. 줄기는 가늘고 길며 덩굴손으로 감아 오르고, 잎은 손바닥 모양이다. 여주는 잎이 머루처럼 손바닥 모양이다. 6~8월에 노란 꽃이 피고, 열매는 타원형으로 양 끝이 뾰족하고 돌기가 많다. 열매 크기는 달걀보다 약간 크고, 색깔은 처음에 녹색으로 익다가 황색으로 변한다. 황색이 된 것을 그냥 두면 열매가 터지면서 속에 붉은 과육이 나오고 그 안에 씨앗이 있다.

이용

여주 씨는 붉은 과육으로 둘러싸여 있고 과육은 달고 맛있다. 여주 씨가 들어앉기 전 어린 여주는 껍질이 녹색일 때 약용한다. 맛은 쓰다. 그래서 고과(苦瓜)라고도 한다. 쓴맛이 혈당 강하 작용을 해 당뇨병 약으로 쓰인다. 오래전부터 약재이자 요리 재료로 쓰였으며 관상식물로도 이용한다. 여주는 기미가 쓰고 차며 독이 없다. 열을 내리고 심장을 맑게 해주고 눈을 밝게 해준다. 씨는 독이 없다. 기를 늘리고 양기를 보충한다. 꽃은 가루로 만들어 염증과 위통에 끓는 물에 섞어 먹는다. 여주 잎을 햇볕에 말려 가루로 만들어 모든 화독, 종기에 붙이거나 술에 타서 먹는다. 중국이나 일본에서는 여주를 음식으로 볶아 먹는다. 여주 달걀 볶음은 일본에서는 '고야'라고 해서 자주 해 먹는 음식으로 유명하다. 우리나라에서는 여주 장아찌를 담가서 먹는다.

토종

모양이 짧고 통통하며 방추형이 많다. 동남아시아에서 들여온 것들은 대부분 길고 크다.

재배

4월 중순에 모종을 내거나 5월에 씨앗을 밭에 직접 심는다. 7~8월에 노란 꽃이 핀다. 8~9월에 열매가 청색일 때 주로 식재로 이용하거나 약으로 이용한다. 열매가 노랗게 익어 터져 버리면 붉은 과육으로 덮인 씨앗을 담아 과육은 먹고 씨앗은 그늘에 말린다.

채종과 보관

노란 열매가 되어 터지면 붉은 과육을 먹고 씨앗은 물에 씻어 그늘에 말린 뒤 보관한다. 씨앗은 딱딱하여 상온에서 5년 이상 오래 보관할 수 있다.

여주꽃 (SD4817화성181)

여주열매 (SD4817화성181)

칼콩(작두콩)

재배 기원

열대 아시아, 인도가 원산지로 한국에는 17세기에 들어왔다.

생리

콩과의 한해살이풀로 꼬투리 모양이 긴 칼, 작두를 닮았다고 해서 칼콩, 작두콩이라 부른다. 꼬투리 길이가 4~5cm가량 된다. 7~8월 연녹색의 꼬투리는 9월이 지나면서 두껍고 딱딱해지면서 꼬투리 안에 콩알이 커지고 익어 간다.

약성과 이용

기미가 달고 평하며 독이 없다. 장을 이롭게 하고 신을 도와 원기를 돕는다. 특히 흰콩이 화농성 질병에 좋은 것으로 알려졌다. 축농증, 치질, 종기, 편도선염에 약으로 사용하며, 기침, 천식 등 폐기 보완에도 좋다. 신장 기능이 약한 사람은 칼콩으로 만든 된장과 간장을 상식해도 좋다. 8월 즈음 풋콩을 갈아 먹거나 꼬투리를 얇게 썰어 볶은 반찬으로 이용하거나, 프라이팬에 볶아 말려 구수한 차로도 이용한다.

재배

예전에는 약용과 식용으로 많이 심었다. 4~5월에 파종한다. 키가 1m 이상 자라고 열매가 무거워서 튼튼한 지지대를 세워야 한다. 7월에 자주색 꽃이 피고 10월에 수확한다.

채종과 보관

9~10월에 연녹색의 꼬투리가 두꺼워지며 꼬투리 안에 콩이 여물어간다. 상강이 지나기 전에 딱딱해진 꼬투리를 따서 꼬투리째 말린다. 꼬투리가 딱딱해지고 갈색을 띨 때, 꼬투리를 가르면 그 안에 타원형의 콩이 나온다. 타원형의 콩을 바람이 잘 통하는 그늘에서 3~5일 더 말린 후 종자 통에 보관한다. 상온에서 3~4년 보관할 수 있다.

칼콩(작두콩)

동부

재배 기원

인류가 재배한 작물 가운데 가장 오래된 작물 중 하나로 진주조, 수수와 더불어 기원전 3000년경 나이지리아 중심의 서부 아프리카와 야생종이 발견된 동남부 아프리카가 원산지로 추정한다. 13~14세기 중국으로부터 전래되어 다양한 모양으로 전국 농가에서 재배되고 있다.

약성과 이용

햇동부를 넣은 햅쌀밥은 동부 맛을 제대로 느낄 수 있도록 한다. 잘 말린 동부를 떡고물로도 이용한다. 『본초강목』에는 동부가 "위장을 튼튼히 하고 오장을 고르게 하며 혈액순환을 촉진하고 신장을 보한다."라고 기록되어 있다.

토종

동부를 재배하는 농부는 양보다 맛의 선호도가 높아 재래종이 잘 발달해 있다. 5월과 7월에 각각 파종해 수확할 수 있는 두벌동부가 있다. 모양에 따라 굼벵이 동부, 기생동부, 각시동부, 어금니동부 등이 있고 껍질 색깔에 따라 백색동부, 검은 동부, 검정눈백이, 흰 양대, 붉은 양대, 개파리동부 등이 있다. 양대라는 이름은 경북 지방에서 강낭콩의 사투리로 쓰인다.

갓끈동부

갓끈 모양의 긴 꼬투리라는 뜻으로 한자로는 장강두(長豇豆)라고 쓴다. 꼬투리 길이가 30~40cm가 넘는데, 꼬투리가 마르기 전에 꼬투리를 따서 꼬투리째 반찬으로 하고, 꼬투리가 익어 마르면 꼬투리 안의 콩을 까서 밥이나 떡고물로 이용한다. 갓끈동부는 우리나라에 1800년경에 도입되었는데 동남아시아, 중국 남부에도 갓끈동부가 있다. 갓끈동부는 연두색의 갓끈동부와 자주색과 미황색이 섞인 알록달록한 갓끈동부가 있다. 전남 순천의 갓끈동부 재배자인 조동영 씨가 어릴 때 먹었던 갓끈동부를 기억해 찾아 나섰다가 곡성에서 씨앗을 수집하여 재배하면서 널리 알려졌다.

돌동부와 검정동부

야생 동부인 돌동부는 논둑, 밭둑에서 자란다. 개동부라고도 부른다. 검은 바탕에 배꼽이 흰색으로 작은 검정팥처럼 생겼다. 작물종 검정동부는 전라도에서는 검정돈부라고 부르며 딱딱하고 알이 작은 돌동부에 비해 알이 크고 꼬투리가 길다.

어금니동부, 광쟁이 동부, 붉은 동부(빨강동부)

어금니처럼 생겨서 어금니동부라고 하며, 색깔은 살색이다.

어금니동부를 지역 따라 흰동부라고도 부른다. 검정 어금니동부, 자주, 붉은 동부도 있다. 어금니동부는 각진 모양이고, 붉은 동부와 광쟁이 동부는 타원형이다. 떡고물로 많이 이용된다.

흰동부, 각시동부

지역에 따라 어금니동부를 흰동부라고도 부르고 살색의 광쟁이 동부도 흰동부라고 부른다. 각시동부는 흰동부보다 작고 배꼽 주변이 진한 까만색이다.

굼벵이동부

다른 동부와 달리 꼬투리가 굼벵이처럼 생겨 굼벵이동부라고 한다.
지역 따라 흰동부라고도 부른다.

개파리동부와 꿩동부

개파리동부는 색깔이 꿩처럼 알록달록하다. 색깔이 약간씩 차이가 있지만 개파리동부, 꿩동부, 밭갓동부, 곰팡동부, 동낭치동부 등 지역에 따라 다양한 이름으로 불린다.

재배

동부는 콩과에 속한 한해살이풀로 덩굴성이다. 꼬투리가 4~5cm 길이로 자라고, 낟알 모양은 대체로 콩팥 모양이며 크기와 색깔은 여러 가지다. 고온 작물이라 서리에 약하지만, 우리나라에서는 봄에 심어서 가을에 수확한다. 동부는 다른 일반 콩보다 가뭄에 강하고 사토에 더 잘 적응한다. 생태 적응성이 좋아 광범위하게 재배하고 간작 또는 사료로 이용하기도 한다. 덩굴성으로 울타리나 나무를 타고 자란다. 밭둑의 빈 곳에서도 재배한다. 동부는 5월 중하순에 파종해서 덩굴로 자라나 꼬투리부터 먹을 수 있다. 동부는 진딧물에 약하다. 수확 시기에 비가 많이 오면 곰팡이가 펴 약간 누레졌을 때 수확한다. 여러 번에 걸쳐 수확한다.

왼쪽 위부터 붉은동부, 동부, 어금니동부, 광쟁이동부, 까만동부, 작은어금니동무

채종과 보관

동부는 씨앗으로 번식하며 자가 수정하는데, 약 2%는 타가 수정한다고도 알려졌지만 크게 개의치 않아도 된다. 동부의 꼬투리가 마르면 수확해서 토방이나 마루에서 말려 틈틈이 까서 밥에 넣거나 씨앗으로 이용한다. 씨앗으로 사용할 것은 완전히 익은 꼬투리에서 나온 콩이 좋다. 꼬투리째 보관해도 좋고 꼬투리를 까서 콩만 보관해도 괜찮다. 1년이 지나면 꿩동부나 개파리동부는 바구미가 들기 십상이므로 작은 페트병에 보관하거나 해마다 파종하는 것이 좋다.

율무

재배 기원

인도와 동남아시아가 원산지이다. 1세기 중국 후한의 광무제가 남방(지금의 베트남)을 침략했을 때, 더운 지방의 사람들이 역병에 걸리지 않은 까닭이 율무 때문이라 여겨 중국으로 들여왔다고 전해진다. 우리나라에는 임진왜란 때 조선에서 일본으로 율무를 가져갔다고 전해진 것으로 보아, 임진왜란 이전부터 재배한 것으로 추정한다.

명칭

야생의 율무를 영어로 'Job's tears'(욥의 눈물)라고 하는데, 이름처럼 눈물 모양으로 생겼다. 지금 우리가 먹는 율무는 콩과 비슷하게 통통하다. 우리나라에서는 율무쌀, 율미, 울미, 이미 등이라고 한다.

율무와 천곡 율무

천곡 율무를 염주 율무라고도 하는데 율무보다 씨앗이 조금 더 굵고 둥글며, 단단하고 광택이 있다. 열매로 염주를 만들기도 해서 염주라고 한다. 한방에서는 염주 열매를 천각, 천곡, 천곡근, 회회미라고 한다. 염주도 갖가지 간 질환에 명약으로 씨앗, 줄기, 뿌리, 씨앗 껍질 모두 쓰인다.

약성과 이용

율무쌀이라 하여 옛날에는 식량으로 먹었다. 약용도 겸하는데, 율무는 비장을 튼튼히 해주고 위열과 폐열을 내려 피부 질환과 물사마귀를 없앤다. 만주족 사람들은 율무 열매를 '주렴자'라 하여 실에 꿰어 아이들 목에 걸어 주었는데, 이는 유행병 예방제로 이용했다고 한다. 율무 씨앗은 '의이인(薏苡仁)'이라 하여 율무쌀을 가루로 내어 차나 죽으로 먹거나 율무밥으로 먹으면 소염, 이뇨, 진통, 부종, 부인암에 효과가 있다. 임신 중에는 율무를 과하게 먹지 말아야 한다. 왜냐하면 율무 자체는 차가운 성질이 있기 때문이다. 잡곡밥, 율무차, 빈대떡, 식혜로 만들어 먹는다.

왼쪽이 토종 율무, 오른쪽이 염주라고도 불리는 천곡율무다.

생리

율무는 벼과에 속하는 한해살이풀이다. 키는 1~1.5m까지 자라고, 잎은 가늘고 길다. 7~8월에 꽃이 피고, 열매는 타원형으로 알맹이를 율무쌀이라 한다. 율무는 열매가 달리면서 늘어지는데 염주는 덜 늘어진다. 열매는 검은빛을 띤 갈색으로 익는다. 씨방이 성숙하면 잎집이 딱딱해지며 검은 갈색 열매로 변한다. 10월에 익는다.

토종

토종 율무는 검은색의 흑율무, 흰색의 흰율무, 고동색의 우렁율무 외에 키가 작은 것, 큰 것 등 많은 종류가 있다.

재배

열대 지방이 원산지이기 때문에 따뜻한 기후에 알맞다. 15도 이상에서 발아하기 때문에 평균 기온이 15도 이상일 때 파종한다. 중부와 북부 지역은 서리 피해를 고려해서 4월 말부터 5월 초 사이에 파종한다. 남부 지방은 4월 중하순이 적당하다. 논밭 가리지 않고 재배할 수 있다.

품종 간 교잡률이 높다. 율무는 키가 큰 작물이므로 촘촘히 심으면 웃자라서 쓰러지기 쉽고 바람도 잘 통하지 않는다. 30cm 간격으로 심고, 한 포기에 2~3알 정도를 파종한다.

채종과 보관

9월 이후 씨앗이 익는다. 잘 익은 열매의 줄기를 베어 묶어 말린 뒤, 열매만 따서 양파망이나 자루에 보관한다. 수확한 것을 먹으려면 맷돌이나 돌로 살살 두들겨 껍질을 벗겨낸다. 씨앗으로 쓰려면 껍질째 보관했다가 이듬해 파종한다. 5년 이상 상온 보관할 수 있다.

해바라기

재배 기원

약 2000~3000년 전부터 북미 인디언들이 식량 작물로 해바라기를 재배하기 시작했다. 이후 콜럼버스의 신대륙 발견을 통해 1510년 스페인으로 건너갔고, 1600년대 후반에 러시아 땅에 도착했다. 러시아인의 노력으로 지름 30cm가 넘는 거대한 해바라기 육종에 성공했다. 이후 스탈린 시기에 미국으로 탈출한 농부에 의해 해바라기의 고향으로 귀환하게 되었다. 아즈텍족은 해바라기를 숭배의 대상으로 여겼다. 세계적으로 해바라기는 북미, 남미, 러시아, 헝가리, 체코 등에 분포한다. 유럽의 중부와 동부, 인도, 페루, 중국 북부에서도 많이 심는다. 해바라기라는 이름은 '향일화(向日花)'를 번역한 것으로 대부분 남쪽 방향으로 핀다. 중앙아메리카가 원산지로 16세기에 유럽에서 도입되었으며 이후 한국에 도입돼 한국에서는 관상용으로 많이 길렀다. 1974년 유지 작물 장려책으로 캐나다산 해바라기 씨를 농촌에 무상으로 공급해 재배를 장려하기도 했다.

생리

해바라기는 국화과에 속하는 한해살이풀이다. 향일화, 산자연, 조일화라고도 한다. 아무 데서나 잘 자라지만 특히 양지바른 곳에서 잘 자란다. '꽃이 항상 해를 향한다'라는 뜻이 있지만, 해바라기는 어린 시기에만 햇빛을 따라 동서로 움직이며, 꽃이 피고 나면 줄기가 굵어져서 몸을 돌리는 일이 없다.

한국에서는 3m까지 자란다. 꽃의 지름은 30cm까지 된다. 원산지에서는 최대 4~8m까지 자라고, 꽃 크기도 매우 커서 최대 지름 60cm가 되는 종도 있다. 꽃차례는 보통 지름이 30cm를 넘으며, 씨를 1,000개 정도 맺는다. 하루 종일 해를 향해 피는 해바라기 꽃에는 꿀이 풍부하므로 벌이 많이 날아온다. 키 작은 해바라기도 있다. 일반적으로 해바라기는 한해살이 식물이기 때문에 씨를 뿌려 재배하지만, 일부는 여러해살이 종도 있어 매년 뿌리에서 새 식물체가 자라난다. 또한 가지가 꺾이면 회복이 불가능한 종과 여러 가지를 쳐서 가지마다 하나하나 작은 꽃을 피우며 가지가 꺾여도 2~3주 내 가지를 치므로 회복이 가능한 종류가 있다.

약성

해바라기의 씨와 줄기는 약재로도 쓰인다. 한방에서는 해바라기 잎과 꽃을 채취하여 건조해 약재로 이용한다. 약성은 온(溫) 하고 감(甘) 하며 이뇨 · 진해 · 지혈의 효능이 있어 소변불리 · 요로결석 · 방광결석 · 신장결석 · 허소 · 백일해 · 외상 출혈 증상에 치료제로 사용한다. 해바라기 속 줄기를 태워 재를 만들어 매실에 개어 아픈 이빨에 물고 있으면 낫는다.

해바라기 씨는 시력이나 안색을 좋게 한다. 기름 함량이 많아 변비에도 사용한다. 또한 기를 밑으로 내리는 효과가 있어 신경과민이나 고혈압에도 상용한다. 무엇보다도 씨앗에는 고급 지방산이 들어있어 식용유로 상용하는 것이 성인병 예방에 좋다.

이용

해바라기 씨에는 단백질이 풍부하고, 마가린이나 식용유를 만드는 데 쓰는 고급 식물성 기름이 많이 들어있다. 올리브유에 맞먹는 풍미를 가졌다.

어떤 변종들은 줄무늬가 있는 커다란 씨를 맺는데, 이런 씨는 볶아서 간식으로 먹는다. 러시아 군대에서 병사의 비상식량으로 쓰였으며, 중국에서는 가장 많이 이용하는 간식이기도 하다. 지금 해바라기를 가장 아끼는 나라는 중국과 러시아다. 다른 곡류와 섞어 새 모이로 쓴다. 옛 소련에서 기름용으로 특별히 개발한 품종들은 작은 씨가 검은색을 띠고 기름을 50% 정도 함유한다. 해바라기 기름은 세계에서 콩기름과 야자유 다음으로 중요한 식물성 기름이다. 기름을 짜낸 유박은 다시 압착하여 초나 비누의 원료가 되며, 가축의 사료로도 사용된다.

해바라기의 줄기와 꽃은 종이의 원료가 되며, 줄기는 배의 구명조끼를 만드는 데도 사용된다. 물에 잘 뜨는 소재인 코르크보다 해바라기 줄기가 더 가벼워 물에 잘 뜬다는 사실을 발견한 어떤 발명가는 구명대와 구명조끼를 만들었다. 1912년, 대서양에서 침몰한 타이태닉호로부터 승객 일부가 살아난 것은 바로 해바라기 덕분이다.

토종

한국에 도입된 지 얼마 되지 않아 품종 분화가 거의 없다. 단지 자연 교잡과 적응성이 있는 재래종들이 있다. 군포재래는 만생종으로 줄기가 길며, 꽃이 크다. 씨앗은 크기가 큰데 껍질이 두꺼워 기름으로 짜기보다 먹기에 알맞다. 천엽해바라기, 애기해바라기, 좀해바라기, 재래유엽해바라기, 보통종해바라기가 있다. 보통종해바라기는 씨앗을 먹기도 하고, 관상용으로도 심는다. 키는 2m 정도이다.

재배

해바라기는 관상용으로 많이 재배한다. 대문이나 길가 또는 밭 한편에서 재배해도 좋다. 아무 데서나 잘 자란다. 해바라기는 4월경에 씨앗을 심으면 한여름에 꽃이 피고, 8월이면 검붉은 씨앗이 익는다. 꽃잎이 지고 씨앗이 익으면 씨앗을 수확하면 된다. 키가 작은 해바라기나 키 큰 해바라기, 씨앗이 작은 해바라기, 씨앗이 큰 해바라기 등 어떤 목적으로 사용하느냐에 따라 알맞은 품종의 해바라기를 선택할 수 있다. 가령 경관용으로 사용할 때는 위치에 따라서 키가 큰 것 또는 작은 것을 선택할 수 있고, 식용 기름을 만들거나 볶아 간식으로 먹으려면 씨앗이 큰 것을 선택할 수 있다.

채종과 보관

잎과 꽃이 떨어지고 씨앗이 까맣게 여물면 줄기를 베어 바람이 잘 통하는 곳에 두고 말렸다가 손으로 까만 씨앗을 털어 낸다. 줄기를 그대로 보관하려면 비를 맞지 않도록 보관하면 된다. 씨앗이 두꺼워 얼지 않기 때문에 겨울에도 바깥에 두어도 된다. 씨앗만을 채종하여 보관할 때 용기나 종이에 싸서 보관하면 된다. 씨앗 겉껍질이 두꺼워 상온에서 5년 이상 보관해도 발아가 잘 된다.

돼지감자(뚱딴지)

재배 기원

해바라기 속의 일종인 돼지감자(일명 뚱딴지)의 원산지는 북아메리카다. 아메리카 인디언들이 수프를 만들어 먹거나 날것을 먹었다고 전해진다. 우리나라에는 조선 말에 들어와 사료 작물로 사용했는데, 돼지가 잘 먹어서 일명 '돼지감자'라고 불렀다. 번식력이 강해 각처에서 자생 상태로 자라고 있다.

생리

뚱딴지는 영하 30~40도의 추위, 가뭄, 고온, 사막 등 어디서든지 강한 생명력을 발휘한다. 중국에서는 내몽고를 비롯해서 사막화에 따른 극심한 황사 현상을 방지하고자 뚱딴지로 녹지대를 만드는 등 재배에 열의를 보인다. 우리나라에서도 전국적으로 냇가의 둑과 산기슭 또는 밭둑이나 집 근처, 빈터 등에 야생 상태로 자생하고 있다. 뚱딴지는 분홍색과 흰색 영양체 두 종류가 있다.

이용

뚱딴지는 염료 식물로도 이용한다. 꽃이 피어 있을 때 좋은 색을 얻을 수 있는데 잎을 잘게 썰어 원료로 만든다. 뿌리 열매에 이눌린이 많이 들어있어 식용 또는 약용, 알코올 제조용으로 이용되고 있다. 특히 당뇨병 특효약으로 전해지고 있으나 뿌리 열매는 찬 기운이 많아 장복은 오히려 몸에 해를 끼친다. 열매를 잘게 썰어 볶아 찬 기운을 없앤 뒤 차로 마시는 것이 좋다. 최근에는 장아찌, 수프, 볶은 차 등으로 이용되고 있다.

뚱딴지 재배와 식용에 대한 문제

최근 뚱딴지 재배 열기가 한창이다. 뚱딴지를 재배할 때 유의할 점이 있다. 뚱딴지는 한 번 심으면 잡초성이 강해 쉽게 없애기 어렵다. 뚱딴지는 아무리 캐어도 약간의 눈만 있으면 살아남아 밭 전체를 뒤덮는다. 밭으로부터 멀리 떨어진 빈터에 재배하는 것이 바람직하다.

다이어트용으로 뚱딴지를 많이 먹는 것은 좋지 않다. 소화 장애가 있는 사람은 더욱 그렇다. 성질이 찬 뚱딴지를 장기 복용하려면, 수프로 먹거나 밥에 쪄 먹거나 진하게 볶아 차로 마시는 것이 좋다.

농약을 대신할 수 있는 뚱딴지

뚱딴지의 잎과 줄기는 농약으로도 유의미하다. 독성이 있어 벌레가 들지 않기 때문이다. 가을에 다 익은 뚱딴지 줄기를 베어 넘어뜨린 후 밭 전체를 멀칭하면 병해충이 덜 든다. 물론 엔실러지를 만들어 사용할 수도 있다.

채종

뚱딴지는 2월에 수확하는 것이 좋다. 늦가을 수확도 상관은 없으나 남부에서는 수시로 캐 먹거나, 땅속에서 충분히 숙성된 2월에 캐도 괜찮다. 뚱딴지 뿌리 열매는 따로 채종하지 않아도 캐낸 곳에서 잘린 영양체 약간만 있으면 자생한다. 뚱딴지의 뿌리 열매에는 그만큼 눈이 많기 때문이다. 굳이 채종할 필요가 없다.

돼지감자(뚱딴지)

조

재배 기원

조, 수수, 기장 등은 고대 농사의 주된 식량 작물로 역사가 가장 깊은 것들이다. 벼, 보리, 밀보다 앞선다. 조는 7000년경 중앙아시아 지방에서 재배되고, 5000년경 중국 신농(神農)의 오곡(伍穀) 중에 포함되어 있다. 조의 원형은 강아지풀로, 조와 교배가 용이하며 조와 동일한 발생지에 분포한 것으로 보아 훨씬 이전에 야생종으로 있다가 재배된 것으로 보인다. 유럽에서는 6000년경 신석기 유물에서 발견된 것으로 볼 때 중앙아시아로부터 유래된 것으로 보인다.

생리

벼과 한해살이풀이다. 6월에 파종해서 9~10월 초에 수확하므로 생육 기간이 짧다. 건조에도 매우 강하므로 척박한 땅에서도 잘 되며, 흉년이 들었을 때 주식으로 이용하여 좁쌀이라고 부른다.

보통 조라고 부르는 열매는 작고 둥글며 노란색을 띤다. 껍질을 벗긴 좁쌀은 노란색을 띠며, 옛날에는 주로 밥을 지어 먹었다. 조에는 메조와 차조로 나뉜다. 한때 중요한 구황작물이었으며, 떡 · 엿 · 술을 만드는 원료로도 쓰였다.

약성

조의 열매를 찧어 껍질을 벗긴 알을 좁쌀이라 일컫는다. 크기를 빗대어 작고 좀스러운 사람이나 물건을 뜻하기도 한다. 좁쌀은 기미가 짜고 약간 찬 성분이 있으며 독이 없다. 좁쌀은 비위의 열을 없애주는 것으로 죽을 쑤어 장복한다. 위가 냉한 사람은 좁쌀을 많이 먹지 말아야 한다. 위경련을 해결하고 여름에 좁쌀 뜨물을 마시면 갈증을 없애고 장염을 예방하며 피부병이나 땀띠를 제거한다. 『신수본초』에 의하면, "좁쌀 뜨물은 곽란으로 열이 나고 번갈이 있을 때 마시면 즉시 낫는다. 소갈을 그친다."라고 하였다. 『본초습유』에서는 "좁쌀을 물에 끓여 먹으면 복통 및 코피를 다스리고, 가루로 만들어 물에 타서 즙을 먹으면 모든 독을 푼다. 곽란 및 위통을 다스리며 또 놀라는 병을 다스린다."라고 하였다.

『일화본초』에서는 "차좁쌀은 개에 물린 데와 얼어서 창이 생긴 데 씹어 붙인다."라고 하였으며, 『본초강목』에서는 "차좁쌀은 폐병을 다스린다. 차조는 폐의 곡물이니 폐병 환자가 마땅히 먹는다."라고 하였다.

검은흐린조 (SD0678제주385)

메조 (SD6481홍천152)

이용

쌀이나 보리와 함께 주식의 혼반용으로 이용되며, 엿 · 떡 · 소주 · 풀 · 새먹이 등으로 이용되고, 짚은 연료 또는 짚을 태워 벌레를 없애는 용도로 쓰인다. 구황 시기에는 조의 줄기는 가난한 사람이 다른 곡물이나 채소와 섞어 짚떡을 만들고, 가축의 사료, 지붕 이는 데, 땔감 등에 쓰이기도 했다.

품종

익는 시기에 따라 6월에 익는 극조생종, 7월에 익는 조생종, 9월에 익는 중생종, 10월에 익는 만생종까지 다양하다. 종류로는 차조와 메조가 있다. 특히 차조인 저물이리조는 만생 특성이 강한 품종으로 가뭄으로 모내기를 못한 논에 벼 대신 파종하는 것으로 쓰인다. 이삭 모양이 원통형, 곤봉형, 끝이 갈라진 끝 분지형, 방추형, 원추형으로 다양하다.

토종

1825년 『행포지』에 기록된 토종은 42종이다. 세잎조, 오이꽃조, 돼지 울음조, 둥근그릇조, 물푸름조, 저물이리조(저물녘조), 벼룩조, 바람구름이조, 먹조, 회초리조, 쌀조, 올조, 저물녘차조, 방망이차조, 고양이발차조, 조개차조, 염주차조, 여우꼬리차조, 개꼬리조, 남부끄러운차조 등이 있다.

지금 보존 중인 조는 가지조, 메조, 차조, 50일조, 그루조, 늦조, 신날거리조, 올조, 은차조, 청살미차조, 청차조, 황색차조, 모조, 산정조, 냉큼조, 고양이발차조가 있다.

토종 조사로 수집된 것을 살펴보면, 차조는 이삭이 짧고 작은 원통이며 잘 쓰러지지 않는다. 이삭 길이는 10cm 내외로 10월에 수확한다. 황백색으로 성숙한다. 검은흐리조는 푸른색 조로 이삭 끝이 개의 발 모양이어서 검은개발시리조라고도 한다. 그루조는 이삭이 가늘고 느슨하게 붙은 원추형으로 길게 늘어진 느낌을 준다. 냉큼조는 10~18cm 정도의 이삭으로 6월 말에 파종하여 10월에 수확하는데 조숙이라는 뜻의 '냉큼'을 붙인 이름이다. 청장미차조는 키가 145cm에 이삭이 갈라졌고 잎이 자색을 띤다. 낟알이 연녹색을 띠기 때문에 붙여진 이름인데 비슷한 이름으로 지방에 따라 청생이차조, 청살미차조, 청실미차조 등으로 불리기도 한다.

메조 (SD7147거창270)

지역과 토양에 따라 특성이 약간씩 차이가 나기도 한다. 신날거리조는 50일 걸리는 조숙형 품종으로 경북 영양 지방에서 재배한다. 은차조는 키가 180cm로 이삭이 회백색을 띠어 은차조라고 한다. 꼬장조는 안동에서 수집된 것으로 황갈색의 130cm 키다. 메조는 전국적으로 심는다. 그 외에도 몽당조, 복슬황차조, 흰차조 등이 있다.

재배

우리나라에서는 1963년과 비교했을 때, 1983년에는 크게 줄어 99%의 면적이 감소하였다. 이러한 현상은 조의 식량적 가치가 다른 곡식에 비하여 낮고 수확량이 낮아(약 300평당 100kg 생산) 경제적 수익성이 적으며, 보리 베고 작물로서 콩과의 경합에서 불리하기 때문에 면적이 급속히 감소한 것이다. 지금은 주로 강원도 · 경상북도 · 전라남도 · 제주도에서 조금씩 재배하고 있다.

『농사직설』에 따르면, 조는 기장과 재배법이 유사한데 다음과 같다. "조는 늦게 파종하여 일찍 익는 만파조숙의 생동차조나 저물이리조가 있는데 경운된 흙의 깊이가 깊고 오래 묵은 땅에 재배한다. 가장 좋은 땅은 숲을 제거한 유기질

붉은차조 (SD5800홍천102)

청차조 (SD5763홍천65)

이 풍부한 땅이고 오래 묵은 밭이 다음이며 가장 좋지 않은 밭은 보리의 그루갈이 밭이다. 5월에 풀을 베어 말린 후에 불을 놓고 재가 식기 전에 씨앗을 흩뿌려 쇠스랑으로 복토 하면 김매는 노력은 줄어들고 소출은 배가 많다."

보통 5월 무렵, 보리 이삭이 패기 전에 이랑 사이에 씨를 뿌려서 어느 정도 자랐을 때 보리를 수확하고 나면 햇빛을 잘 받으면서 쑥쑥 자라 가을에는 높이가 약 1~2m에 이른다. 9월 무렵에 길이 15~20cm인 원기둥 모양의 이삭이 익으면 수확한다. 봄 조는 5월 상순 · 중순, 그루조는 밀과 보리를 수확한 뒤 6월 중순부터 7월 상순까지 파종하면 되나 늦뿌림에 비교적 잘 적응하여 7월 중순까지 파종해도 된다. 파종 방식은 씨앗 5~6알을 한 구멍에 심는 점파와 흩어 뿌리는 산파가 있다. 조는 씨앗이 매우 잘기 때문에 씨앗을 뿌릴 때 몰리기 쉬워 모래에 섞어 뿌리기도 한다. 파종 후 복토를 두껍게 하면 발아에 영향이 크므로 얇게 덮는다. 싹이 나고 10일경, 지나치게 촘촘히 난 곳은 솎아 준다.

채종과 보관

수확한 조는 평평한 곳에 널려 말린다. 그중에서 자신이 선택한 품종의 모양을 찾아 별도로 모아 둔다. 일주일 정도 잘 말려 막대기로 살살 두들긴다. 낟알이 쉽게 떨어지므로 반드시 깔개를 깔고 채종한다. 채종한 조는 종이봉투나 통에 넣어 보관한다. 이삭째 보관할 수도 있다. 이삭째 보관하려면 낟알이 빠져나오지 않도록 촘촘한 망에 넣어 보관한다. 상온에서 3~4년 보관할 수 있다.

차조 (SD5958양평139)

기장

재배 기원

기장은 기원전부터 인류가 재배해 온 식물의 하나로, 약 7000년 전부터 중앙아시아에서 재배하기 시작했다. 인도, 러시아, 중동, 터키, 루마니아에서 많이 기른다. 한반도에서 조와 비슷한 시기에 기장이 재배된 것으로 보인다. 중국 고서 『산해경』에 부여에서 재배했다는 기록이 남아 있다.

생리

기장은 벼과 한해살이 식물로, 여러 조건에 잘 적응하고 조보다 빨리 자라며 물을 많이 필요로 하지 않아 산간 지대 곡식으로 재배했다. 하지만 홍수와 한발에는 견디지 못한다.

높이는 50~120cm로 곧게 자란다. 기장은 옥수수와 조 잎과 비슷한데 밑 부분에 털이 있다. 분열한 줄기마다 이삭이 나오고, 벼 이삭처럼 고개를 숙인다. 낟알을 도정하면 조와 비슷하나 조보다 알이 굵다. 씨앗 껍질 색이 품종에 따라 흰색, 황색, 적색, 녹색, 갈색, 검은색 등이 있다.

이용

예부터 기장쌀이라고 하여 밥이나 떡을 만들어 먹고 사료로도 쓴다. 기장은 조단백질이 쌀보다 많지만, 소화율은 떨어진다. 기장은 메기장과 찰기장으로 분류된다. 주로 기장밥, 기장죽, 기장인절미, 기장국수, 기장전병 등 찰기장으로 농가에서 별식으로 만들어 먹었다. 떡으로 만들면 별미가 있고 소화율도 높으며, 중국 동북부에서는 황주(黃酒)를 만들기도 한다. 서구에서는 껍질째 부수어서 돼지 사료로 이용한다.

토종

오래된 작물이라 재래종이 남아 있지만 품종의 분화가 적다. 조선 시대 『금양잡록』에 기록된 재래종 이름이 그대로 내려오는 것으로 붉은 기장이 있다. 지금은 색에 따라 흰 기장, 황 기장, 황백 기장, 청 기장, 벼룩 기장 등이 있는데, 당시의 이름으로 전해지고 있지는 않다. 이 가운데 벼룩기장은 모양이 벼룩처럼 생겨 이름 지은 것으로 숙기가 늦다. 흰 기장은 이삭이 크고 털이 많으며 키가 크다. 황 기장은 흰 기장과 비슷하다. 청 기장은 이삭에 털이 있고 색깔은 푸르다. 황백 기장은 알이 작고 거칠며, 일찍 익어 수확이 적지만 여름에 먹으면 시원하다.

재배

기장 재배법은 조와 비슷하다. 파종 시기는 5월 중하순에서 늦어도 6월 초순이다. 파종 방법은 밀식하여 흩어 뿌린다. 경사진 곳이나 평지 어디에나 잘 자라는 편이다. 파종 후 70~90일이면 성숙한다. 일찍 익는 편이라 10월 초순이면 수확할 수 있다. 기름지지 못하고 메마른 땅에서도 잘 견디며, 주산지는 경북이며, 강원과 각 지방 산간지에서 재배한다. 적은 양의 도정은 절구를 이용하여 살살 찧고 돌리면 껍질이 벗겨진다.

채종과 보관

조와 기장은 씨 크기가 1.4~1.6mm로 매우 작고 가벼워 기계로 수확하면 알곡 손실이 많기 때문에 손으로 수확한다. 또한 시기에 따라 알곡이 떨어지는 정도가 달라 채종 시기를 잡는 것이 중요하다. 조는 너무 일찍 거두면 알곡이 잘 떨어지지 않으므로 완전히 익은 후에 거두지만, 기장은 이삭이 완전히 익을 때까지 기다리면 먼저 익은 이삭이 쉽게 떨어지므로, 이삭이 약 50~70% 누렇게 익으면 거두어야 한다. 잎이나 줄기에 파란 상태가 있어도 이삭을 보고 결정한다. 수확 후 3~4일 거꾸로 매달거나 뉘여 말린 뒤 막대로 두들겨 갈무리하여 2~3일 말려 보관한다.

황기장

수수

재배 기원

아프리카가 원산지로 약 5000년 전부터 재배되었다. 아프리카에서 인도를 거쳐 중국으로 들어와 동아시아 일대로 퍼졌다. 붉은 수수밭은 중국의 원풍경으로 자주 채용된다. 우리나라에서는 경기도 여주군의 흔함리 선사시대 유적지에서 수수껍질이 나온 것으로 봐서 오래전부터 재배한 것으로 추정한다.

명칭

우리나라에서는 쑤시, 수시라고도 부른다. 중국에서는 '고량'이라는 말이 퍼지기 전까지는 '촉서'라고 불렸는데, 이는 중국에서 수수가 처음 전래된 지방이 촉나라 쪽임을 짐작게 한다. 수수로 만드는 전병을 중국에서는 촉서 전병이라고 부른다.

생리

수수는 벼과 한해살이풀로 높이는 2m 이상에 이르고 줄기 꼭대기에 원추형의 이삭이 나오고 열매가 맺힌다. 잎, 줄기, 열매는 갈대와 비슷하다. 척박한 환경과 건조한 토양에서도 그럭저럭 잘 자라기 때문에 아프리카 등지에서는 주요

키큰수수 (SD5281화성60)

곡식으로 재배되고 있다. 특히 쌀 등에 비해 강수량이 적은 건조한 토양에서도 잘 자라므로 관개가 어려운 밭이나 가뭄이 들어 말라죽은 벼 대신 심는 대체 작물로도 쓰인다. 수수는 2종으로 찰수수와 찰지지 않은 메수수가 있다.

약성

수수쌀은 기미가 달고 깔깔하며, 온 하고 독이 없다. 속을 따뜻하게 하고, 장과 위를 보하며, 곽란을 다스린다. 찰수수는 멥쌀과 비슷한 약성을 지닌다. 수수 뿌리를 삶은 물을 마시면 소변 빈도수를 조절한다. 수수 조청을 만들어 먹으면 폐 기관지에 유효하다.

이용

메수수와 찰수수가 있다. 찰수수는 식용으로 사용한다. 아이의 돌이나 생일 때 귀신의 접근을 막고 건강하게 자라기를 기원하는 의미로 수수 팥떡을 만들

단수수 (SD6172순천4)

어 먹는데, 여기에 들어가는 수수는 붉은 찰수수다. 붉은 찰수수는 정월 대보름에 먹는 오곡밥에 필수로 들어간다. 수수 개떡, 수수 경단, 수수 미음, 수수부꾸미, 수수 전병, 수수 팥떡 등 많은 음식이 있다.

메수수는 가축 사료나 술의 원료 또는 엿을 만드는 데 쓰인다. 중국은 고량주의 원료로 사용한다. 우리나라 문배주의 원료가 수수와 조다. 사료용 수수, 빗자루와 솔을 만드는 비수수가 있다. 수수줄기를 수수깡이라 하여 건축재, 울타리, 빗자루, 사료, 연료 등으로 쓰인다. 세공용 · 사료용 · 식용 · 약용으로 이용된다. 줄기를 먹는 단수수는 주로 미국과 아프리카 남부에서 사료와 시럽을 만들려고 기른다. 서양에서는 새해 첫날 수수를 먹으면 부자가 된다는 속설이 있다. 수수는 주로 가난한 사람들이 먹는 곡식이었는데, 고대 게르만족은 수수가 폭풍 속의 용이 먹는 음식이라고 믿었다. 아마도 색깔 때문에 용이 황금으로 수수를 만든다고 생각한 것 같다.

토종

1825년 서유구의 『행포지』에 기록된 토종은 몽애수수, 쌀수수, 맹간수수, 용의꼬리수수, 몽둥이수수, 흰수수, 마미수수 등 7품종과 청량, 황량, 백량이라는 품종이 별도로 기록되어 있다. 지금까지 전해 내려오는 수수의 이름을 보면 모양이나 쓰임새, 숙기, 지명, 색채로 구분해서 명명되었다. 1980년대까지 재래종에는 꼬마단수수, 꼬부랑수수, 너리수수, 단장수수, 몽당수수, 단수수, 당목수수, 비수수, 장목수수, 찰수수, 그루수수, 흰수수, 서산재래 등이 있다.

토종 조사로 수집한 재래종

꼬마단수수는 키가 2.2m로 작고 수숫대가 달다. 낟알이 짙은 갈색이며 작아서 곡물용으로는 재배하지 않는다. 몽당수수는 키가 역시 작고 단작 재배에 알맞다. 강원도에서 많이 심으며 갈색을 띤다. 꼬부랑수수는 이삭의 목이 꼬부라져 있다. 앉은뱅이수수도 키가 작고, 낟알이 희고 굵다. 찰수수는 수수팥떡이나 밥을 지어먹는다. 낟알이 하얀 편이다. 흰메수수는 찰수수로 밀식 재배형이다. 낟알이 희고 수수 알이 많이 보인다. 장목수수는 키가 3.5m로 큰 편이며 수수 알이 껍질에 싸여 잘 보이지 않는다. 빗자루수수와 무주에서 수집된 한삼수수는 빗자루 전용이다. 이삭 가지가 길고 질기다. 낟알이 갈색이고 껍질은 검다. 비목수수는 빗자루로 사용한다. 흰수수는 키가 3.5m로 크고 탈곡 후 수숫대는 빗자루를 만들었다. 낟알 껍질이 잘 벗겨지지 않는다.

머터리수수 (SD6903용인116)

재배

수수는 땅가림이 없어 어느 곳에서나 잘 자란다. 수수

한삼수수 (무주38)

한삼수수 (무주50)

는 고랑에 파종해도 괜찮다. 6월에 씨를 심고 10월에 수확한다. 새 피해를 우려해 9월 중순 이후 열매가 맺힐 즈음 양파망으로 열매를 씌워 준다. 수수밭이 크면 아예 한랭사로 사각 꼭지를 메어 넓게 덮는다. 수수는 키가 워낙 커서 새의 표적이 되기 쉽지만, 지팡이수수나 꼬부랑수수를 심으면 새 피해가 적다. 특히 꼬부랑수수는 수수목이 구부러져 새가 거의 달려들지 않는다.

채종과 보관

잘 익은 수수를 40~50cm 길이로 잘라 수수목을 아래로 묶어 그늘지고 바람이 잘 통하는 처마 밑에 걸어 둔다. 수수 파종할 때 갈무리해도 좋다. 굳이 씨앗

차수수

흰메수수

을 채종하고자 한다면 비벼서 수수 낟알만을 얻어 종이봉투나 통에 보관한다. 수수는 상온에서 3~4년 보관해도 발아가 잘된다. 단지 잘 말리지 않은 수수는 곰팡이가 필 수 있다. 수수를 용기나 비닐봉지에 보관할 때는 잘 말리고 실리카 젤을 넣어 보관하는 것이 좋다.

단수수 (평택434)

녹두

재배 기원

녹두의 원산지는 확실하지 않으나, 동양의 대표 작물로 인도, 태국, 네팔, 이란, 필리핀, 대만 등에서 재배된다. 일본에서는 별로 재배하지 않는다.

생리

녹두는 콩과에 속한 한해살이 식물이다. 녹두에는 명녹두, 조녹두, 황녹두 등이 있다. 야생 녹두로 벌녹두라는 것이 있다. 녹두는 둥글고 잔 것이 좋다. 원줄기에서 가지가 많이 갈라진다. 8월에 자구 끝에 황색 꽃이 핀다. 꼬투리는 녹색으로 수평으로 퍼져 달리며, 검은색으로 익어 가면서 꼬투리에 잔털이 난다. 꼬투리가 검은색으로 익었을 때, 따야 한다. 그렇지 않으면 꼬투리가 터져 버린다. 특히 8월 이후 공기에 수분이 많은 날에는 익으면서 곰팡이가 펴서 수확이 어려워진다.

약성과 이용

녹두의 주성분은 전분이고, 단백질 함량이 높은 편이다. 녹두는 혀의 감촉이 팥과 비슷하지만 향미가 높고 독특한 맛이 있어 귀한 식품으로 여긴다.

일반적으로 녹두는 녹색으로 청포묵이지만 황녹두는 노란색으로 황포묵을 쒀서 먹었다. 녹두는 청포, 떡고물, 녹두죽, 부침개, 빈대떡 등을 만들어 즐겨 먹으며 동남아시아 등에서는 일상적으로 숙주나물을 해독용으로 애용한다. 녹두는 기미가 달고 차며, 독이 없다. 특히 해독 및 해열제로 특효다. 위열이 많아 입술이 갈라져 쥐어뜯을 때 녹두가루 또는 녹두죽을 먹으면 열을 내린다. 인스턴트 식품을 많이 먹는 사람들은 해독 효과가 있는 녹두와 친해질 필요가 있다. 하지만 찬 음식이므로 저혈압이나 냉증이 있는 사람이 항시 먹는 일은 삼가는 게 낫다. 인도에서는 신경 계통의 약으로 쓰기도 한다.

재배

녹두는 팥과 모양도 비슷하고 성질 또한 닮았다. 녹두와 팥은 몸에 해독 작용처럼 토양에도 해독 작용을 한다. 관행농에서는 규소와 같은 토양개량제를 넣고, 친환경 농업에서는 숯이나 재를 활용하는데, 굳이 그렇게 할 필요가 없이 녹두와 팥을 심어 갈아엎으면 된다. 고농서에도 녹두와 팥은 질소비 생성만이 아니라 토지 개량 효과를 준다고 기록되어 있다. 귀농인이나 귀촌인이 토지를 구입해서 농사를 지을 때, 전 주인이 화학 비료를 많이 사용하여 질소 독소가 축적된 토양에서는 녹두나 팥을 재배하는 것이 좋다. 녹두는 검게 익으면 꼬투리가 저절로 터져 씨앗이 땅에 떨어지므로 매일 수확을 해야 하므로 집 가까운 곳에 심고, 팥은 한꺼번에 수확해도 되므로 멀리 심어도 된다. 녹두는 더운 지방에서 자라는 식물이라 옥수수나 참깨 수확 후에 후작으로 심으면 알도 굵고 수확량도 제법 된다. 일반적으로 7월에 심어 10월에 수확한다. 4~5월에 심으면 풀 관리가 어렵다.

채종과 보관

꼬투리가 녹색에서 검은색으로 변하면 꼬투리를 딴다. 꼬투리가 검은색 상태로 오래 있으면 꼬투리가 터져 씨앗이 땅에 떨어지거나 수확 시기에 강우 기간이 길면 썩는다. 날마다 녹두 상태를 점검해서 익는 대로 따야 한다. 수확한 녹두는 꼬투리가 터지도록 햇볕에 말린다. 잘 말린 녹두는 꼬투리가 저절로 터지거나 손만 대어도 터진다. 녹두는 구멍이 작은 페트병에 넣어 보관해야 벌레가 꼬이지 않는다.

조선녹두 (SD6009양평192)

콩

세계적으로 가장 중요한 작물 중 하나인 콩은 한해살이풀로 생육 기간은 평균 90~160일 정도다. 콩의 원조 격인 야생 돌콩으로부터 기원 된 여러 콩들의 재배 기원은 농경이 시작된 기원전 2000~1500년 사이로 추정된다. 현재 세계 제일의 콩 생산국이자 수출국은 미국이며 그 뒤를 브라질과 중국이 잇는다.

우리나라 콩 자급률은 10% 안팎이다. 식품가공업이 발달하면서 식품회사들이 값싼 콩을 들여와서 가공하기 때문이다. 우리의 콩은 장류에서부터 두부, 콩나물, 떡고물, 혼반용, 콩기름 등 매우 다양하게 쓰인다.

우리나라의 콩은 색깔에 따라 누런콩, 흰콩, 검정콩, 파랑콩, 새파랑콩, 검은밤콩, 밤콩, 비둘기콩, 자주콩, 속푸른콩, 비추콩, 청태, 푸르데 콩, 무늬별로 호랑이콩, 수박태, 눈까메기콩, 제비콩, 자갈콩, 대추불콩, 쥐눈이콩, 새알콩, 아주까리콩, 선비밤콩, 종자 모양별로 좀콩, 납작콩, 한아가리콩, 조리용별로 나물콩, 밥밑콩, 메주콩, 약콩, 떡콩, 고물콩, 파종기나 숙기에 따라 40일콩, 올태, 유월두, 서리태, 쉰날거리콩, 지방명을 따서 갑산재래, 금화재래, 청산재래, 정선재래 등이 있다. 콩만큼은 할머니들 손에 의해서 토종을 겨우 지켜오고 있는 편이다. 미국에서 재배되어 우리나라 식품회사가 수입하는 GMO 콩의 원종은 우리나라 토종 대두로 만들어진 것이다. 우리나라 콩 수입률은 90%인데, 대부분 식품회사의 가공식품을 만드는 데 쓰인다. 농가에서 재배하는 콩들은 가정에서 장을 담그는 데 사용하는데, 그중에서 대원콩 등 개량콩으로 사용하고, 토종콩으로 사용하는 농가는 대부분 자급용으로 농사를 짓는 농가로 전체 콩 중에 10%도 되지 않는다.

대두는 장 콩으로 각 지방에서 흰콩, 노랑콩, 백태, 메주콩이라는 이름으로 내려오고 있다. 콩 크기가 커서 한아가리콩이라고 불리는 품종은 강원도 지방에서 잘된다. 강원도의 한아가리콩은 무게가 43g 이상으로 보통 콩의 두 배나 되어 한입에 넣으면 가득 찰 것 같다고 해서 붙여진 이름이다. 색깔은 황백색이다. 제주 푸른독새기콩, 콩이 터져 나온 것을 농가에서 선발 육종해서 만들어진 등틔기콩 등 장 콩은 중부나 강원도에서는 5월 말에 파종하고 남부에서는 6~7월에 파종해서 10월 말경에 수확한다. 장 콩은 개량콩인 대원콩과 맛이 현저히 다르다. 장을 담그면 찰기가 덜하고 고소한 맛도 덜하며 깊은 맛이 없다. 콩가루도 맛이 다르다. 할머니들이 토종콩을 대대로 해온 이유는 한결같이 맛이 다르다고 한다. 토종콩은 장맛과 떡고물로 맛이 월등하다.

콩은 자라는 데 필요한 질소를 토양에서 얻는데, 콩의 경우는 뿌리에 있는 뿌리혹박테리아를 이용하여 공중에서 질소를 고정시키므로 다른 작물과 섞어 심으면 이롭다. 우리나라 전통 농법에서도 콩은 반드시 다른 작물과 섞어 심도록 장려했다. 특히 퇴비가 많이 필요한 작물 옆이나 전·후작으로 콩을 심으면 좋다. 콩과 잘 어울리는 작물은 수수, 옥수수, 고추 등으로 두둑을 달리해서 심거나 고랑에 심을 수 있다. 예전에는 논둑에 콩을 심어서 질소비를 보충할 뿐 아니라 벼멸구 등 벌레가 넓은 콩 잎사귀를 먹느라 콩에 몰리는 것을 이용하여 충 방제에도 기여했다. 콩은 다습한 곳에서 잘 자라 논의 대체 작물로 각광받고 있다. 지금은 대량생산 체계로 콩만 심는 경우가 많은데, 원래 콩은 혼작이나 자투리 땅을 활용해서 심는 식물이다.

콩을 심을 때 새 피해를 본다고 하는데, 이는 땅을 갈아서 풀이 전혀 없는 땅에 콩을 심기 때문이다. 콩 순이 나오면 다른 풀은 없기 때문에 새들이 따서 먹는다. 풀이 있는 밭이라면 새는 콩 순을 먹지 못한다. 미세한 바람에 풀이 흔들리는 것을 감지한 새들은 이 흔들림을 적으로 여기고 두려워 다가오지 못한다. 콩을 심고 반짝이 줄을 치는 이유다. 새 피해를 없게 하려면 땅을 갈지 않는 농사법을 택하면 된다. 김매기를 하지 않는 콩 농사를 지으려면, 호밀을 심고 난 후 호밀 낟알이 익기 전에 베어 넘어뜨려 멀칭재로 이용한다. 콩을 사이에 심고 호밀을 눕히거나 호밀을 눕히고 콩을 사이에 심으면 된다. 이때 콩은 한 알만 심으면 된다. 굳이 세 알을 심을 필요가 없다.

일본에서는 농가들이 모두 콩을 심는 콩 트러스트 운동을 통해 콩의 자급률과 도농 교류, 특히 GMO 식품에 대한 대안 소비를 높이는 역할도 한다.

많이 이용하는 콩 품종을 간단히 소개하면 다음과 같다.

서리태

서리 이후 수확하는 극만생종으로 속이 파래서 속청이라고도 부른다. 물에 불렸을 때 잘 무르고 당도가 높아 밥밑콩으로 인기가 높다.

쥐눈이콩(서목태)

작고 까만 색깔이 쥐눈 같아 붙은 이름으로 주로 약콩으로 쓴다.

선비잡이콩

맛이 하도 좋아 선비도 붙잡는다는 데서 붙은 이름이다. 황백색 바탕에 먹물을 먹인 것 같은 모양이다. 잘 무르고 당도가 높아 밥밑콩으로 이용한다.

수박태

알이 작고 껍질은 연한 녹색에 검은색이 퍼진 듯이 섞인 모습이 수박 껍질 같아서 붙여진 이름이다. 나물콩으로 콩나물 맛이 좋아 인기가 좋다.

파랑나물콩

파랑색 토종 나물콩이다. 논두렁에 많이 심는다.

논두렁콩

경남 밀양에서 재배되던 콩나물 콩이다. 담황갈색이다. 배꼽은 청색이나 배꼽 주변 색은 검다.

흰나물콩

예부터 콩을 논두렁에 많이 심어왔는데 밭에 심는 것보다 논두렁에 심으면 소출이 많다. 콩알이 희고 작다.

보악다리콩

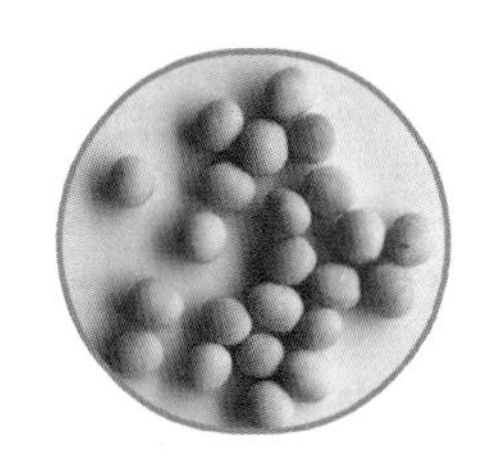

경상도에서 재배된 콩나물 콩으로 장 콩으로도 사용한다. 부악다리로도 부른다. 알이 작고 납작한 편이며 우윳빛처럼 하얀 황백색이다.

아주까리콩

아주까리를 연상한다 해서 아주까리(밤)콩이라고 한다.

질금콩

강원도 평창 및 경북, 경기 북부지역에서 재배된 콩나물콩을 말한다. 녹색 바탕에 검은 무늬가 있기도 하며, 푸른빛을 띠는 노란콩, 검정콩 등 다양하다.

밤콩

밤색의 밥밑콩이다. 전국적으로 심었다.

오가피콩

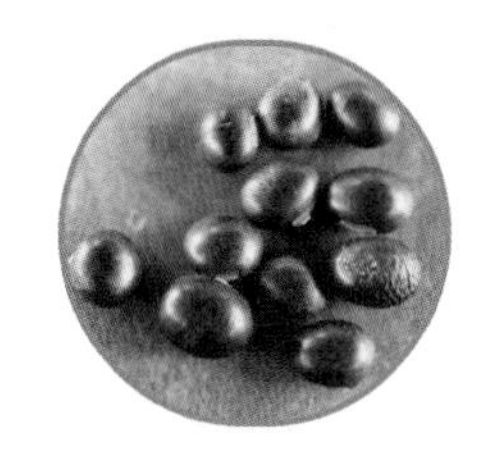

검은색 밥밑콩으로, 밥을 하면 오가피향이 나서 향기콩이라고도 불린다. 다른 콩에 비해 익는 시기가 빨라 추석 때 송편 속으로 넣어 먹는다.

푸르데콩

장타원형의 녹색 밥밑콩이다.

푸른밤콩

푸르데콩과 비슷한 느낌을 주는 콩이지만 푸르데콩보다 크기가 훨씬 작다.

돌콩

야생종으로 밭에서 흔히 볼 수 있는 잡초형인데, 꼬투리가 작고 덩굴성이라 다른 작물의 줄기를 타고 올라간다. 꼬투리가 익으면 검은 갈색을 띤다. 야생종이라 콩이 딱딱하고 잘 무르지 않아 압력밥솥을 이용하여 콩을 삶는다.

납작콩

연녹색으로 눈이 크고 검으며 납작하다. 잘 무르고 맛이 좋다.

알종다리콩

배꼽이 갈색인 콩나물 콩으로 경북 선산에서 재배되었다.

들깨

재배 기원

들깨(Perilla frutescens var. japonica Hara)는 동남아시아와 인도가 원산지로 중국을 거쳐 들어왔다. 통일신라 시대에 널리 심었다는 기록으로 미루어 보아 이전부터 심었던 것으로 보인다. 동아시아와 한국에서는 들기름으로 내고 깻잎을 먹는다. 박세당이 지은 농서 『색경(穡經)』에서는 "부침개를 지지는 것은 참기름보다 못하지만 아주까리기름보다는 낫다. 들깨 기름은 성질이 맑고 깨끗하여 비단에 바를 수 있으며 등불 기름으로 쓰면 매우 밝다."라고 기록하고 있다.

명칭

하얀 차조기라 하여 흰들깨를 백소(白蘇)라 하고, 깨를 의미하는 수임(水荏), 씨앗이 떨어져 저절로 싹이 튼다 하여 야임(野荏), 들깨 자체를 임자(荏子)라고 한다.

차조기

다른 품종인 차조기(자소)는 잎이 짙은 자주색을 띠며 잎과 씨앗을 한약재로 쓴다. 『본초강목』에는 차조기에 들깨를 포함시켰고, 약용에 있어서는 동일하게 취급했다. 차조기는 앞뒷면이 다 붉은 것이 좋다. 차조기의 이름으로 수소(水蘇), 어소(漁蘇), 산어소(山魚蘇) 등이 있다. 차조기의 종류로는 청자소, 주름이 있는 붉은색 자소 등이 있다.

약성과 이용

들깨는 기를 내리고 기침을 그치게 하며 갈증을 덜어주고 간과 위를 보호하고 독충에 물린 데 잎을 짓찧어 붙이기도 한다. 그래서 들깨의 이용은 매우 다양하다. 들깨는 주로 들기름으로 짜서 먹거나 씨를 가루 내서 들깨죽을 이용하기도 한다. 노인의 병후회복에 쓰인다. 또한 들깨 가루는 추어탕과 감자탕에 넣어 비린내를 제거하고, 깊은 국물 맛을 낼 수 있다.

검회색 껍질을 제거하지 않고 거칠게 빻은 것을 들깨 피라고 하는데 나물을 무칠 때나 국을 끓일 때 사용한다. 껍질을 제거한 뒤 찹쌀을 섞어 빻은 들깨 가루는 무침용으로 사용한다.

가장 많이 쓰이는 부분은 잎이다. 깻잎은 녹색일 때 사용하지만 늙어 노랗게 되었을 때 들깻잎을 따서 소금물에 삭혀 두었다가 먹을 때 소금물을 빼고 깻잎 장아찌로 먹는다. 또는 된장에 박아서 먹기도 한다. 지금은 들깻잎 어린순을 데쳐 나물로 먹기도 한다. 쌈으로 많이 먹는데 들깻잎 채취만을 위해 잎들깨라는 개량종을 만들어 하우스에서 재배하기도 한다. 특히 인삼밭으로 사용했던 곳에서 잎들깨를 재배하여 소득을 올리는 경우가 많다. 들깻잎이나 차조기의 특유한 향은 방부제 역할을 해 생선회와 함께 먹으면 식중독 예방에 도움을 준다.

과거에는 들기름을 등잔 기름으로 쓰기도 하고, 종이에 들기름을 묻혀 장판지로 쓰기도 했다. 들기름은 또한 페인트, 인쇄용 잉크, 포마드, 비누 등의 원료로도 쓰인다. 원료로 쓰거나 물건을 칠하는 데에 쓰는 들기름은 볶지 않은 들깨에서 짠다. 들기름을 짜고 남은 깻묵은 비료나 사료로 쓰인다. 또한 피부가 유난히 거칠 때, 주근깨와 기미가 생기기 시작할 때, 햇볕에 그은 피부가 제자리로 돌아오지 않을 때, 머리카락에 윤기가 없을 때, 임신 후 피부가 거칠어졌을 때 볶지 않고 생들기름을 짜서 피부에 바른다. 차조기와 들깨를 함께 재배하면 수확해서 기름을 같이 내면 고소한 맛과 영양이 매우 좋다. 특히 자소엽은 잎이 무성할 때 잎을 수확해서 말려 감기 예방 차로 마시기도 한다. 차조기 씨앗을 기름을 내어 약으로 사용하는 것은 더없이 좋다. 대만에서는 약용으로 차조기 기름이 비싸게 팔린다. 한국에서 재배되는 들깨는 동아시아에서 가장 인기가 있어 기능성 연구를 통해 생물다양성 협약에 의한 국가 보존 및 수출 품목으로 각광받고 있다.

농사의 이용

농약이 없던 시절에는 향이 강한 들깨를 논두렁이나 밭두렁에 심어 해충을 쫓는 용도로 썼다. 또한 고라니를 쫓는 데에도 사용한다. 고라니가 먹는 콩 주변에 여러 줄을 심어서 고라니가 들어오지 못하도록 한다. 텃밭에서는 농약을 치지 않고 기르기에 무리 없지만 들깨 꽃이 필 때 잎 뒷면에 28점박이무당벌레 애벌레가 황색으로 진하게 달라붙어 좀먹은 모습을 볼 수 있는데, 이때부터는 들깻잎을 따서 먹는 일을 그만두거나 소금물에 담가 놓고 먹을 때 씻어서 먹으면 된다.

토종

독특한 향취를 가진 들깨는 예로부터 중국의 조선족을 비롯한 한민족만이 이용해 온 고유작물로 중국이나 일본에서도 한국산이 유명하다. 『세종실록지리지』에서는 충남 천안의 지역 특산물로 지정하고 있으며, 광복 이후에도 천안

시는 지역 특산물로 들깨를 지정하였다. 흰들깨, 노랑들깨, 먹들깨(검정들깨), 올들깨, 돌들깨 등 전국 각 지역에 재래종이 많다. 향이 진하고 맛이 있어 다른 작물에 비해 재래종을 재배하는 농가가 많은 편이다. 1960년대 재래종을 수집하여 분리 육종한 진천종, 대구종, 수원 8호 등이 있고, 1980년대에 옥동들깨, 잎을 먹기 위한 대엽들깨 등을 선발 육종하였다. 최근에는 동글 2호, 남천들깨, 늘보라들깨, 일엽들깨, 보라들깨 등 개량종이 보급되었다. 들깨는 우리나라 전 지역 어느 곳에서나 재배가 가능하며, 이용도가 높아 농가의 일상 소득 작물로도 가치가 있다.

생리와 재배

꿀풀과의 한해살이풀로 강한 향기를 내며, 열매와 잎을 이용하는 식물로 발아 적온은 15~20℃이고 생육 적온은 20℃ 이상으로, 벼 · 옥수수 등 다른 여름 작물보다 낮다. 온도에 대한 반응은 매우 낮은 반면, 빛에는 매우 민감하여 한여름 고온기에 일사량이 많은 환경에서는 높은 생장 속도를 유지한다. 들깨의 평균 생육 기간은 130일 정도이다. 그리고 파종 기간은 5월 중순부터 7월 중순까지이다. "들깨모는 석 달 열흘 가뭄에도 침 세 번만 뱉고 심어도 산다."라는 농사 속담처럼 들깨는 가뭄에 강해서 생육에 큰 지장을 받지 않는다. 오히려 과습에 예민하므로 배수에 유의하고 지나치게 비옥한 토양도 피하는 것이 좋다. 들깨는 파종기의 빠르고 늦음과 관계없이 8월 20일 즈음 영양 생장이 중지되고 생식 생장기로 들어간다. 조생종은 8월 상순에, 중생종은 9월 상순에, 만생종은 9월 하순경에 개화한다. 파종기가 늦을수록 키가 작고 수확량이 적다. 파종 시기가 6월 초이고 재식거리가 20~60㎝일 때 들깨 수확량이 많다. 씨앗을 밭 한쪽에 뿌려서 검정 망으로 덮어 두었다가 싹이 트면 검정 망을 걷어 자라게 한 후 5㎝ 이상 자란 뒤에 비가 오기 전날 본 밭에 옮겨 심어야 튼실한 열매를 얻을 수 있다. 씨앗이 떨어져 자생적으로 자란 돌들깨는 씨도 작고 열매를 적게 맺어 수확량이 적다. 흰들깨와 노랑들깨는 검정들깨보다 2주 빨리 수확할 수 있다. 10월에 열매가 반 이상 거무스레해졌을 때 수확하는데, 이른 아침에 수확해야 깨가 쏟아지지 않는다. 깨가 완전히 검어지고 잎이 말라 떨어지면 포대를 깔아 도리깨나 막대기로 두들겨 턴다. 깨가 다 털리지 않는 경우가 많기 때문에 두 번 정도 터는 것이 좋다. 턴 깨를 갈무리할 때 검정 고추 건조망에 담아 여럿이 흔들면 깨와 부산물 분리에 용이하다. 갈무리한 들깨는 2~3일 충분히 말린다. 단, 먹을 깨는 물에 씻어 햇볕에 3~4일 충분히 말린다. 들깨는 10월에 수확하고, 차조기는 9월 초순에 수확한다. 차조기는 야생성이 강해 씨가 떨어진 곳에서 이듬해에 나오는데 소량 자급하면 이듬해 옮겨 심어도 괜찮다. 차조기가 5월에 씨앗을 뿌리면 차조기와 들깨를 섞어 재배해도 좋다.

채종과 보관

종자로 사용할 경우에는 씻지 않고 말린 뒤 바람이 잘 통하는 곳에서 보관한다. 들깨는 상온에서 보관하는 경우 종자 수명이 1년 보관할 수 있는데, 해마다 심는 것이 좋다. 하지만 충분히 말려 냉동이나 냉장 보관을 하면 종자 수명이 길어진다.

팥

재배 기원

인도가 원산지로 전 세계적으로 심는다. 기원전 4000년에서 2000년 사이에 야생종인 돌팥을 작물화시켜 재배되었다. 우리나라 토종 콩 중에서 메주콩 다음으로 토종이 잘 보존돼 있다.

생리

콩과의 한해살이 식물로 팥은 동부 속에 속하는 동부와 녹두와 모양이 비슷하다. 야생 돌팥에서 작물화되어 빨리 자라고 수확하기 편하다. 야생 돌팥은 덩굴성이나 작물화되면서 덩굴이 짧아져 지지대 필요 없이 열매가 맺히면서 늘어져 수확할 즈음에는 땅에 닿기도 한다. 익은 상태로 오래 두면 토양의 습기로 인해 빨리 썩기도 한다. 또한 열매마다 천천히 익어 가지만 한꺼번에 줄기째 수확하여 햇볕에 말려 수확한다.

팥은 몸에는 이뇨 작용을 하며, 토양에서는 오염이나 해독 작용을 한다고 보면 된다.

약성

팥은 기미가 달고 시고 짜다. 평하고 독이 없다. 특히 적팥은 이뇨 작용이 있으며 종기의 피고름을 빨아낸다. 각기병을 치료한다. 수기(水氣)를 잘 돌게 하여 비장을 씻어내고 오랫동안 먹으면 몸이 마른다.

이용

적팥은 명절과 제사 음식에 쓰여 토종이 농가를 통해 이어져 오고 있다. 찰밥에 꼭 들어가야 하는 것이 팥이고, 떡고물로도 팥떡, 팥죽, 수수 팥떡 등 여전히 애용되고 있으며 어린아이들도 잘 먹는다.

토종

요즘 사람들은 팥 하면 붉은색 적팥만을 생각한다. 그 이유는 음식에 주로 적팥을 이용한 탓이다. 특히 귀신을 좇는다 하여 동짓날 팥죽을 끓여 먹거나 시루팥떡을 제수용으로 올리는 등 적팥이 가장 많이 남은 이유다. 하지만 잿빛의 팥을 포함해서 다양한 팥이 있다. 지금까지 전해 내려오는 토종 팥의 종류는 50여 종이 넘는다. 팥에는 검정팥, 흰팥, 잿팥 등 색깔의 구별에 의한 팥이 있고, 예팥 또는 이팥이라고 야물고 야생성이 강해 약용으로 사용하는 팥 등이 있다.

팥의 종류를 보면 모양에 따라서 이름 붙여진 팥으로 차돌팥, 앵두팥, 외팥, 새대가리팥, 새팥, 개미팥, 개골팥(남부 지방에서 부름, 까치팥, 갈가마귀팥 등으로 다른 지방에서 부르기도 한다)이 있다. 이용에 따라 붙여진 이름으로 부루빼기, 꿀팥이 있으며, 숙기에 따라 유월팥, 신날거리팥, 40일팥 등이 있다.

부루빼기는 조선 시대에는 밭벼 사이에 팥을 심었는데 '곡식 사이에 드문드문 심는 일'을 뜻하는 '부룩'을 박는다는 뜻을 가진 팥으로, 적팥을 일컫는다.

부루빼기 팥과 더불어 그루팥으로 골에 심었다고 해서 골팥이라고 부르는 잿빛의 팥, 잿팥을 심어왔다. 시장에서는 부루빼기 팥인 적팥이 인기가 있지만, 잿팥이 맛이 좋아서 집에서 먹는 팥은 골팥(잿팥)을 꾸준히 심어와서 자급용으로 심어왔다. 가래팥은 조밭에 심는 잿빛 팥을 일컫는 말이다. 전라도 지방에서는 길쭉한 이팥을 많이 재배해 왔는데 이팥은 야생종에 가깝고 다른 팥보다 더 야물어서 부종이 있을 때 박속에 넣어서 약으로 이용하는 데 사용해 왔다. 이팥에는 붉은이팥, 노란이팥 등이 있다.

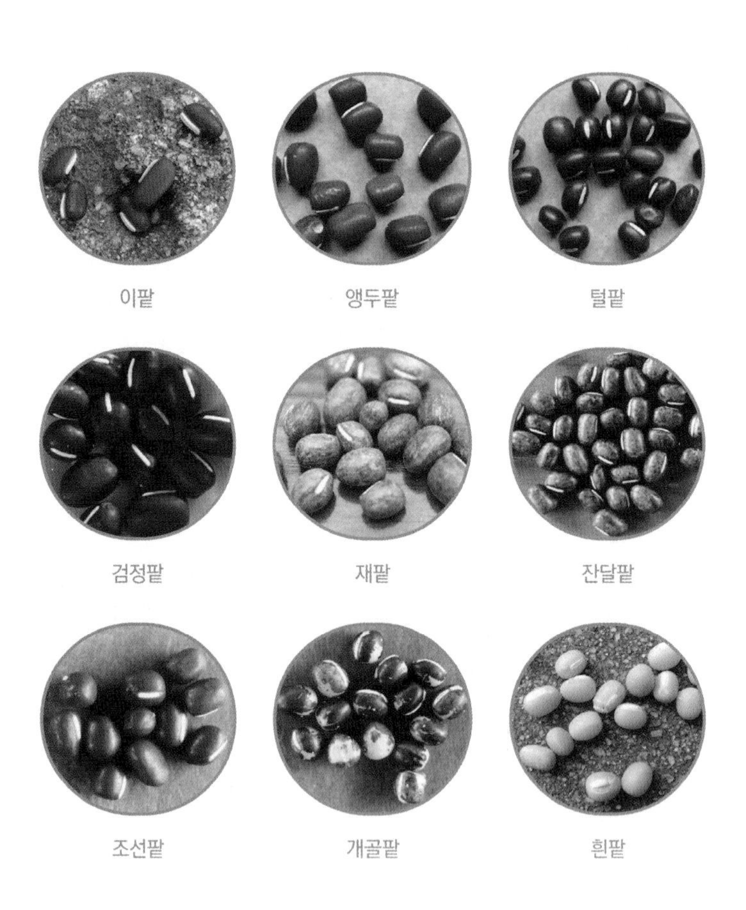

이팥 앵두팥 털팥

검정팥 재팥 잔달팥

조선팥 개골팥 흰팥

재배

토양은 몸과 같은 성질을 가지고 있는데, 토양 개량제와 질소비로 팥을 반드시 해마다 심고, 다른 작물과 섞어 짓는 것이 토양에 좋다. 팥은 중부 지방에서는 6월 말, 남부 지방에서는 7월 초에 2알씩 40센티 간격으로 파종하여 1회 정도 김매기를 하면 된다. 10월 초부터 수확한다. 녹두는 익는 대로 꼬투리를 수확하지만, 팥은 한꺼번에 수확할 수 있어 밭이 동선과 떨어져 있어도 괜찮아서 전통 농사에서는 논 두둑에 많이 심어 왔다. 다른 콩과 작물처럼 팥을 심을 토양은 척박하거나 습해도 괜찮다.

채종과 보관

10월 초부터 꼬투리가 노랗게 익는데 꼬투리별로 수확해도 좋고 줄기째 베어 말려도 좋다. 수확한 꼬투리는 햇볕에 잘 말려 꼬투리가 완전히 노랗게 익어 모아 놓은 꼬투리를 손으로 문지르면 저절로 꼬투리가 열린다. 꼬투리 낱낱이 까도 괜찮다. 색깔이 선명한 것을 골라 구멍이 작은 페트병에 넣어 보관한다. 이듬해 파종 시기를 넘기면 벌레들이 배아를 공격하므로 이듬해 먹거리 용도나 씨앗으로 계속 보관을 원하면 반드시 잘 말려 페트병에 보관하거나 비닐봉지에 봉해서 냉장고에 넣어 두는 것이 좋다. 잘 보관된 씨앗은 상온에서는 6~7년이 되어도 발아에 이상이 없다.

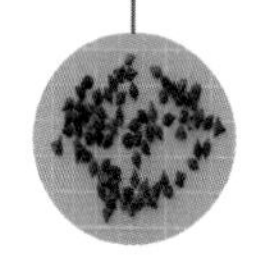

메밀

재배 기원

원산지는 동아시아 온대 북부의 바이칼호 · 만주 · 아무르 강변 등에 걸친 지역이라고 알려져 있다. 중국에서는 한나라 때의 분묘에서 메밀이 나오고 있다. 7~9세기 당나라 때에 일반에 알려져서 10~13세기에 널리 보급되었다고 한다. 일본에는 우리나라를 통해서 전파되어 8세기에는 재배를 권장하였다고 하므로, 원산지에서 가까운 우리나라에는 꽤 일찍 들어왔을 것으로 추정된다. 문헌의 기록으로는 『향약구급방』에 처음 나온다.

생리

메밀은 한발이나 추위에 잘 견디고 생육 기간이 짧아서 흉년 때 대체 작물이나 기후와 토양이 나쁜 산간 흉작 지대의 응급 작물로 영양가가 높으면서도 저장력이 강한 특성이 있다. 따라서 예전부터 구황작물로 많이 재배했으며, 조선 세종 때 펴낸 『구황벽곡방』에도 구황작물로 기록되어 있다.

여름에 가뭄으로 곡물 파종기를 놓친 경우 대신 파종하는 작물로 강원도 봉평을 비롯한 인근 지역에서 많이 파종했다. 척박한 땅에서 무난하게 자라는 메밀은 가난한 사람들에게는 메밀전, 메밀국수 등 주곡 대신 먹는 음식으로, 한때 너무 많이 먹어 배탈이 나는 등 소년들에게는 오히려 몸을 야위게 하곤 하는 음식이었다. 하지만 음식 보조재로서는 더없이 좋은 음식이다. 옥수수를 주식으로 하는 네팔, 아시아, 아프리카 사람들이 반드시 먹어야 할 균형식으로 메밀과 수수를 꼽는데, 메밀은 돌에 갈아 메밀가루로 전병을 만들어 먹는다. 한국의 메밀전, 중국의 메밀전병, 남아메리카 쿠바에도 메밀전병이 있는 것으로 봐서 메밀은 전 세계에서 전병으로 정평이 나 있다.

약성

다이어트를 할 때, 많이 사용되는 음식 중 하나가 메밀이다. 메밀은 체지방 감소 효과가 다른 어떤 곡물보다도 크다. 또한 혈당과 혈압을 낮추면서도 몸의 정기를 만드는 데 필요한 필수아미노산이 가장 많이 함유돼 있으며, 혈압강하제인 '루틴'이라는 성분을 잎과 꽃에서 추출한다. 메밀꽃은 9월부터 10월 초순에 피는데 꿀샘이 많아 꿀을 많이 얻을 수 있다. 메밀 꿀은 암갈색이고 특유한 냄새가 나며 의약용으로 쓰인다. 하지만 메밀은 찬 음식으로 몸이 냉한 사람은 너무 많이 먹으면 오히려 독이 된다.

이용

우리나라에서 재배하는 종에는 보통종 외에도 가루에 쓴맛이 있는 달단종, 씨앗에 모가 자라서 날개처럼 된 유시종, 다년생 숙근초인 숙근종 등이 있다. 우리나라에서는 보통메밀을 재배한다. 우리나라에 전래된 메밀은 보통메밀로, 쓴맛을 개선하기 위해 보리나 밀 등 잡곡 가루를 섞어 먹으며, 메밀국수를 만들 때 찰진 성분이 없어 통밀가루와 섞어 반죽을 한다. 보통 80 대 20으로 반죽하면 메밀의 성분을 충분히 이용하게 된다. 메밀은 단백질이 많아 영양가가 높고 독특한 맛이 있어 국수 · 냉면 · 묵 · 만두 등의 음식 재료로 널리 쓰인다. 특히 메밀이 많이 생산되는 강원도 · 함경도 · 평안도 지방에서는 메밀로 만든 막국수나 냉면이 향토 음식으로 발달했다. 어린 잎은 채소로 먹고, 꽃이 피기 전에 줄기를 베어버린 것은 사료로 우수하다. 메밀껍질로 만든 베개는 가볍고 부서지지 않으며 통풍이 잘되어 서늘하고 습하지 않아서, 열기를 식히고 풍증을 없앤다고 하여 명성이 높아 두통이 잦은 사람에게는 유익하다.

메밀과 무

메밀 중독에는 무를 짜서 즙액을 내어 마시거나 살구씨를 잘게 부수어 맹탕으로 끓여 먹는다. 메밀은 찬 음식이고 무는 따뜻한 음식으로 궁합을 이룬다. 이런 궁합은 메밀 중독을 풀어 주는 무의 역할이 있어 메밀 소반에는 반드시 무가 들어간다.

구황 시기에는 메밀을 주식으로 이용했는데, 메밀이 반 정도 익어 줄기와 잎이 연할 때 베어 말린 후 가늘게 썰어 충분히 볶아 빻은 것을 채로 쳐서 가루를 낸 다음 물에 타서 먹으면 밥 한 사발과 맞먹는다고 한다. 만약 베는 시기가 늦어져서 가을에 벤 것은 메밀 짚도 함께 가볍게 두드려 볶은 다음 가루로 만들어 먹었다. 가을에 베어 먹는 것은 괜찮지만, 가을 후에 베는 것은 곡식 가루와 섞어 먹지 않으면 독이 있어 몸에 해롭다.

재배

메밀은 짧은 시기 재배가 가능하고 봄과 가을 두 번 파종할 수 있다. 이는 봄에 심어 여름에 수확하기에 알맞은 여름메밀과 여름에 심어 늦가을에 수확하기에 알맞은 가을메밀로 나눈다. 주로 재배되는 품종은 가을메밀의 각 지방 재래

메밀

종이다. 여름메밀은 5월 중순에서 하순 사이에 파종하고, 가을메밀은 7월 중에 파종한다. 생육 기간도 짧고 병해충도 별로 없어 재배가 쉽다. 파종 방법은 흩어 뿌리기나 줄뿌림 · 점뿌림 등 다양하게 할 수 있다. 밭 가장자리, 논둑 등 꽃이 예뻐 길가에 뿌리기도 한다. 꽃은 7~10월에 피는데 작은 꽃이 여러 개 달린다. 색은 보통 백색인데 때로는 담홍색을 띠기도 한다. 메밀꽃을 선물용 꽃다발로 사용하는데 아름답기 그지없다. 꽃이 지고 난 뒤에는 10월에 작은 열매가 달리는데 줄기를 베어 말린 뒤 열매를 털어 수확한다.

채종과 보관

7월에 심는 메밀만 씨앗을 받을 수 있다. 꽃이 진 뒤 검은 열매가 달린다. 줄기를 베어 햇볕에 3~4일 말린 뒤 씨앗을 털어낸다. 털어낸 씨앗을 또 한 번 말려 껍질을 벗겨내지 않고 씨앗 주머니나 통에 보관한다.

메밀 씨앗은 껍질이 있어 상온에서 5년 이상 보관할 수 있다.

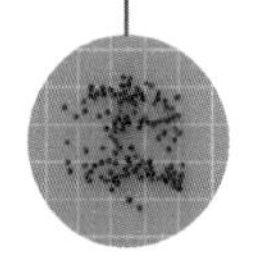

배추

배추의 역사(속노랑배추의 역사)

원래 배추는 백채(白菜)라 불렸으며 고소한 맛을 가진 속노랑배추가 개량 품종으로 등장하면서 황채(黃菜)라는 신조어가 탄생했다. 속노랑배추는 봄 재배형으로 품종 개량되었으나 이후 여름, 가을, 겨울 배추 품종들이 '속노란 배추' 품종으로 전환하여 출시됨으로써 지금의 사계절 김치의 역사를 만들었다.

약성

배추의 약용은 적은 편이다. 옛날부터 배추를 많이 먹으면 담(가래)이 생겨서 먹지 않는 사람들도 있다. 중국이나 한국 사람이 가래가 많은데 그 이유가 배추를 많이 먹은 결과일 수도 있다. 배추씨는 오장육부와 위를 통하게 한다. 배추 씨앗은 기름을 짜서 머리에 바르면 머리털이 길어지고, 칼에 바르면 녹이 슬지 않는다. 또한 배추 씨앗 기름은 열과 기침을 내린다. 특히 배추는 술독을 풀어 준다. 다섯 가지 맛이 있는 배추는 국으로 먹으면 오미를 살리기도 한다.

배추의 역사

한국 채소 역사의 근원은 중국이다. 중국에서는 5~7세기경에 재배된 것으로 보고 우리나라에는 조선 시대 14세기 이후 도입되었으며, 1850년경 중국에서 들어올 때 '백채'라는 이름으로 들어온 것이 '개성배추'였다. 1960년대 이전에는 한국의 재래종으로 반결구종인 개성배추와 서울배추가 있었다. 1906년 원예 모범장이 설립되면서 중국에서 도입된 고정종 포두련배추, 적예배추, 화심배추, 산동배추 및 일본에서 도입된 경도3호배추가 재배되었다. 1953년 원예시험장에서 우량 계통 선발시험을 실시하기 시작했다. 뿌리 주변이 썩는 연부병에 약하긴 하지만 중국에서 들어온 청방배추와 일본 다이끼이 종묘사에서 육종한 경도3호배추는 우리나라 배추 재배 초기 역사에 대표적인 가을 결구배추다.

종묘회사의 배추 개량 역사

우리나라에서 최초로 교배한 김장을 하는 가을배추의 등장은 1960년대 원예시험장에서 경도 3호와 청방배추를 교배해서 만든 청경배추가 그 기원이라고 할 수 있다. 이후 결구와 반결구의 중간 형태로 종묘회사에서 육종한 대형50일배추가 등장했다. 1962년에 교배 품종인 불암1호배추, 2호배추가 홍농종묘에서 육종 재배되었다. 1965년에 나온 불암3호배추는 고소한 맛의 속노랑배추와 파란 잎 수가 적어지면서 폭발적으로 인기를 누렸다. 1970년, 80년대에는 중앙종묘에서 육종 한 내병불암3호배추, 대형가락배추, 삼진배추 등 가을배추가 등장하였고, 1990년에는 맛, 색깔, 저장성, 가공성, 신선도, 영양 등을 고려한 품종 육성에 주력하면서 홍농종묘에서 결구되는 것으로 내엽이 노란색인 불암3호배추, 노랑김장배추 등이 나왔다. 2000년대 중반에는 내병성이 강한 것에 치중하여 육종하였다.

포두련배추 (SD7176)

도입종 배추

포두련배추

중국 산둥반도가 원산지로 백방계(황엽)와 청방계(흑엽)로 나뉜다. 결구배추인 백방형은 우리나라에 먼저 도입되었으나 병에 약해 오래 재배되지는 않았다. 청방배추는 기존 배추와 달리 엽수가 많고 속이 약간 노랗게 나올 듯 말 듯 장미형 타입으로 품질은 약간 떨어졌으나 병에 강하고 수송성이 좋아 교배종 품종이 보급되기 전까지 남부 지방에서 많이 재배했다. 청방계 배추는 오늘날까지 교배종 육종 소재로 많이 이용된다.

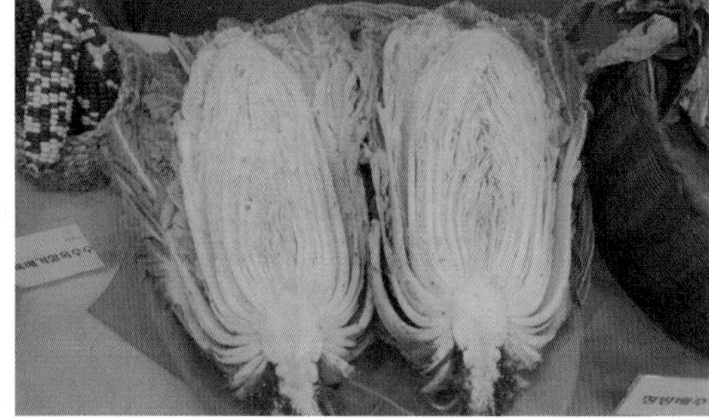

청방배추 (SD5679)

경도3호배추

일본의 다이끼이 종묘에서 포두련과 지부배추의 자연 교잡종을 선발하여 육성한 품종이다. 흑엽종으로 잎이 대형이며, 구도 크다. 생육 일수는 90일 정도의 만생종이며, 노균병에 약하지만 맛이 좋다. 사질양토가 좋다.

서울배추 (SD7263)

서울배추 (SD7263순천302)

직예배추

겉잎은 황록색이고 결구되는 잎은 잎끝까지 황백색이다. 초세가 왕성하고 속잎 줄기는 순백색이며 속잎과 겉잎의 길이는 50~60cm 정도였다. 잎에 주름이 많은 중형의 중생종으로 병충해에 강하다. 해방 전에 평안남도 지방에서는 김장 배추로 거의 이 품종을 재배했다.

화심배추

구는 작으나 질이 연하고 숙기가 빨랐다. 잎은 담녹색으로 주름이 많으며 완전히 자라면 중엽색이 황백색으로 되어 매우 아름다웠다. 생육 기간 60일 정도의 조생종이며 내병성도 강했다. 도시근교에서 풋배추로 재배해서 팔아 수익을 얻는데 각광을 받았다.

산동배추

중국 산둥 지방 원산의 반결구 배추다. 연한 녹색이며 주름이 많았고 잎 가장자리가 톱니 모양인 절엽계와 둥그런 환엽계가 있었다. 우리나라에서는 남부 지방에서 많이 재배되었다. 직예배추보다 숙기가 빨랐고 구가 좀 작았으나 품질이 좋은 편으로 내병성은 강하나 대신 수량이 적다.

재래종 배추

백채(白菜)로 불린 이들 중국에서 도입된 품종과는 달리 우리나라 재래종 배추의 인기도 상당히 높았는데 특히 서울배추와 개성배추였다. 그리고 의성배추, 전주 지방 재래종 또한 인기가 있었다.

서울배추

조선 황실의 채소로 오래도록 재배되어 왔다. 결구를 하지 않고 통이 길며 잎이 연두색이었다. 초세가 강하고 파종기의 폭이 넓어 어느 때나 파종이 가능하며 어느 토양에서나 잘 자란다. 특히 서울 근교의 얼갈이배추로서 오랫동안 명성을 유지해 왔다. 국을 끓여 먹으면 제일 맛있다.

개성배추

우리나라 배추의 대표 품종으로 개성 지방에서 많이 재배되었다. 서울배추에 비하여 현저하게 큰 반결구 배추였다. 잎은 서울배추보다 진한 녹색을 나타내며 잎맥은 두껍기는 하지만 전체적으로 작은 편이었다. 배추통이 크고 병해충에 강했다. 가을 김장용으로 널리 재배되었다.

개성배추 (SD6762)

의성배추 (SD0128)

의성배추

경북 의성군 춘산면 신흥3리에서 김병욱 씨가 보존했다. 경북 의성 지역에는 의성반청무와 의성배추가 있는데 의성반청무는 우리나라 무 육종에 중요한 자원이 되고 있다. 의성배추는 경신종묘가 선발해 뿌리 배추, 명지엇갈이로 개량해서 판매하고 있다.

뿌리배추는 의성읍을 중심으로 보존되는 의성배추로, 뿌리를 깎아 먹기도 하고 가을에 움에 저장했다가 봄에 먹기도 한다. 늦가을에 지상부 잎을 잘라 시래기로 국 끓여 먹기도 하고, 가을에 생으로 먹기도 한다. 명지엇갈이배추는 약간 서늘한 곳에서 재배하면 8월 20일 수확이 가능하다. 7월 말부터 8월 초까지 파종이 가능하여 의성 지역은 서울배추가 아닌 뿌리배추 계통을 재배했고 여름철 채소가 귀할 때 명지엇갈이배추 계통을 재배해 왔다. 재래종 의성배추는 춘산면 일대 대대로 재배한 반결구배추로 10장 내외로만 결구가 되므로 이제는 김장김치로는 사용하지 않고, 5월부터 8월 말까지 전부 직파로 흩어 뿌려서 연중 솎아 먹곤 한다. 계절에 따라 다르지만 겉절이, 김치, 시래기, 쌈으로 이용한다.

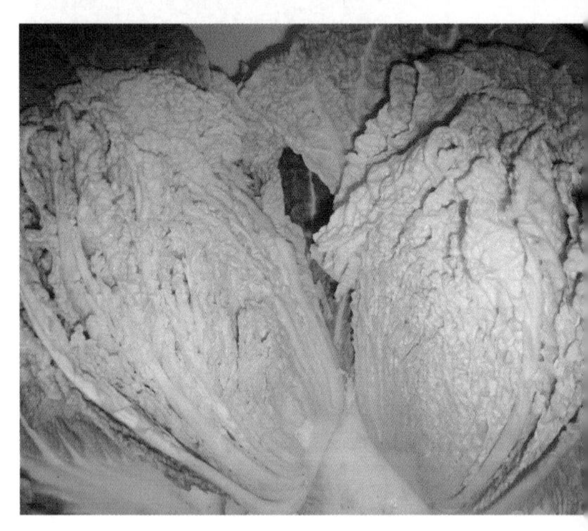

무릉배추 (SD0694제주401)

의성배추를 김장김치로 이용한다면, 가을에 수확해 그늘에 10일 정도 반건조시킨 상태에서 소금에 절여 작은 독에 담아 땅속에 묻어 저장했다가 봄에 꺼내 썰어서 김치 과정과 같게 양념을 해서 먹는다. 김장김치가 바닥날 때 먹는 봄용 김치로 이용한다. 가을에 그늘에서 반건조를 해야 푸른 색을 유지할 수 있고 수분이 빠져 저장력을 높일 수 있다. 김장김치보다 더 늦게까지 먹기 위해 염도를 더 높게 절인다. 의성배추가 보존되는 이유는 맛도 좋지만 늘 먹을 수 있기 때문이다. 가을쯤 되어서 부분적으로 결구된 것을 먹으면 달고 연하며 물기는 적고 정말 고소하여 어떤 배추도 따라올 수 없다. 서울배추는 여름에 과습하면 습해를 받을 수 있는 반면, 의성배추는 습해를 받지 않고 재배가 가능하다. 추석 때 고향에 오면 쌈으로 먹거나 삶아 먹으려 서로 베어간다. 현재 의성배추는 겉절이 김치, 쌈, 국거리 시래기용으로 이용되는데 특히 가을에 시래기용으로 80~90%를 활용한다.

의성 지역에서는 시래기로 먹는 방법이 특이한데, 가을에 20~30평 시래기용으로 심고, 겨우내 처마 밑에 매달아 놓는다. 시래기를 콩가루 묻혀서 국도 아니고 찌개도 아닌, 국물은 적게 하고 콩가루를 넣어 먹었는데 구수한 맛이 난다.

의성배추는 뿌리를 캐서 움에 저장할 경우 가을에 잎만 자르면 싹이 나오니까 그대로 두었다가 이듬해 5월에 채종한다. 특히 배추 뿌리가 발달한 것은 시기를 두지 않은 데다가 겨울을 날 수 있어 뿌리가 발달한 것이 아닐까 하는 생각도 해본다. 의성배추는 의성 토착 종묘회사인 경신종묘에서 두 가지를 선발하여 판매하고, 민가에서 자가 채종하여 배추 재래종으로 보존되고 있다.

제주구억배추

2008년 제주 토종 조사에서 찾아낸 배추로, 제주시 구억리에서 사시는 조세희 할머니가 자가 채종한 결구 배추이다. 이 배추는 김장용 90일배추로, 속잎이 노랗게 나올 듯한 장미형 모양의 결구를 갖는 것으로 경도3호와 청방배추 교배종으로 불암배추 또는 신가락 육성종에서 자가 채종해서 전래되어 온 것 같다.

재배

배추 재배법은 결구배추와 반결구배추의 방식이 다르다. 결구배추는 8월 중순에 파종해야 영하 8도로 내려가기 전에 결구가 완성돼 김장용으로 사용할 수 있다. 반결구배추는 원래 조선 재래 배추로 9월 중순 이후에 파종하면 된다. 배추 농사가 어려운 것은 8월부터 10월 중순까지 배추벌레가 기승을 부려 배추 잎사귀를 다 갉아 먹거나 진딧물 피해가 커 천연 농약이든 농약을 사용해야만 하기 때문이다. 이는 우리나라 토양과 기후에 적응된 것이 결구가 아닌 반결구, 즉 조선배추가 알맞다는 것을 입증한다. 반결구를 9월 중순에 심으면 벌레 피해가 적다. 결구 배추도 9월 중순에 파종하면 벌레 피해가 적은 대신 완전한 결구가 되기 어렵다.

배추는 물을 많이 필요로 하므로 중국에서는 배추 경작지 가운데 우물을 만들어서 배추에 수시로 물을 주었다. 9월부터 10월 중순까지 충분한 수분이 있어야 배추의 성장세가 좋다. 배추의 초기 성장세는 거름보다 수분이라는 사실에 주목할 필요가 있다. 대부분 거름을 많이 주면 병충해 피해를 받기가 쉽다. 일반적으로 배추는 11월 중순 이후부터 수확이 가능하다. 배추는 겨울을 지내므로 10월 초순에 파종하면 이듬해 2~3월경에 봄동으로 먹을 수 있다. 배추 병충해 여부는 파종 시기에 결정된다는 것에 주목한다면 배추 농사가 어렵지 않음을 알 수 있다. 결구배추는 11월 초순에 덜 결구된 상태에서 한파를 맞을까 우려해서 묶어 주기도 하는데, 배추의 속까지 어는 온도는 영하 8도이므로 굳이 묶어 주지 않아도 한파 피해를 볼 염려는 거의 없다.

90일배추(김장배추) 파종

배추는 서늘한 기후를 좋아하며 결구배추는 저온을 필요로 한다. 발육기는 섭씨 20도, 최저 온도는 15도다. 영하 8도 이하에서는 동해를 입는다. 이를 고려한다면 결구배추는 8월 중순경에 모종을 내어 9월 5일 이전에 옮겨 심는다. 너무 일찍 심으면 무름병이 올 수 있다. 남부 지방에서는 9월 10일까지 모종을 옮겨 심는다. 반결구배추인 재래종 배추는 9월 중순 이후에 파종한다.

직파

모종을 내지 않고 밭에 직접 씨를 뿌리는 경우는 8월 하순, 9월 중순, 10월 초순까지 가능하다. 8월 중하순에 파종하는 것은 결구를 목적으로 두는데, 결구의 여부는 실제 수분량의 충분함 여부다. 9월 중순부터 10월 초까지 비가 자주 오면 결구가 잘 된다.

9월 중순 이후에 씨를 뿌리는 것은 반결구나 이듬해 채종을 목적으로 했을 때다. 10월 중순 이내에 씨앗을 뿌리면 2월경에 솎아서 먹고 씨앗을 낼 수 있다.

모종의 장단점

모종을 내서 심는 까닭은 9월까지 기세가 남은 풀의 방해를 받을까 봐서이다. 하지만 모종은 뿌리를 깊게 내리지 못해 병충해에 약하고, 무엇보다도 산간에 심을 때는 들쥐를 비롯한 동물들로부터 싹이 초토화 된다. 따라서 풀 문제를 해결하면서 이를 방지하기 위해서는 밭을 고르게 만든 뒤에 배추 씨앗을 흩뿌린다. 이후 솎아서 먹고 옮겨 심는다. 옮겨 심는 날은 비가 오기 전날이 좋고, 오후 늦게 옮겨 심어야 햇볕에 의한 시듦이 덜하다. 비가 오지 않으면 땅에 구멍을 내고 목초액을 물과 희석하여 넣고 배추를 옮겨 심는다. 모종 심을 때 수분을 넣는 것은 몸살을 덜 하고 뿌리를 잘 내리도록 유도하기 위한 것이다.

채종과 보관

배추는 영하 8도에서 생장점이 얼어 죽는다. 그래서 중부 지방에서는 채종할 배추를 뽑아 따로 저장했다가 이듬해 3월 말에 심는다. 형질이 잘 유지된 배추를 선발해서 통째로 보관하기보다 아래 부분의 하얀 줄기 절반을 가로로 잘라(이때 생장점을 자르지 않도록 해야 한다) 뿌리를 위로 하여 땅에 묻거나 박스에 넣어 0도 이상의 얼지 않는 곳에 보관한다. 또는 이듬해 봄에 먹을 봄동을 재배하듯이 배추 씨앗을 10월 초에 파종하면 잎이 몇 장이 난 상태에서 겨울을 맞이하는데, 겨울 동안 잎은 죽고 뿌리는 살아 이듬해 3월이면 다시 새순이 나오고 4~5월이면 꽃대를 올린다. 결구가 되지 않은 배추를 수확하지 않고 밭에 남겨 두면 전부는 아니더라도 일부 살아남아 이듬해 봄에 순이 다시 나오며 꽃대를 올리기도 한다. 남부 지방에서는 결구되지 않은 배추를 밭에 방치하고 겨울을 지내고 나면, 3월경에 새순이 나오고 씨앗으로 쓸 배추를 제외하고는 봄동으로 먹으면 된다. 배추는 교잡이 잘 되므로 형질보존이 잘 된 것을 선발하는 경우에만 채종할 배추를 뽑아서 뿌리를 보관하는 것이 좋다. 봄동으로 먹을 것과 채종을 목적으로 한 씨앗 파종은 10월 초순에 하면 이듬해 봄동으로 먹고 나머지는 꽃대를 올리도록 한다. 3~4월에 새순이 나오는 배춧잎은 먹고 꽃대가 올라가면서 꽃이 피고 꽃이 진 뒤에는 꼬투리가 생겨 갈변하면서 잎도 누렇게 변한다. 갈변한 색깔이 3분의 2 정도 되면 줄기를 잘라 씨앗이 흩어지거나 새지 않도록 깔개를 깔고 1주일 정도 잘 말려서 턴다. 배추는 꼬투리가 잘 터지므로 채종 시기를 늦추면 꼬투리가 터져 씨앗이 밭에 떨어져 채종을 못할 수도 있으니 주의해야 한다. 채종한 씨앗은 용기에 담아 햇볕에 3~4일 말려 보관한다. 배추 씨앗은 강한 햇볕이나 열이 많은 곳에 보관하지 않고 공기가 잘 통하는 서늘한 곳에서 보관하면 4~5년 동안 발아율이 떨어지지 않는다.

십자화과인 배추는 자연 교잡률이 매우 높다. 배추 품종끼리 외에도 갓의 형태와 20~50%까지 교배된다. 여러 품종이나 갓과 재배하는 경우 선발 육종을 꾸준히 해야 배추도 자기 성질을 유지할 수 있다. 자연 교잡을 피하기 위해서는 100m 이상 떨어진 곳에서 재배해야 한다. 품종이 다른 배추끼리도 최소한 50m는 떨어져야 한다. 만약 떨어뜨릴 수 없다면 채종할 것이 꽃대를 올려 꽃이 필 무렵 한랭사를 씌워 교잡을 최소화한다. 한 농가에 한 작물당 한 품종을 심는 것이 바람직하다.

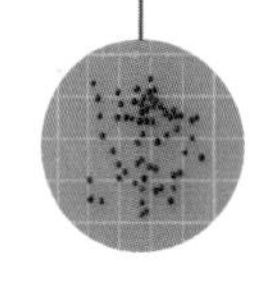

무

재배 기원

무는 기원전 4000년경 이집트에서 재배했다. 재배지역은 유럽과 동남아시아 전역에서 재배하고 있다. 우리나라에는 기원전부터 도입됐을 거라고 추측하고 있으며, 무가 우리나라에서 장구하게 재배된 것은 다른 채소보다 재배가 쉽고, 뿌리를 쪄서도 먹고 김치를 만들기도 하고, 생으로도 먹을 수 있으며, 잎 또한 생으로도 말려서 사용할 수 있기 때문이다.

생리

무는 십자화과의 1년생 작물이다. 무는 서늘한 기후를 좋아하고, 생육 적온은 15~20도로 추위에 강하다. 영하 1도에서 무가 언다. 생태적으로 가을 무, 봄 무, 여름 무로 나뉜다.

약성

무는 뿌리, 잎, 씨앗을 약으로 쓴다. 무 뿌리는 맵고 달며, 잎은 쓰고 따뜻하다. 기침, 기관지, 천식, 황달 등을 치료한다. 무는 날것과 삶은 것에 따라 약성을 달리한다. 무를 굽거나 삶아 먹으면 소화력을 좋게 하고 장부를 조화롭게 하며 화기를 내려 가래와 기침, 담을 사라지게 하고, 관절이 좋지 않은 것을 치료하며, 몸이 가벼워지며 살결이 희어진다. 반면에 생즙을 먹으면 기를 오르게 하며, 소갈증과 심한 이질, 체증, 술독, 어혈, 설사를 치료한다. 무 씨앗이나 무를 갈아서 즙을 내어 먹으면 풍담을 다스리고, 흡연하는 사람들의 니코틴 독을 없애며, 타박상을 다스리며, 식초에 개어 바르면 종기와 독을 없앤다. 특히 무를 조청으로 만들어 항상 먹으면 진해, 거담, 두통, 위산과다, 복통, 치통, 관절염, 위경련 등을 치료하며, 일반 강장제로서도 좋다. 특히 무는 돼지고기와 함께 삶아 먹으면 몸을 건강하게 한다. 또한 대소변을 통하게 하고, 빈혈을 다스린다. 고기에 무를 넣으면 고기의 비린내를 없애고 몸을 건강하게 한다. 또한 중풍에 무즙과 생강즙을 섞어 마시면 치료에 도움이 되며, 무와 배를 함께 끓여 먹어도 도움이 된다. 토종 무는 매운맛이 강하다. 반면에 개량 무는 매운맛은 거의 없고 단맛을 강화하여 무의 매운맛에서 나오는 약성을 약화할 수 있다.

토종

깍두기, 동치미는 무만 이용하고, 소형무, 알타리무, 열무는 무와 잎을 동시에 이용한다. 열무는 지역에 따라 기호도가 다른데, 열무 잎은 잎이 상추처럼 넓적한 판엽계와 잎이 삐죽삐죽한 절엽계로 나눈다. 판엽계는 전라도에서, 절엽계는 나머지 지역 사람들이 주로 먹는다. 한국 사람들은 아삭아삭 깨물어 먹는 것을 좋아하여 육질이 단단한 무는 특히 재배 역사가 오랜 만큼 다양한 재래종으로 정착했다. 주로 중국을 통해 들어온 북지무 계통으로 서울무, 진주대평무, 중국청피무 등이 있고, 작은 무 계통에서 분화된 알타리무, 봄무 등과 일본을 통하여 들어온 남지무 계통인 궁중무, 미농조생무, 선호원무 등이 있다.

순창 조선무

조선재래무

육질이 단단한 것이 특징이고 수확량은 적은 편이나 김치용, 생식용, 익혀서 먹는 것, 장아찌용으로 이용된다. 1910년 이후 조선 재래무가 일본계 무와 교잡이 일어나 잡종이 많이 생기게 되었는데, 울산무와 남강무가 그 예다.

서울무

서울의 옛 이름 경성무라고도 불렀다. 서울무는 고양시, 뚝섬, 은평에서 주로 재배되었다. 서울무는 조선조 왕실의 채소로 오랫동안 개량되었다. 뿌리 모양은 원통형이고, 길이는 21~24cm로 대부분 뿌리 끝이 둥글다. 겉껍질은 거친데, 특히 붉은 빛을 많이 띠고 굳은 땅에서 재배된 것은 더욱 거칠다. 육질이 단단해서 다음 해 봄까지 저장되며, 바람이 잘 들지 않아 장기 저장용으로 적합하다.

계림무

주산지는 경북 경주시 부근의 비옥한 지대로 경주 재래종이다. 뿌리 모양은 짧은 원통형으로 뿌리 끝이 둥글고 굵었으며 저장성이 우수하다.

풍산무

주산지는 경북 안동군 풍산면 하리 등에서 재배되어 풍산무라는 이름이 붙었다. 뿌리 모양은 원방추형으로 일본의 성호원무와 같이 둥글고 컸다. 재래종 중 익혀 먹는 무로서는 가장 우수하다.

백양사무

주로 전라도 섬진강 일대에서 분포하여 다른 곳에는 별로 전파되지 않았다. 뿌리 끝은 현저히 가늘고 모양은 방추형이며 그리 단단하지도 않고 풍산무보다 연하며 순무와 같이 유연해서 탄력성이 있다.

남강무

경남 진주시 진주읍 낙동강 일대에서 재배되던 무다. 1907년 일본의 성호원 무가 진주 지방의 재래무와 자연 교잡된 잡종이 재배되어 온 것이 남강무다. 특성은 초세가 왕성하고 뿌리는 비대력이 우수하여 큰 무로 외형이 좋고 육질이

설옥무(조선무) (곡성376)

게걸무

쥐꼬리무

치밀하여 맛이 좋았다. 저장 중에 바람이 들지 않으므로 겨울 동안 익혀서 먹는 무로 가장 우수했다.

진주대평무

진주대평무는 경남 진양군 대평면의 남강 상류 유역의 사질양토 지대의 특산무로 신풍무라고도 한다. 진주 대평 지방의 재래종과 청수궁중의 교배 후대로 추정되며 바이러스에 강했다고 한다. 특성은 초세가 왕성하여 약간 직립성이며 뿌리는 비대력이 우수하고 짧은 원통형 또는 중장형이다. 머리 부분은 담녹색으로 밑쪽이 약간 굵고 외형과 맛이 좋았다.

울산무

1915년 경남 울산의 김동기 씨가 도입한 품종인 감태무의 종자를 구입하여 울산에서 채종하던 중 울산 지방의 재래종과 자연 교잡돼 육성된 것이 울산무다. 뿌리 끝이 둥글고 꼬리가 긴 것으로 진딧물에 강하다.

게걸무

게걸무는 경기 이천시 대월면 군량1리에서 재배되는 재래종이다. 게걸무는 전국에 명성이 있던 무 재래종도 아니고, 상업적으로 재배된 재래종도 아니었다. 한 지역에서 80년 이상 재배돼 자급용으로만 재배해 온 재래종이다.

게걸무는 뿌리 모양이 순무처럼 생겼으며, 옛날 배추 뿌리 정도로 작고, 수분이나 영양 공급이 적을 때는 잔뿌리가 많이 생긴다. 수분 함량이 적어 야물고 저장력이 가장 뛰어나다. 장다리를 박아 씨앗을 채종한 뒤에도 게걸무 뿌리가 성성한 것이 나올 정도다. 게걸무는 매운맛이 있기 때문에 배추보다 2~3배 소금을 넣어 짜게 담그고, 김치가 익을 때까지 기다려야 매운맛이 없어지고 칼칼하고 구수한 맛이 생긴다.

게걸무는 보리와 밀 농사 뒤 팥, 콩 그루를 갈기 전에 그 사이작으로 훌훌 뿌렸다. 고추 농사를 하면 주로 고추가 죽은 곳에 심거나 7월 말에 참깨 베고 남은 공간에 김장 무보다 15일 일찍 씨를 뿌린다. 채종은 3월 마늘밭 사이에 심어 꽃피고 열매가 맺히면 한다. 이 밖에도 용현무, 서울봄무, 알타리무, 중국청피무, 송정쥐꼬리무, 갯무 등이 있다.

순무 (SD0453강화160)

첫째 줄부터 강화순무, 쥐꼬리무, 벗들무시, 조선무 (순천308SD0175)

강화순무

강화순무를 많은 사람들이 무라고 생각하는데, 강화순무는 사실 배추이다. 순무 씨앗은 무 씨앗과는 완전히 다르고, 배추 씨앗과 똑같이 생겼다. 그래서 사람들이 종종 배추인 줄 알고 뿌렸다가 순무를 보게 된다. 강화순무는 강화도에서 재배되는 유일한 채소 재래종으로 대다수 농가에서 각자 취향대로 종자 선발하여 유지하기 때문에 모양, 색, 잎 종류가 다양하다. 순무는 무보다 영양가가 높아 전 세계적으로 재배되며 특히 미국에서는 중요한 채소로 재배되고 있다. 무보다 육질이 단단하여 소금절이에 적당하다. 순무는 뿌리 형태에 따라 구형, 편구형, 원추형, 방통형, 원통형, 육각형으로 구분된다. 뿌리의 색깔은 품종에 따라 백색계와 적자색, 홍색 등의 착색계가 있다.

재배

뿌리를 먹기 때문에 뿌리가 잘 내릴 수 있도록 최소 20cm 정도의 둥근 두둑 높이를 만들어야 한다. 배수가 잘되는 땅이어야 한다. 잘 발효된 '약간'의 퇴비를 넣어 둥근 두둑을 만든다. 퇴비를 넣지 않아도 작지만 야문 무를 얻을 수 있다. 또한 땅이 부드럽지 못해도 아주 딱딱한 땅이 아닌 바에야 울퉁불퉁하지만 뿌리가 물과 양분을 찾아 내려간다. 이 과정에서 뿌리는 매우 튼튼하고 야물어져 저장성이 뛰어난 무가 된다. 무는 약성으로 먹는 대표적인 음식으로 크기는 작더라도 순환농으로 자란 무가 약성이 뛰어나다.

무를 파종할 때는 둥근 두둑에 씨앗을 넣은 뒤, 싹이 나면 한두 차례 솎아 먹는다.

김장 무로 쓰지 않고 무 자체를 퇴비로 만드는 방법도 있다. 건조하고 딱딱한 땅에 무를 심어서 무가 다 크면 잎만 따서 시래기를 만들거나 먹고 뿌리는 수확하지 않은 채 땅속에서 썩도록 하면 통기성이 좋아지고 유기물을 확보할 수 있다. 딱딱하고 건조한 땅을 좀 더 빠르게 비옥하게 만들기 위해 뿌리식물을 땅속 유기물로 확보하는 방법이다.

채종과 보관

무는 영하 2~3도에서는 언다. 대체로 11월 25일경에서 말경에 영하로 내려가는 날이 있는데, 무 수확을 11월 말에 하면 큰 무리가 없다. 무를 수확해서 잎을 손으로 비틀어 따서 시래기로 말리고, 땅을 90센티 이상 깊이 파서 무를 저장한다. 또는 경사진 땅에 땅을 파서 저장하게 되면 무가 필요할 때 꺼내 먹는데 불편함이 덜하기도 하다. 무를 저장할 때는 뿌리가 위로 오도록 거꾸로 저장한다.

채종용으로 사용할 무는 종자의 특성이 잘 나타난 것으로 두서너 개 골라서 저장하면 된다. 땅을 파서 움을 만들어 저장하는 방법 외에 고무통, 항아리에 넣고 짚이나 왕겨로 두껍게 덮어 뚜껑을 닫으면 된다. 아파트에서는 스티로폼 상자에 넣어 보일러실이나 베란다에 놓아 두면 된다. 영상 2도에서 보관하면 된다. 영하로 내려가지 않도록 유의하면 된다.

보관된 무를 꺼내 이듬해 3월 말에 땅에 다시 심고 봄 냉해를 피하기 위해 짚이나 풀로 두껍게 덮어 둔다. 이것을 두고 장다리를 박는다고 한다. 4월 하순에 꽃이 피면 줄기가 꺾이지 않도록 줄을 둘레에 친다. 씨가 야물어 노랗게 익으면 베어서 양지에서 말린 뒤 발로 짓이겨 씨앗을 얻는다. 배추씨와 달리 무씨는 껍질이 두꺼워 잘 까지지 않는다. 무씨는 상온에서 4~5년 보관이 되고 냉장고에서 더 오래 보관할 수 있다.

미나리

재배 기원

원산지는 인도차이나이다. 중국에서는 4000년 전부터 분포했다. 한자로는 근전(芹田)이라고 하는데, 고려 시대에는 '근저(芹菹)'라고 하여 자손을 번창하게 한다고 하여 임금님 수라상에도 올랐으며, 미나리 김치로 제상에도 올라갔다. 늦어도 고려 시대부터 키워 먹은 오래된 작물이다. 우리나라 최초 국어사전인 『훈몽자회』에서 처음 미나리라고 표기했다.

생리

미나리는 '물에서 자라는 나리'라는 뜻으로, 미나리과 여러해살이풀이다. 미나리는 동양 각지에서 자생하는데, 야생종은 북으로는 만주, 남으로는 인도 및 동남아시아 등지에 많이 분포한다. 유기물이 많은 습지에서 자라는 미나리는 물을 정화하는 능력이 뛰어난 식물 중 하나로 하수 처리장 같은 역할을 한다. 20~50cm 정도 길이로 자라고, 꺾어 보면 줄기 속이 비어 있다. 7~9월에 하얀 꽃이 핀다.

약성

기미는 달고 평하며 독이 없다. 미나리는 해독 효과가 좋다. 미나리 즙을 마시면 소아의 열기, 신열, 두통을 없애고 구취에도 이롭다. 중세 유럽에서는 인도에서 들여온 말린 미나리가 후추에 필적하는 귀한 대접을 받았다.

이용

우리나라 사람들이 가장 많이 이용하는 허브다. 특유의 향 때문에 날로 먹거나 각종 요리에 쓰인다. 다른 나물과 달리 쫄깃한 식감이 있다. 주로 무쳐서 나물로 먹거나, 생선 등을 이용한 탕이나 국 요리의 비린 맛을 없애기 위해 많이 쓴다. 호남 지방에서는 데친 미나리를 초고추장에 찍어 먹는데, 초고추장의 강한 향에도 죽지 않고 미나리 향이 더 강해 새콤한 초고추장 맛과 잘 어울린다. 미나리로 전을 만들기도 한다.

토종

약 30여 종의 자생종이 있다. 대부분의 형은 직립형이며, 제주의 미나리는 잎이 땅에 붙어 번식하는 포복형이다. 돌미나리 또는 멧미나리는 산야나 습지에 자생하는 것으로, 재배하는 미나리보다 줄기가 억세고 키가 작지만 향이 짙다. 유사종으로 제주도에서 자생하는 개미나리가 있다.

재배

봄철에 미나리를 먹으려면, 9월 이후에 씨앗을 파종해서 하우스에서 모종을 길러야 하지만, 노지에 심으면 이듬해 가을에야 자라 먹을 수 있다. 미나리는 뿌리와 줄기 번식이 워낙 왕성한지라, 8~9월에 미나리 뿌리를 심으면 이듬해 봄부터 미나리를 먹을 수 있다. 뿌리만이 아니라 줄기 매듭에서도 뿌리가 나오므로 줄기를 잘라 심어도 된다.

미나리를 심는 곳은 습기가 많아야 한다. 논처럼 물을 대어 기르거나 아예 무논에다 기르기도 한다. 무논과 비슷한 습지에 미나리를 기르는 곳을 '미나리꽝'이라고 한다. 미나리꽝에는 거머리 등이 붙어 있기도 하지만 거머리는 미나리에 피해를 입히지 않는다. 특히 미나리는 벌레와 질병에 강한 저항력을 갖고 있다. 또한 물을 정화하는 능력이 뛰어나 미나리꽝을 통해 오폐수를 정화한다. 필자의 집에도 자연 하수가 있는데 연못을 거친 물이 미나리꽝으로 흘러나가 정화한 다음 계곡으로 내려간다.

채종과 보관

6~7월에 하얀 꽃이 피고 씨앗이 맺힌다. 약간 연둣빛과 갈색빛이 섞인 씨앗을 채취해서 통풍이 잘되는 그늘에 두면 갈색으로 변한다. 잘 말린 씨앗을 용기나 종이에 싸서 보관한다. 미나리는 씨로 심기보다 몇 덩이를 캐어 물기 있는 땅에 심어 두면 자연 번식된다.

돌미나리

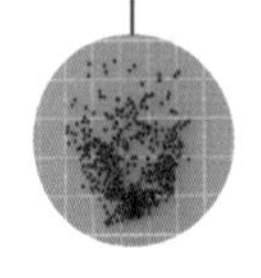

갓

재배 기원

원산지는 중앙아시아이며, 중국을 통해 들어온 갓의 재배 역사는 2천 년이 넘는 것으로 추정한다.

명칭

갓을 겨자 나물이라는 뜻의 개체(芥菜)라고 부른다. 겨자씨만 한 갓씨의 의미로 씨앗을 겨자라고도 한다.

생리

배추와 순무와 같은 십자화과로 야생으로도 잘 자란다. 남부 지방에서 갓은 겨울을 나고 4~5월에 꽃이 피고 씨앗을 맺는다. 갓은 배추와 다른 갓과 교잡이 잘 되므로 특성을 유지하기 위해서는 갓과 배추를 100m 이상 떨어뜨려 심어야 한다.

약성과 이용

갓의 매운맛은 폐와 담에 이롭다. 담체를 소통시켜 경락과 관절 마비를 풀어 주고, 한담으로 인한 해수천식, 흉협통에 쓰며, 종기에 짓찧어 붙인다.

갓은 유럽에서는 매운맛의 향신료로 생선이나 고기와 함께 먹는 재료로 사용한다. 특히 생선회를 좋아하는 지역에서는 가을에 갓에 싸 먹는다. 티베트나 네팔 등에서는 갓잎을 햇볕에 말려 저장하였다가 먹고 절임으로도 먹는다. 우리나라에서는 겨울철 갓김치 또는 김장김치의 양념으로 사용하며, 동치미에 넣기도 한다. 갓의 매운맛을 옅게 하려면 소금에 절이면 된다. 갓을 살짝 데쳐 먹기도 한다. 붉은 갓을 사용하면 붉은 빛을 내는 동치미가 된다. 겨자씨 즉 노란 씨앗은 가루로 만들어 겨자나 약용으로 쓰이는 황개자로 사용한다.

『본초강목』에 "갓에는 청개(靑芥), 대개(大芥), 마개(馬芥), 화개(花芥), 자개(紫芥), 석개(石芥) 등이 있으며. 겨울에 먹는 것을 납채, 봄에 먹는 것을 춘채, 5월에 먹는 것을 하채라고 부른다고 기록돼 있다.

재래종

재래종은 대부분 사라지고 남부 지방의 강가나 들판에 야생종으로 남아 있는데, 재래 갓은 잎의 폭이 좁고 줄기가 길며 가시가 많다. 청색과 적색이 있으며 청색과 적색이 섞인 것도 있다. 우리가 알고 있는 돌산갓은 1960년대 초 일본에서 들어온 '만생평경대엽고채'라는 품종이 돌산대교 세구지 마을에 들어와 남겨진 것이다. 재래종의 맛은 톡 쏘는 매운맛이지만 돌산갓은 매운맛이 덜한 일본계 갓이라고 볼 수 있다. 갓은 남도를 중심으로 오랫동안 재배돼 온 것들이 있는데, 그 특성이 둥근 무잎과 같은 것도 있다. 씨앗은 배추 씨앗과 같은데 노란 씨앗도 보인다.

갓은 뿌리가 길고 커서 뿌리를 먹는 뿌리갓, 밑갓이 있고, 잎을 먹는 일반 적갓, 청갓 등이 있다. 고흥, 해남, 진도 등 해안 지방에 남아 자질로 자란 야생 갓들이 있다.

재배

적갓

청갓

채종해서 재배하는 토종 배추들은 갓과 교잡이 빈번해 갓의 특성이 반영된 것들이 대다수인데, 매운맛의 배추들이 나오고 모양도 갓 모양을 띠기도 한다. 따라서 채종을 위해서는 한 농가에 한 종류의 배추와 갓을 심고, 배추와 갓은 멀리 떨어뜨려 갓은 자생적으로 나는 것을 김장에 활용해도 좋다.

가을 갓은 남부 지방에서는 9월 중순경에 파종해서 11월 말부터 언제든지 수확해서 먹을 수 있다. 중부 지방에서도 마찬가지로 9월 중순에 파종하여 11월 말부터 12월 초 김장에 사용한다. 갓은 흩어 뿌려 얕게 심어도 잘 나온다. 재배는 어렵지 않다. 겨울을 지낸 갓이 봄에 잎이 무성해질 때 진딧물이나 다른 벌레들이 몰려오는 경우가 많다. 그해 봄이 유난히 기온 차가 심하면 특히 진딧물이 심하다.

채종을 굳이 하지 않아도 갓은 씨앗이 떨어져 자연스럽게 발아된다. 갓은 퇴비나 추비 등을 굳이 주지 않아도 잘 자란다.

밀갓 (SD3048횡성305)

유채

재배 기원

유채는 아시아, 유럽, 뉴질랜드 등 세계적으로 널리 재배하는 작물이다. 우리나라에는 1643년 홍만선이 지은 『산림경제』와 1830년 최한기의 『농정회요』에 '운태(雲苔)'라고 기록돼 있는 것으로 보아, 적어도 17세기 이전에 들어와 재배되었다. 한국전쟁 직후 식용유 수요 부족으로 우장춘 박사가 일본으로부터 일본 품종을 들여오기도 하고, 1960년대 이후 경남, 제주, 전라도 일원에서 재배되었다. 유지 작물로 제주도에서 재배를 시작한 것은 최근 일이다.

이용

노란색 꽃이 피는 유채 씨앗은 기름으로 많이 쓰인다. 잎은 쌈 채소로 먹는데, 가랏나물이라는 이름으로 유통되었다. 유채 씨앗에는 38~45% 기름이 들어있어 콩기름 다음으로 많이 소비하고 있다. 또한 기름 짜고 남은 깻묵은 사료나 비료로 사용하고, 인조고무, 비누, 인쇄용 잉크, 화장품 제조 원료로도 쓰인다. 인도나 네팔 등 힌두교 의례에서 어린아이에게 머리와 몸에 유채 기름을 발라 주는데, 추위를 견디고 건강을 유지하기 위해서다. 최근 유채 기름이 바이오에너지의 원료로 뜨고 있는데, 날이 추워지면 금방 굳어버린다는 점이 문제다.

그래서 카놀라유라는 이름의 유채를 개량해서 만든 종이 많이 쓰이고 있다.

종류

동양종과 서양종이 있다. 동양종은 지중해 연안에서 중앙아시아 고원지대가 원산지로, 꽃은 노란색이고 씨앗은 적갈색이라 적종(赤種)이라고도 한다. 우리가 흔히 보는 유채가 동양종이다. 서양종은 스칸디나비아 반도에서 시베리아 및 캅카스 지방에 걸친 지역이 원산지로, 꽃은 노란색에 약간 녹색을 띠며 씨앗은 흑갈색이다. 서양종의 경우, 유전적 형질에 따라 드물게 하얀색 꽃이 피는 유채도 있다.

재래종과 개량종의 차이

1962년 목포시험장에서 유채를 연구할 때, 전남재래를 근간으로 계통 분리해 육종을 시작했다. 제주재래와 망운재래 같은 재래종들이 유채 품종 육종에 이용되었다. 동양종 유채는 담녹색의 배춧잎을 닮았다. 꼬투리가 굵고 짧으며 씨앗이 작다. 씨앗 껍질 색깔은 적갈색인데 드물게 노란색도 있다. 현재 널리 재배하는 개량종은 아사히 · 유달 · 목포 11호 · 용당 등이 있다. 개량종은 기름을 많이 내기 위해 씨앗이 약간 굵고, 배춧잎보다 잎이 가늘다.

유채와 GMO 작물

유채 기름에는 글루코시노레이트 성분 때문에 불쾌한 쓴맛과 독성이 있고, 지방의 상당 부분이 인체에 유해할 수 있는 에루스산(erucic acid)으로 이루어져 있어 바로 식용으로 사용할 수 없어 과거에는 주로 공업용으로만 사용했다. 이런 유해성분을 일정 수준으로 제거하거나 처음부터 유전자 조작을 통해 유해성분 함량을 줄인 유채로부터 얻은 유채 기름은 식용이 가능하고, 이런 식용 유채 기름은 '카놀라 기름'이라는 마케팅 용어로 판매되기도 한다. 유채 기름을 가리키는 영어의 'rapeseed oil'이라는 단어가 어원상 아무 상관이 없지만 부정적인 단어 'rape(강간)'를 연상시키고 과거의 공업용 기름이라는 이미지에서 벗어나기 위해, 캐나다 유채 학회에서 캐나다의 'Can'과 'ola'를 합성해서 '카놀라'라는 이름을 만들었다. 특히 유전적으로 인체에 무해한 유채 기름을 생산하는 유채의 한 품종을 카놀라라고 한다.

최근 제주도에서 재배하는 유채가 GMO 작물이라는 말이 있지만, 우리나라에서는 GMO 씨앗 즉 LMO는 들어오지 못하며 시험 재배 용도로만 들어올 수 있다. 하지만 이런 법망을 통해 2017년 경관용 씨앗이 중국 상인을 통해 들어와 전국 58개소가 적발되었다. 유채의 경우는 자연 교잡률이 매우 높은 십자화과로, 경관용 유채를 심은 곳에서 반경 4km 이내 갓, 배추, 유채를 재배하는 농가는 교잡 위험성이 노출된 상태다. 특히 배추, 갓, 유채는 채종을 하지 않더라도 땅에 떨어져 자연 발아되므로 GMO 식물의 경계가 이미 무너진 상태라고 볼 수 있다. 따라서 앞으로 유채 재배 농가에서는 이력이 있는 씨앗을 받아서 심는 것이 노출된 위험을 피하는 최소한의 방책이다.

재배

유채는 대체로 남부 지방에서 재배하는데, 10월에 파종해서 동면을 한 뒤 이듬해 3월경 유채 순을 먹는다. 제주에서는 11월에 파종해서 2월 말경부터 수확한다. 유채는 물이 잘 빠지고 유기물이 많은 땅에서 잘 자란다. 흩어 뿌리거나 줄뿌림을 해서 솎아 먹는다. 4월이면 꽃이 피는데, 제주도에 조성한 유채 밭은 아름답기로 유명하다.

채종과 보관

씨앗은 꼬투리가 노랗게 익으면 수확하는데, 완전히 익으면 꼬투리가 터져 버리기 때문에 반절 정도 익었을 때 베어 일주일간 말린다. 이때 씨앗이 터져 나가므로 바닥에 포장을 깔고 말려야 한다. 채종한 씨앗은 바람이 잘 통하는 그늘에서 다시 말렸다가 보관한다. 씨앗은 상온에서 4~5년 보관할 수 있다. 배추나 갓 씨와 닮아 혼동할 수 있으므로 이름을 잘 적어 두어야 한다.

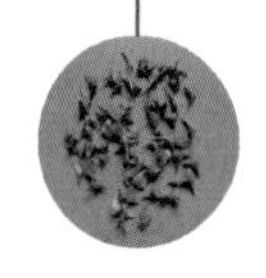

시금치

재배 기원

시금치는 온대 지역과 열대지역만이 아니라, 추위에 강해 시베리아 같은 곳에서도 신선 채소로 재배되고 있다. 시금치는 아프가니스탄 주변의 중앙아시아가 원산지이고, 이란 지방에서 오래전부터 재배되어 왔다. 회교도에 의해 동양에 전파되었는데 동양에는 7세기경 중국 한나라 때 전파되었고, 우리나라에는 조선 시대 초기에 전래되었다.

생리

시금치는 동양종과 서양종으로 나뉜다. 동양종은 씨앗에 가시가 있고 잎 색이 옅으며 잎 모양이 가늘고 끝이 뾰족하여 평탄하다. 서양종보다 수확량이 적고 봄에 추대가 빨라 봄 뿌림에는 적당치 않으나, 추위에 강해 가을 뿌림에 사용된다. 우리나라 재래종은 동양종이다. 서양종은 씨앗에 가시가 없고 모양이 둥글며 잎 색이 진하고 잎 모양이 넓고 두꺼우며 둥근 편이고 대부분 쭈글쭈글하며 잎줄기가 짧고 굵다. 추대가 비교적 늦어서 주로 봄 뿌림에 이용된다.

재래종

우리나라에서는 동양종을 재배하는데, 뿌리줄기 부분이 붉은 빛이 도는 강화 뿔시금치가 있다. 잎이 각진 뿔시금치는 추위에 강해 가을에 씨앗을 뿌리면 겨울을 나서 봄에 먹는다. 그 외 완도뿔시금치, 산청뿔시금치 등 뿔시금치는 여러 지역에서 재배하고 있다. 뿔시금치의 씨앗은 각지고 끝이 가시처럼 뾰족하다. 개량종이나 서양종이라 하더라도 가을에 씨앗을 심어 겨울을 나면 뿌리줄기에 붉은 빛을 띤다.

둥근시금 뿔시금치

주산지

시금치 주산지로는 전남 신안군 비금도, 경남 남해, 경북 포항시를 뽑을 수 있다. 비금도 섬초시금치, 포항초 등으로 브랜드화되어있다. 대체로 개량종이다. 포항초는 둥근 시금치로 서양종에서 나온 개량종이고, 10월 초에 씨앗을 심어 겨울에 수확한다. 비금도 섬초시금치는 1958년 서부 죽림리 임리마을 최남산 씨가 자연 교배해 선발되어 온 것으로, 1995년 비금도농협에서 비금도 전체에 시금치를 재배하도록 했다. 비금도 섬초시금치는 씨앗을 심고 자라기까지

50~60일 걸리는 중만생 종으로 숙기가 느려 다른 지역보다 늦게 출하된다. 비금도 섬초시금치는 섬에서 생산된 특산물로 전국에서 사랑받는 재래종이다.

이용

시금치는 삶아서 나물로 먹거나 국으로 먹지만, 유럽이나 미국에서는 샐러드로 먹는다. 그래서 미국에서 사용하는 시금치는 잎이 크다. 시금치는 겨울을 지낸 재래종이 시금치 고유의 맛과 영양을 가진다. 늦봄이나 여름을 지나 초가을에도 먹는 시금치는 서양종으로 맛이 재래종보다 떨어진다. 어릴 적 뽀빠이 만화에 나온 시금치에 대한 환상으로 많은 영양분이 있다고 권장했는데, 시금치의 영양분은 겨울을 지낸 시금치에 많으며, 서양 영양학에서 말하는 칼슘이나 철분의 다량 함유를 비교한다면 시금치보다 아욱이 훨씬 많다.

재배

시금치는 산성 토양에서는 재배가 잘되지 않고, 알칼리성 토양에서 재배되기 때문에 서부 지역에서만 재배되었다. 뿌리에 영양분이 많아 뿌리를 먹어야 하는데, 시금치 색깔을 이용한 음식으로 쓰이니 뿌리를 잘라 판다고 한다.

파종 시기는 9월 22일 추분 때가 적기다. 그 전에는 발아가 안 된다. 이듬해 4월 초까지 수확한다. 냉이처럼 납작하게 자란다. 재래종을 봄에 파종하면 추대가 빨리 돼 먹는 시기가 짧아진다.

채종과 보관

시금치는 암수딴그루로 성비는 1대 1이다. 암수 모두 5월에 연한 노란색으로 핀다. 수포기는 잎이 적고 수꽃은 수상꽃차례나 원추꽃차례에 달리며 4개씩 화피 갈래 조각과 수술로 되어 있다. 암꽃은 잎겨드랑이에 3~5개씩 모여 달리고 꽃 밑에 화피와 같은 작은 포가 있으며 암술 대는 4개이다. 열매는 포과로서 작은 포에 싸인 2개의 뿔이 있다. 채종은 암수 모두 하면 된다. 씨앗은 각이 진 것과 둥근 모양의 두 가지로 나뉜다. 각이 진 것은 대체로 동양종이고, 둥근 모양은 서양종 또는 개량종이다. 두 종류의 종자가 잡종 교배된 잡종계도 육성되었다.

잎이 마르면서 씨앗이 갈색으로 변하면 줄기를 잘라 3~4일 말린 뒤 털어낸다. 가을에 파종하므로 종이나 그릇에 담아 상온에서 보관하면 된다. 비닐 등에는 가급적 보관하지 않는다. 재래종 씨앗에는 가시가 있어 비닐에 구멍을 내기 때문이다. 상온에서 보관하면 3~4년 가능하다.

보리

재배 기원

보리는 거의 1만 년에 가까운 역사를 지닌 재배 작물이다. '맥주보리'라고 하는 2조보리와 보통 보리인 6조보리가 있는데, 6조보리에는 쌀보리와 보리 껍질이 잘 벗겨지지 않는 겉보리가 있다. 2조보리는 이집트에서 메소포타미아를 거쳐 유럽 북서부로, 6조보리는 티베트 지방을 중심으로 5000년경에 중국 대륙에 퍼지며 우리나라에는 삼국시대 이전에 들어왔다.

보리는 우리 전통문화에서는 가장 친숙한 작물 중 하나다. 벼보다 보리 재배에 더 힘을 기울일 정도였다. 『삼국유사』에 고구려의 시조 주몽이 부여의 박해를 받아 남쪽으로 내려올 때 보리를 지니고 내려왔다는 기록이 있는 점으로 보아, 삼국시대 전에 이미 널리 재배했던 것으로 추측된다. 경기도 여주군 점동면 흔암리에서는 기원전 5~6세기 것으로 추정되는 겉보리가 발견되었다.

재배 현황

보리는 다른 곡류보다 다양한 기후에 적응할 수 있는데, 온대 · 아북극 · 아열대 지방 각각에 알맞은 변종들도 있다. 적어도 90일간의 생육 기간이 필요하지만, 때로는 더 짧은 기간에 자랄 수도 있다. 예를 들어 히말라야의 경사지에서는 수확량이 다른 곳에 비해 적기는 하나, 그보다 더 짧은 기간에 재배할 수도 있다. 보리는 다른 곡류보다 건조한 열에 강해서 북아프리카 사막 근처에서도 잘 자라는데, 여기서는 주로 가을에 씨를 뿌린다. 봄에 씨를 뿌리는 종류는 유럽 서부나 북아메리카같이 차고 습기가 많은 곳에 적당하다.

약성

성질이 온화하고 달다. 간, 비, 위에 작용하여 소화 장애, 위궤양, 위 무력증, 위산 과소증을 치료하며, 음식을 먹고 체하거나 타박상, 천식에도 사용하며 혈당을 강화한다. 순을 먹거나 겉보리를 볶아 보리차로 만들어 마신다.

이용

16세기경 보리는 유럽의 많은 지역에서 빵을 만드는 주재료였다. 끈기가 있는 단백질인 글루텐이 거의 없어 발효가 잘돼 구멍이 많이 뚫린 빵을 만드는 가루로는 쓰이지 않는다. 주로 북아프리카와 아시아 일부 지역의 주된 식량인 발효시키지 않은 빵으로 쓰인다.

정백(精白) 보리는 세계에서 가장 인기 있는 종류로, 겉껍질과 겨층을 찧어서 없앤 순수한 낟알로 이루어져 있으며 수프로 만든다. 맥아는 전 세계 생산량의 10% 이상이 맥주를 만드는 데 쓰이며 그 외에 증류한 음료를 만들기도 한다. 맥아 수확량의 반 정도는 가축의 먹이로 쓰고, 나머지는 사람이 먹거나 엿기름을 만든다.

보리는 짚이 부드러워 주로 가축의 깔깃과 거친 사료로 쓴다. 한국을 비롯한 동양에서는 주로 식량으로 쓰며 그밖에 소주 · 맥주 · 된장 · 고추장을 만들고 있다. 또한 엿기름으로 감주를 만들어 먹고, 보리를 볶아서 보리차로 이용한다.

보리의 종류

검은보리 (SD422)

한국에서 현재 재배하는 보리는 자란 뒤에 씨에서 껍질이 잘 떨어지지 않는 겉보리〔皮麥〕, 잘 떨어지는 쌀보리〔裸麥〕, 맥주의 원료로 쓰이는 맥주보리로 나뉜다. 또한 씨 뿌리는 시기에 따라 가을보리와 봄보리로 나누기도 하는데, 봄보리는 열매가 늦게 익기 때문에 요즘에는 거의 심지 않고 있다.

보리는 논밭 모두에 심을 수 있는데, 맥주보리만 밭에 많이 심을 뿐, 쌀보리와 겉보리는 모두 논에 더 많이 심는다. 쌀보리는 겉보리보다 내한성이 떨어지기 때문에 따뜻하고 기름진 땅에서 잘 자란다. 가을 겉보리의 재배 한계선은 1월 최저 평균 기온이 영하 10~11도 선으로 남한 거의 모든 지역에서 재배할 수 있지만, 가을 쌀보리는 영하 9~10도가 그 한계선으로 주로 남쪽 지방에서만 심고 있지만 최근 기온 상승으로 중부 이남에도 심을 수 있다.

한국에서 보리는 1965년에 가장 많이 생산되었고, 그 후 점점 감소하는 추세이다. 보리의 주산지는 전라도 · 경상도 지방인데, 특히 전라남도는 전국에서 생산되는 쌀보리의 약 65%를, 경상북도는 겉보리의 48%를 생산하고 있다. 맥주보리는 전라남도 · 경상남도 · 제주도 등지에서 재배하고 있는데, 대부분 전라남도 지방에서 생산되고 있으며 맥주 소비량이 증가함에 따라 재배면적도 늘고 있다.

장려 품종으로 선정된 품종들로는 찰보리 · 팔달보리 · 탑골보리 등의 겉보리, 늘쌀보리 · 새쌀보리 등의 쌀보리, 두산 22호와 두산 12호 등의 맥주보리가 있다.

토종

『금양잡록』에 의하면, 파종 시기에 따라 가을보리, 봄보리, 양절보리로 나누었으며, 껍질이 잘 벗겨지는 쌀보리와 겉껍질이 있는 겉보리로 나눈다. 『행포지』에는 가을보리, 봄보리, 춘조보리, 검은보리 등 10개가 기록되어 있다. 조선 시대에는 보리를 모(麰)로 쓰고, 밀은 맥(麥)으로 썼다. 『임원경제지』에서는 대맥왈모(大麥曰麰), 소맥왈모(小麥曰麰) 하듯이 보리와 밀을 구분해서 사용했다.

현재 보존 중인 토종 보리는 340여 종이다. 우리 토종 보리는 6줄보리다. 소 4각보리가 84%로 대부분 이삭이 길고 키가 큰 반면, 6각은 13%로 키가 작은 편이며 가지를 많이 친다. 그리고 토종 보리의 30%는 겉보리며 쌀보리는 전남 지방에서 수집된다. 토종 보리의 키는 37-99cm이다. 키가 작아서 잘 쓰러지지 않는 보리는 전남과 맥신 23호, 전남태백 14호, 고흥피맥, 보리피맥, 김해청백, 밀양재래, 육각동맥 등이다. 까락이 있는 것부터 없는 것까지, 길고 짧은 것까지 다양하다.

충남 홍성 수집종 중 하나는 까락이 전혀 없이 중의 머리와 같은 느낌을 주는

겉보리 (화성56)

쌀보리 (SD6686순천388)

겉보리

보라보리

중머리보리가 있고, 예산에서 수집한 종은 작은 까락이 있지만 거의 없는 것처럼 보이기도 한다. 가을보리가 많고 봄보리는 적은 편이다. 낟알 색깔도 황갈색이 대부분이지만 드물게 자색과 검은색이 있다. 홍성 재래종 쌀보리는 자색을 띠며 키는 1m가 된다.

찰보리

청양과맥, 신안찰쌀, 제원찰쌀, 함안찰쌀, 올보리, 까락이 옆에만 길게 나와 멀리서 보기에는 없는 듯하여 중 같은 느낌으로 붙여진 중다리가 있다. 여섯줄겉보리는 키가 다소 큰 편이다. 마산과맥은 마산 지방에서 재배해 온 찰쌀보리로 밥맛 좋은 보리 품종의 모본으로 쓰이는데, 이삭은 늘보리처럼 늘어지고 성숙하면서 자색을 띤다. 이삭이 길고 까락도 길다.

겉보리

중남부 지방에서 많이 재배한다. 모여 나는 줄기는 포기를 이루어 곧추 자라며 높이 60~120cm 정도이다. 사료, 녹비, 맥주 원료로 많이 재배한다. 제과 원료가 되기도 하며 보리차의 원료로 하고 맥아는 맥주의 원료로 한다. 남부 지방에서는 봄에 어린 싹을 국으로 먹기도 한다. 봄보리는 3월에 파종해 6월에 수확한다.

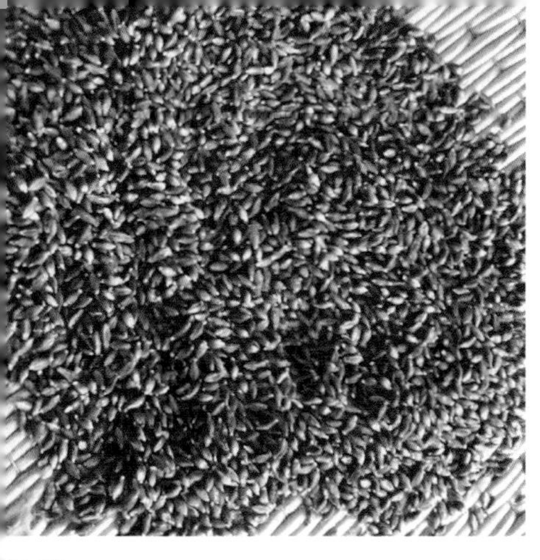
라보리

흑보리

재배

보리를 파종할 밭을 만들 때는 앞그루 작물을 베고 난 뒤, 잔재물을 태운 재 또는 아궁이에서 나온 재를 밭에 뿌린 후 파종한다. 대규모 경작일 때는 재와 보리를 뿌린 뒤 밭갈이를 하고, 작은 규모에서는 재를 뿌린 뒤 보리를 흩뿌리거나 괭이로 줄을 긋고 줄지어 파종한다. 텃밭에서는 점뿌림으로 한다. 척박한 토양일 경우에는 10월 중순에 파종해서 초기 생육을 북돋는 것이 좋다. 파종하고 난 뒤, 풀이나 왕겨 등을 덮어 동한 피해를 막는 것이 좋다. 파종할 때 소금을 섞어 뿌리면 이듬해 가뭄 피해를 줄일 수 있다. 소금은 주변의 물기를 빠르게 흡수하는 성질 때문에 보리 씨 주변의 수분 응집과 가뭄 내성을 유도한다. 소금이나 식초는 토양의 다양한 영양분의 흡수력을 좋게 한다.

채종과 보관

잘 익은 보리를 베어 장대를 얽어매고 그 위에 보릿단을 쌓고 속으로 바람이 통하도록 한다. 보릿단을 쌓을 때는 보리 이삭을 안쪽으로 마주하게 하고, 보릿대는 밖으로 향하게 쌓아서 비가 내려도 이삭이 젖지 않도록 한다. 씨앗용 보리는 보리가 잘 여물기를 기다렸다가 이삭이 크고 충실한 것을 가려내어 베어낸 뒤에 잘 묶어서 마당의 높고 건조한 곳에 세워 두고 햇볕에 바싹 말린다. 잘 말린 보리를 홀태로 훑고 난 뒤, 잘 말린 쑥과 쑥대를 잘라 섞어 저장하면 2년이 지나도 좀이 슬지 않는다.

위쪽부터 겉보리 SD5277(화성56), 안질뱅이보리(쌀보리) SD5276(화성55)

흑쌀보리 (SD5208)

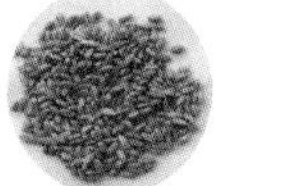

밀

재배 기원

쌀과 옥수수와 함께 가장 많이 소비하는 곡물인 밀은 세계 곡물 생산량에서 옥수수에 이어 2위를 차지한다. 세계 인구 중 30%는 밀을 주식으로 먹는다.

한국에서는 '소맥'이라고 알려진 밀은 전 세계적으로 재배되는 작물로, 23종의 재배종과 야생종이 있다. 그중 한국에서 재배하는 밀은 '보통밀'로 이른바 '빵밀'이라고도 불리는데, 아프가니스탄에서 코카서스 남부 아르메니아 지방이 원산지로 알려져 있다. 보통밀은 밀 재배국에서 90% 이상을 재배하는 품종이다. 기원전 5000년경 서남아시아와 인도를 거쳐 유럽으로, 중국에는 기원전 2000년경 전래되었다. 우리나라에는 기원전 1~2세기경 평남 대동군 미림리 유적지에서 밀알이 나와 삼국시대 이전에 들어온 것으로 추정한다.

밀밭보다 보리밭이 많았던 배경

'보리밭'이라는 노래가 있을 정도로 한국에는 금빛 들판의 밀밭보다 보리밭이 훨씬 많았다. 지금은 수입밀이 대부분으로 자급률이 가장 낮다. 우리밀 재배 및 소비에 대한 운동이 벌어지면서 밀밭은 가끔 볼 수 있다.

중남부 지방에서 밀을 보리보다 덜 재배한 배경은 다음과 같다. 주로 기후에 따라 밀의 종류를 결정하는데, 겨울밀은 봄밀보다 따뜻한 지역에서 재배되며 일반적으로 수확량이 봄밀보다 많아 겨울밀을 많이 심는다. 겨울밀은 가을에 심고 이듬해 여름에 수확한다. 겨울밀은 중남부 지방의 기후에 적합한 작물이지만, 보리에 비해 수확기가 약간 늦어 초여름에 벼를 심는 데 지장을 주기 때문에 상대적으로 밀 재배는 덜 활성화되었다. 또한 밀은 보리보다 단위당 수확량이 적어 쌀-보리 이모작을 권유했다. 특히 한국전쟁 후 부족한 식량 확보가 최우선 과제였던 한국에서 밀은 쌀 재배에 지장을 주는 작물로 인식되었다.

겨울밀과 봄밀

봄밀은 추운 지역에서 재배된다. 봄에 심는 봄밀은 그해 여름이면 완전히 무르익는다. 한국에서 전통적인 밀의 주산지는 초여름에 비가 적은 북한 지역, 그 가운데에서도 평안남도와 황해도 지역이 유명했다. 남한에서 재배하는 것은 주로 겨울밀이다.

토종밀에서 미국밀로

1492년 『금양잡록』에 '참밀'과 '막지밀(莫知麥)', 그 후 1825년 『행포지』에 참밀, 막지밀, 증밀, 당밀, 흑룡강밀 등 8품종이 기록돼 있다.

1905년경 키다리밀, 앉은뱅이밀, 초밀 등이 재배되었다. 1910~1945년 사이 재래종(참밀), 앉은뱅이밀, 강연지나, 봉산조, 나도, 황해의 재령맥, 충북 진천재래, 늘밀, 임실재래 등이 재배되었다. 이 기간에 미국과 일본 품종이 도입돼 1915년 이후 도입품종을 이용한 육종이 시작됐다.

토종 가운데 앉은뱅이밀은 키가 작은 품종이다. 반면 서양의 밀은 키가 큰 품종이고, 병충해에 약하며 수확량도 적다. 토종 앉은뱅이밀은 육종학에서 주목을 받았는데, 키가 작으면 쓸모없는 줄기를 덜 만들고 줄기가 짧으므로 많은 낟알을 달고도 쓰러지지 않기 때문이다. 그래서 작은 키의 '앉은뱅이밀'을 가지고 더 많은 품종으로 육종했다 일제강점기 때 일본이 한국의 앉은뱅이밀을 일본으로 들였고, 일본에서는 앉은뱅이밀을 '달마'라는 품종으로 육종했다. '달마'는 후르츠, 터키, 레드 품종을 만나서 '농림 10호'로 육종된다.

미국 농학자 노먼 볼로그는 일본에서 찾아낸 앉은뱅이밀 계열인 농림 10호를 브레보와 교잡하여 품종 개발한 '소노라 64호'로 남미의 식량 문제를 해결하는 데 크게 기여하여 노벨 평화상을 수상하기도 했다. 소위 라틴아메리카에서 '녹색혁명'을 일으킨 밀처럼 현재 미국 밀의 90%는 농림 10호로, 앉은뱅이밀을 이어받은 품종이다.

왼쪽은 앉은뱅이밀, 오른쪽은 참밀

남해의 앉은뱅이밀

앉은뱅이밀은 경남 남해, 진주에서 재배했다. 남해 덕산리 김재명 씨 농가에서는 1930년 이전부터 1995년까지 2대째 밀을 재배했는데, 키는 70~80cm로 잘 쓰러지지 않고 이삭은 가늘면서 까락은 중간 정도로 긴 편이다. 2016년 토종농민회에서 씨앗을 대량 보급하면서 앉은뱅이밀로 만든 빵과 국수가 유통되고 있다.

각 지역의 참밀

재래종을 일반적으로 참밀이라고 부른다. 참밀은 추위에 강하고 숙기가 늦으며 키가 크고 이삭이 가늘고 길면서 까락은 길고 낟알은 적색이 많다. 참밀은 대부분 각 지역 재래로 소수 남아 있으며, 주로 누룩을 만드는 데 이용해 왔다. 따라서 발효가 잘되는 성질을 이용해 앉은뱅이밀보다 빵으로 만들 수 있는 데 이용할 수 있다. 단지, 숙기가 늦어 수확기가 장마 초기에 걸치므로 밀알이 작고 충실하게 여물지 못하는 게 흠이다. 대부분 가을에 파종하여 겨울을 나고 여름에 수확한다. 경남과 전남 남부 지방에서 주로 재배한다. 수집종으로 남도참밀, 봉화참밀, 경기참밀, 진주참밀, 양평참밀 등 지역명을 붙여 토종농가에 보급하고 있다.

기타 토종밀

1919년 황해도 사리원 서선 지방에서 육성한 서선 42호, 1900년 이전부터 내려온 '통밀'이 있고, 키가 110센티미터 큰 품종으로 숙기가 늦고 까락이 길며 이삭이 황백색인 재래소맥이 있으며, 재래소맥보다 더 크고 이삭이 황색을 띠는 충남 지방에서 재배되는 충남재래 등이 있다.

개량종과 토종밀의 비교

빵밀로 조경밀, 생면용으로 백중밀, 과자용으로 고소밀, 국수용으로 수안밀, 금강밀 등 개량종 우리밀이 있다. 토종 앉은뱅이밀은 개량종인 금강밀에 비해 낱알이 작고 붉은색을 띠며 매우 찰진 것이 특징이다. 그리고 우리나라 기후에 잘 적응해 흉년이라는 말이 어색할 정도로 수확량이 많다. 앉은뱅이밀로 만든 밀가루는 부드럽고 고소하다. 앉은뱅이밀은 향미가 좋아 계란이나 유제품을 쓰지 않고도 부드럽고 풍미가 좋은 빵을 만들 수 있다.

주식으로서 쌀과 밀의 차이

단백질과 미네랄, 비타민 함유량이 높아 밀을 주식으로 하는 사람들은 쌀을 주식으로 하는 사람들보다 평균 신장이 높다고 한다. 하지만 칼로리 자체는 쌀이나 옥수수보다 낮아 더 많이 먹어야 한다. 단백질 함량이 많다고 하지만 정작 쌀과 정반대로 필수아미노산 함량이 적은 편이라, 고기나 유제품 같은 동물성 식품이나 콩 등으로 아미노산을 보충해 주어야 한다. 이는 유럽과 중동 지역의 식생활이 밀과 육식을 같이 먹는 식생활로 이루어진 까닭이다. 단위면적당 생산량이 쌀, 옥수수보다 많이 떨어져 인구 부양력은 오히려 떨어진다. 이 때문에 쌀을 주식으로 하던 아시아권보다 유럽권이 인구가 적었다는 분석이 나오기도 한다.

재배

중부와 남부 지방의 파종 시기는 10월 중순에서 11월 중순까지다. 제주도에서는 12월까지도 한다. 잎이 5~6장 나오고 나서 겨울을 맞이해야 겨울을 잘 견딘다. 논에 심을 경우에는 배수로를 깊이 파 놓고 파종해야 한다. 밀은 수분이 많이 있는 상태를 좋아하지 않는다.

이듬해 2~3월에 밀 밟기를 해주면 생장점을 자극해 가지치기가 잘 되어 이삭 수를 늘릴 수 있다. 참밀의 이삭이 패는 시기는 5월 초순으로, 키가 45~50cm 정도일 때 이루어진다. 그래서 벼와 이모작이 가능하다. 반면에 개량종인 금강밀은 키가 55~60cm임에도 불구하고 이삭이 늦게 팬다. 밀 농사의 어려운 점은 단위수확량과 가격, 소비처의 부족 외에 보리보다 늦게 익어 후작으로 벼농사에 영향을 끼친다는 점이다. 하지만 앉은뱅이밀은 수확기가 다른 밀에 비해 7~10일 정도 빠르고, 남도참밀과 봉화참밀이 빨라, 밀을 수확하고도 너무 늦지 않게 모내기를 마칠 수 있다는 장점이 있다. 즉 토종 밀을 수확한 다음 6월 중하순에 토종 벼 모내기를 할 수 있기 때문에 자급 또는 상업농에서도 이모작이 충분히 가능하다.

앉은뱅이밀밭

채종과 보관

밀도 보리처럼 잘 여물고 이삭이 크고 충실한 것을 가려내어 베어낸 뒤에 잘 묶어서 마당의 높고 건조한 곳에 세워 두고 햇볕에 바싹 말린다. 양이 작다면 잘 말린 밀을 발로 밟아 문지르면 까락이 벗겨진다. 수확한 해에 파종할 것이 아니라면 보관에 유의해야 한다. 왜냐하면 좀이 잘 슬어 배아가 손상을 입어 발아율이 현저히 떨어지기 때문이다. 따라서 잘 말린 쑥과 쑥대를 살라 섞어 마대자루나 비닐에 저장해 놓거나 이듬해 여름에 저장해 놓은 것을 다시 꺼내 잘 말려서 보관하는 것이 좋다. 만약 좀으로 손상을 받은 밀 씨앗만이 있다면 파종을 할 때 충분히 많이 뿌려야 한다.

앉은뱅이밀, 밀(순천174), 밀(순천135), 참밀(봉화206), 양평참밀(양평190), 남도참밀, 보라밀, 다홍밀

호밀

재배 기원

보리나 밀보다 재배 역사가 늦다. 원산지는 터키와 중앙아시아로, 지금으로부터 오천 년 전부터 재배를 시작했다. 유럽과 아시아 북부 여러 지역에 전파되었는데, 특히 중부 유럽과 동유럽에서 주요 작물로 재배했다. 우리나라에는 1921년 강원도에 독일인이 경영하던 농장에서 독일로부터 호밀을 가져다 재배한 것이 시초라고 한다. 1950년대 전국적으로 재배되었으나 점차 감소하여 최근에는 이삭이 여물기 전에 베어 녹비로 사용하거나 목초로 일부 재배되고 있다.

생리

벼과에 속하는 곡식인 호밀은 영어로 라이(Rye)라 하고, 한국에서도 라이보리라고 부르는 한해살이풀이다. 봄에 줄기의 윗부분 5~7마디 사이가 자라서 키가 약 1.5m에서 품종에 따라 3m까지 자라기도 한다. 낟알의 모양은 밀보다 길쭉하다.

다른 벼과 작물보다 마디와 마디 사이도 길고 잘 썩지 않아 호밀짚으로 지붕을 엮거나 밀짚모자를 만들어서 썼다. 지금은 익기 전에 갈아엎어 사용하는 녹비나 사료로 사용한다.

곡류 중에서도 내한성이 강해 차갑고 서늘한 기후에 적합하고, 건조한 사질토나 메마른 땅에서도 잘 자란다. 호밀은 밀과 비슷한 기후 조건에서 자라는데, 밀에 비해 척박한 땅에서도 잘 자라므로 밀이 자라기 어려운 지역에서 재배해 왔다.

이용

호밀은 밀을 재배하기 어려운 지대의 주요 식량으로 쓰인다. 조금 신맛이 나는 호밀을 제분해서 흑빵을 만드는데, 러시아의 호밀빵이 유명하다. 러시아 흑빵은 호밀 냄새가 나며 시큼한 맛이 난다. 이를 고향의 맛으로 생각한다. 또 위스키의 원료가 되고, 맥아로 보드카나 맥주를 만든다.

한국에는 오래전에 전래된 곡식이지만, 식감이 거칠고 풍미가 좋지 못해 한국인 입맛에 맞지 않아 널리 재배하지 않았다. 낟알을 밥으로 해서 먹는 것 외에는 일부 지방에서 간장이나 된장 등 발효 식품에 쓰던 게 전부였다. 그러나 1990년대 이후 가축 사룟값이 계속 오르자, 농한기 대체 사료 작물로 각광받기 시작했다. 특히 벼를 수확한 논에 호밀 씨앗을 뿌려 겨울 농한기 동안 키우고, 이듬해 5월경 씨앗으로 쓸 일부만 남기고 덜 여문 호밀을 베어 소 사료로 쓰는 경우가 늘고 있다.

토종

호밀은 늦게 도입돼 재래종이라 할 만한 것이 별로 없다. 토종 호밀로는 1960년 팔당에서 수집된 팔당재래가 있다. 1980년대 초 맥류연구소에서 전국의 호밀을 수집하여 지역명을 붙인 경기재래, 충남재래, 금산재래, 부여재래, 횡성재래가 있다. 특성은 큰 차이가 없다. 토종 호밀은 키가 140~180cm 정도, 숙기는 6월 17~20일경으로 맥류 중에서 가장 늦다.

재배 품종

주로 외국종을 수입해 농가에 제공하고 있다. 외국종 조생종은 쿨그레이저, 윈터그레이저, 윈터모아가 있고, 중만생종은 코디악, 단코 등이 있다. 국내종으로는 팔당호밀, 칠보호밀, 춘추호밀, 조춘호밀, 호밀 18호가 있다.

재배

녹비와 풋베기 방목용으로 사용할 경우 일찍 파종해야 수확량이 많다. 경기 지역은 9월 하순, 남부 지방은 10월 말부터 늦어도 11월 초까지는 파종해야 한다. 월동 전까지 원줄기에서 나온 잎이 4장 이상이어야 서리나 가뭄 피해를 적게 받기 때문이다. 파종 시기가 빠르면 조금 적은 양을 파종하고, 파종 시기가 늦으면 좀 더 많이 파종해 수량 감소를 줄일 수 있다. 보통 적기에 파종하면 10평당 100g을 파종한다. 흩뿌림이나 줄뿌림이 좋다.

채종과 보관

호밀은 6월 중순경에 수확하는데 보리와 밀처럼 알이 충실한 것을 골라 베어 말린다. 잘 말린 것을 홀태를 이용해 낟알을 훑어 낸다. 텃밭용인 경우에는 손과 발로 비벼 낟알을 훑어 낼 수 있지만, 밀과 보리보다 까락이 거칠어 불편하다. 채종한 호밀은 밀보다 좀이 덜 슬지만 역시 보관에 신경을 써야 한다. 이듬해 씨앗을 사용할 때는 전혀 문제가 되지 않지만, 상온에서 보관하면서 해를 걸러 파종할 생각이면 좀이 슬지 않도록 밀과 보리처럼 쑥을 넣어 함께 보관한다. 저온창고나 냉장고를 이용하면 좀이 슬지 않는다.

토종 호밀

귀리

재배 기원

추위에 약한 귀리의 원산지는 서남 또는 중앙아시아 남쪽으로 추측한다. 귀리 재배의 역사는 호밀과 비슷한 5000년 전으로 알려져 있다. 우리나라에는 고려 시대 때 원나라 군대의 말먹이로 귀리를 가져온 것이 시초라고 한다. 북한 고원의 화전 지대에서는 마땅한 식량 작물이 없는 관계로 귀리를 식량으로 재배해 왔다.

생리

벼과 한해살이 작물로 뿌리가 땅속 30cm 깊이까지 들어가 땅속 영양분을 빨아들이는 힘이 강하며 가지가 사방으로 뻗고 잎은 가늘고 길다. 키는 보리보다 낮아 50~130cm 정도이다. 귀리는 파종 시기에 따라 가을귀리와 봄귀리로 나누며, 숙기에 따라 조숙종과 만숙종으로 나뉜다. 열매가 달리는 것에 따라 외알귀리와 두알귀리로 나뉜다. 그리고 껍질이 잘 벗겨지는 것은 쌀귀리, 껍질이 잘 벗겨지지 않는 것은 겉귀리로 구분된다.

메밀이나 호밀과 마찬가지로 춥고 척박한 땅에서도 재배가 쉽기 때문에 동유럽과 북유럽 등지에서 많이 기르는데, 최대 산지는 러시아다. 낟알의 모양은 안

남미를 연상시키는 길쭉한 모양이다. 무엇보다 서늘한 기후에서 잘 자라는 곡식이기 때문에, 여름철에 매우 덥고 장마로 인하여 습한 남한 기후에는 적합하지 않은 작물이다. 귀리의 발아 온도는 최저 1~2도로, 해발 500m 이상 산간지에서 잘 재배된다. 북한의 개마고원이 주요 재배지다. 귀리는 이른 봄 파종이 알맞다. 최근에는 개량종이 도입돼 보리처럼 겨울에 파종해서 여름에 수확한다.

약성

귀리는 대장 활동을 활발하게 한다. 귀리 싹은 기미가 달고 평하며 독이 없다. 민간요법으로 태아가 나오지 않을 때 귀리 싹을 삶아 즙을 마시면 태아가 잘 나온다고 한다.

이용

속껍질이 남아 있으므로 귀리를 씹으면 꺼끌꺼끌한 껍질이 느껴지고 다소 빽빽해 다른 곡류에 비하면 식감이 좋지 않다. 우리나라에서는 귀리를 탈곡해서 맷돌로 갈아 밥을 짓거나 죽을 쑤어 먹었다. 귀리떡은 졸깃한 맛으로 인해 별미로 속한다. 산간 지방이나 화전 지대에서 귀리를 주로 재배하여 귀리밥, 귀리죽, 귀리국수 등의 식량으로 먹었으며, 귀리 술을 담가 먹었다.

하지만 스코틀랜드에서는 주요 작물로 취급받을 만큼 널리 재배되었다. 다른 서유럽 지역에서는 말이나 소 등 가축 먹이로 쓴 것과 달리, 스코틀랜드에서는 귀리를 이용한 주식 요리가 많이 발달했다. 오트밀 죽 외에도 반죽을 만들어 프라이팬에 팬케이크처럼 지지거나 비스킷 모양으로 만들어 오븐에 굽는 오트케이크(Oatcake) 등은 스코틀랜드의 전통 음식으로 유명하다.

오트밀(oatmeal)은 귀리 가루로 죽을 쑨 뒤 소금, 설탕, 우유 등을 넣어 맛을 낸 음식이다. 미국 · 유럽에서는 주로 아침 식탁에 올린다. 러시아에서도 다른 낟알 곡식들과 마찬가지로 우유, 버터, 비계 등 유지류와 소금으로 간을 맞춰 푹 끓여 까샤라는 죽으로 만들어 먹었다. 알렉산드르 솔제니친의 소설 『이반 데니소비치의 하루』에는, 평소에 멀건 보리죽이나 풀죽을 먹고 살던 굴라그 죄수들이 아침 식사 시간에 귀리로 만든 까샤가 나오자 "오늘 까샤는 고급이네"라고 말하며 감탄하는 장면이 나온다. 북유럽에서도 귀리는 호밀과 함께 주식으로 사랑받는 곡물 중 하나이다. 스웨덴이나 핀란드 중북부 지방에서는 호밀빵과 함께 귀리빵도 흔히 볼 수 있다.

토종

1442년 『세종실록』에 귀리의 도입과 보급 과정의 절차, 시험 과정이 다음과 같이 기록되어 있다. "호조에서 말하기를, 귀리는 보리와 같으나 그보다 잘고 성질이 바람과 추위에 견디며 (중략) 3월에 파종하면 6월에 수확한다. 강원도, 함경도에서 즐겨 재배한다." 『증보산림경제』에는 '귀보리', 『해동농서』에는 구맥(瞿麥), 『임원경제지』에는 작맥(雀麥)이라고 불렀다. 경북 예천과 상주, 강원도 정선, 충북 괴산 등지에서 토종이 수집되었다. 1985년 경북 예천군 개포면 가곡2리에서 수집된 올귀리가 있다. 올귀리는 키가 80cm 내외로 잘 쓰러지지 않고 숙기가 빠른 품종이다.

재배

요즘 가축 사료 작물로 귀리를 재배하는 농가가 느는데, 이렇게 재배하는 귀리는 대부분 수입 종자가 많고 봄 재배형이다. 남부 지방에서는 2월 하순에서 3월 초, 중부 지방에서는 3월 초에서 중순에 파종한다. 가을 재배는 8월 중하순에 옥수수 수확 이후 뒷그루로 좋다. 줄뿌림과 산 파가 좋다.

채종과 보관

귀리도 보리처럼 수확하기 전에 밭이 작은 규모일 때는 낟알이 충실한 것을 골라 씨앗으로 남겨 두고 홀태로 탈곡하여 씨앗을 보관한다. 곡물 낟알의 경우에는 탈곡할 때 잘못하면 낟알에 손상을 입는 경우가 가끔 발생하기 때문에, 홀태로 훑는 것이 낟알 보호 차원에서 괜찮다. 훑고 난 귀리는 양지에서 2~3일 잘 말렸다가 껍질을 도정하지 않고 자루에 보관한다. 이듬해 파종까지는 문제가 없으므로 그늘지고 바람이 잘 통하는 곳에 보관한다.

마늘

재배 기원

고대 이집트·그리스 시대부터 재배해 온 마늘은 유럽 지중해 연안, 아프리카, 인도, 중국, 한국 등 전 세계적으로 재배한다. 중국에는 기원전 2세기경 지금의 이란으로부터 도입되었다. 우리나라는 명확하지 않으나 고려 시대의 『향약구급방』에 마늘이 나오고 『삼국유사』에도 나오는 것으로 보아, 적어도 고려 시대 혹은 그 이전부터 재배된 것으로 추정한다.

단군 신화의 마늘

단군 신화에 나오는 마늘은 지금의 마늘이 아닌, 산마늘이나 달래에 가까운 것으로 추정한다. 부추속에는 부추, 마늘, 달래, 산마늘 등이 있는데 우리나라에서는 '명이'라고 불리는 산마늘이 자생하고 있었기에 이를 가리켜 마늘이라고 했다는 견해가 있다. 단군 신화가 기록된 『삼국유사』가 고려 충렬왕 때 저술된 것을 보면, 단군 신화에 나오는 마늘과 지금의 마늘은 다른 것으로 지금의 마늘은 고려 시대 이전부터 재배된 것으로 추정 가능하다.

마늘의 어원

『명물기략』에 따르면, 맛과 향이 강하다 해서 '맹랄(猛辣)'이라 불렸으며, 이후 '마랄'로 변화를 거쳤다가 '마늘'로 정착되었다는 설이 있다. 또한 몽골어로 야생 양파를 뜻하는 '망기르'에서 마늘이란 말이 유래했다는 설도 있다.

최고로 많이 사용하는 양념

마늘은 부추속 여러해살이 식물이다. 따뜻하고 매운 성질을 지닌 마늘은 가장 많이 사용하는 양념이다. 요즘에는 양념 이상으로 마늘장아찌나 흑마늘 등으로도 먹는다. 여러 나라에서 마늘을 먹지만 세계에서 1인당 마늘 소비량 1위는 우리나라다. 세계 평균 1인당 연간 마늘 섭취량이 0.8kg인 반면에, 한국인의 1인당 연간 마늘 섭취량은 약 7kg이라고 한다. 우리나라 사람들은 생마늘을 잘 먹는다. 그래서 마늘 냄새가 많이 난다. 마늘을 많이 먹는 이탈리아 사람들은 마늘을 익혀서 먹으므로 몸에서 마늘 냄새가 나지 않으며 익혀서 먹어 "마늘이 달다"라는 표현을 쓴다. 특유의 자극성 때문에 동북아시아 불교에서는 오신채 중 하나로 여겨 사찰에서 먹지 못하게 하고 있다. 하지만 동남아시아 불교에서는 오신채를 제한하지 않으므로 먹을 수 있다. 마늘을 구우면 향과 맛이 강하면서도 부드러워진다. 장아찌와 흑마늘로도 먹는다. 기름과 궁합이 잘 맞아 중국요리에서는 마늘 기름을 만들어 먹는다. 고기와도 잘 어우러지는데 특히 돼지고기와 궁합이 좋다. 마늘 향이 고기의 비린 맛을 없애는 데 탁월하다. 마늘은 온갖 국물 요리에도 다 들어가는데, 자극적인 맛이 전혀 아닌 미역국에도 마늘이 들어간다.

참고로 개는 마늘과 파를 먹으면 안 된다. 개는 열성 체질인 데다가 열을 피부로 식히지 못하므로 열성이 매우 강한 마늘은 독이 된다.

토종

우리나라에는 강원 삼척, 경북 의성, 경남 남해, 경남 창녕, 전남 고흥, 충북 단양 마늘과 경남 사천의 풋마늘이 있다. 경북 의성, 충북 단양, 충남 서산에는 한지형의 육쪽마늘이 토착화되었고, 경남 남해, 전남 고흥 등에는 난지형의 여러 쪽 마늘로 토착화되었다. 특유의 향을 지속적으로 가지고 있어 늦게까지 풋마늘로 이용할 수 있는 거제도의 소마늘과 제주도의 자봉마늘이 있다.

한지마늘은 한국에서 가장 널리 재배하는 마늘이다. 4개의 큰 쪽이 돌려나듯이 붙고 그 중심부에 있는 짧은 줄기에 2~3개의 작은 쪽이 붙는다. 따라서 마늘통은 약간 모가 난 부정형이다. 마늘쪽의 겉껍데기는 자줏빛을 띠는 것이 많다.

토종 마늘의 이름은 대부분 지역 이름을 따서 붙인다. 남해마늘은 여섯쪽 마늘로, 향기가 짙고 매우며, 통통하게 알차고 껍질을 벗기기 쉬우며 단단하고 저장성도 강하다. 의성마늘은 임진란 이후 재배되었는데, 의성이 주산지가 된 이유는 기후 여건이 알맞을 뿐만 아니라, 논에서 배수만 잘되면 연작 피해가 없고 수익성이 좋아 보리, 밀 대신 마늘을 재배했기 때문이다. 의성마늘은 예천종이나 중국종보다 알이 작지만 육쪽마늘로 키가 크고 다른 것에 비해 대공이 강하며 매운맛과 저장성이 강하다. 단양마늘은 의성마늘에 비해 대가 약하고 키가 작은 편이며 마늘통이 작다. 그리고 마늘쫑이 잘 올라오는데, 이는 단양에서 논마늘보다 밭마늘로 재배하기 때문인 것 같다. 또한 단양 밭마늘은 저장성이 좋은 편이다. 전남 완도 청산도에서 오랫동안 재배한 청산마늘은 크지 않은 육쪽마늘인데 요즘 스페인마늘이 들어와 토종 마늘이 밀려나고 있는데 수확량이 두 배에다 매운맛이 덜 하고 흑마늘로 만들어도 크기가 커서 각광을 받고 있다. 기타 여러 쪽 마늘(올마늘)은 창녕, 선산, 진주, 남해 등 남부 지방과 제주 지방에서 재배된다.

완주 지역을 중심으로 장손마늘 또는 뒤안마늘은 마늘쪽이 10여 개나 되며 비교적 작고 껍질이 연하여 마늘 수확기 이전에 일찍 수확하여 줄기째 마늘장아찌를 담가 먹는다.

세계의 음식 재료인 마늘

중국에서는 어린줄기를 먹기도 하는데, 이를 마늘싹이라고 한다. 한국에서는 풋마늘 또는 뒤안마늘이라고 해서 대파 정도로 길게 자란 것을 마늘과 줄기를 함께 조리해서 먹거나, 꽃대 꺾은 것을 마늘쫑이라 부르는데 마늘쫑을 식재로 사용한다.

이탈리아 요리에도 마늘을 다져 넣고 익히는 요리가 꽤 있다. 기름에 손으로 살짝 으깬 마늘을 넣어 냄새만 배게 하고 꺼내는 경우가 많다. 스페인 요리에서도 마늘은 널리 쓰이는데, 서양에서 마늘 소비가 제일 많은 나라가 스페인이다. 술집에서 내놓는 안주인 타파스 중에서도 케이퍼와 함께 식초와 올리브유

뒤안마늘

혼합액에 절인 마늘은 매우 대중적이고, 치즈와 양파, 마늘로 끓인 수프는 숙취 해소용으로 쓰이기도 한다. 북유럽 문화권에서는 마늘 대신 양파를 좋아하는데, 기후 특성상 마늘을 키우지 못하기 때문이다. 남유럽이나 일본에서도 마늘과 양파 둘 다 식재로 사용한다. 특히 동유럽은 마늘 소비량이 많아 '마늘 장수'로 유명하다. 중동 지방에서도 마늘을 상당히 많이 사용하는데, 전통적으로 그리스 요리의 영향을 많이 받은 터키는 고기나 생선 요리에 생마늘 즙이 들어간다. 하지만 그리스와 터키에서는 통마늘을 먹지 않는다. 그리스에는 으깬 빵에 다진 마늘과 올리브유를 넣어 만든 샐러드 '스코르 달리아'가 있는데, 여기에 생선 알을 추가한 '타라모살라타'도 술안주로 많이 먹는다. 또 요구르트에 다진 오이와 마늘을 섞은 것도 일상식이다. 중국에서도 마늘은 요리에 많이 쓰인다. 양꼬치 집에서도 마늘과 양고기를 끼워 넣는 '쑤완양로우'나 마늘만 따로 꿰어 구워 먹는다. 인도의 간디는 마늘을 좋아했다고 한다. 고기를 먹지 않는 대신 모든 음식에 마늘을 넣어 먹었다고 한다.

재배

일반적으로 마늘은 따뜻한 기후를 좋아한다. 마늘은 온난한 지대에 적응된 난지형 올마늘과 한랭지에 적응된 한지형으로 구별된다. 난지형은 한지형에 비해 낮 길이가 14시간보다 짧아지면 꽃이 피는 단일성 식물이며, 수확해서 다시 파종할 때까지 휴면 기간이 짧다. 9월에 파종하면 곧 싹이 나와 연말까지는 상당히 큰 마늘로 자란다. 남부 지방, 제주도에서 재배한다. 한지형은 난지형에 비해 장일식물로 일조 시간이 보통 12~14시간 이상 되지 않으면 꽃눈을 형성하지 않는 식물이다. 뿌리내림도 늦고 연말까지는 싹을 볼 수 없으며, 해동기부터 싹이 나와 성장한다. 대부분의 육쪽마늘이 이에 속하고 내륙 및 고위도 지방에서 재배된다. 한지형은 더위에 약해 6월 하순경부터 지상부가 마르는데 이때 수확한다. 이후 파종 전까지 약 3개월간 휴면기에 들어간다. 올마늘은 9월에 파종하고, 한지마늘은 고구마나 생강, 깨 등을 수확한 뒤 10월 하순부터 11월 상순에 파종한다. 봄에 파종할 경우에는 해동되자마자 파종해야만 비늘줄기가 알차게 성숙한다.

파종을 할 때 흙을 얕게 덮으면 마늘 영양체가 솟아 나와 동해를 입으므로, 약 2~3cm가량 흙을 덮고 그 위에 두엄이나 짚을 덮어 보온한다. 심는 거리는 2줄을 모아 가깝게 심고 다른 2줄과 간격이 넓은 사이를 30cm 정도로 하여 덧거름을 줄 수 있도록 한다. 포기 사이는 9~10cm 정도로 한다.

주의할 점은, 마늘은 영양체를 씨앗으로 심기 때문에 바이러스에 한 번 감염되면 계속해서 바이러스에 감염되므로 건강하게 마늘을 재배하기 어렵다. 따라서 마늘 영양체가 건강한 것으로 골라서 심어야 한다. 토양은 물 빠짐이 좋고 항상 적당한 수분을 유지하는 점질양토가 적당하며, 거름기가 많은 토양에서 잘 자란다. 척박한 땅에서는 마늘쪽의 분화가 잘 일어나지 않는다. 두엄은 잘 삭혀진 것을 사용해야 하고, 덧거름은 4월 이전에 준다.

채종과 보관

5월 말부터 마늘대가 굵어지면서 마늘잎이 누레지면 수확 시기가 된 것이다. 6월 망종이 되면 마늘을 수확한다. 이듬해 심을 마늘은 굵고 병이 없는 것으로 골라 그늘지고 통풍이 잘되는 곳에 두었다가 마늘 줄기를 반으로 잘라 묶어 처마 밑에 걸어 두거나 마늘만 잘라 양파망에 넣어 걸어 둔다. 아궁이가 있는 곳은 되도록 피한다. 아궁이 열에 의해 마늘에 있는 수분이 마르면서 싹이 빨리 틀 수 있기 때문이다. 특히 마늘쫑이 올라올 때 뽑지 않고 주아를 수확하여 이듬해 통마늘로 수확하고 그 이듬해 통마늘을 심어 육쪽마늘로 새대종 마늘을 이어가는 것도 권장한다.

이듬해 마늘을 심을 즈음 마늘에서 싹이 나온다. 마늘 싹이 많이 나와도 심는 데는 아무런 지장이 없다.

호련마늘

육쪽마늘

청용마늘

안골마늘

더덕

초롱꽃과에 속하는 여러해살이 덩굴식물인 더덕은 산과 들에 자생하지만, 전통적으로 식용으로 사용해 오면서 도라지와 함께 작물로 재배한다. 한국, 일본, 중국 등지가 산지다.

명칭

더덕을 사삼(沙蔘)이라고 한다. 사삼이란, 흰색 모래땅에 적합하므로 붙여진 이름이다. 뿌리에 흰 즙이 많아서 양파내(羊婆奶)라고도 하고 백삼이라고도 한다. 『명의별록』에 양유(羊乳)라고 한 것도 같은 이유다. 1431년에 간행된 『향약채취월령』이나 『향약집성방』에는 가덕(加德)이라고 표기되어 있다. 문희(文希), 식미(識美), 지취(志取) 등의 별명을 가지고 있다.

생리

산에서 자라며 인삼과 비슷하게 생겼다. 더덕 뿌리는 독특한 향과 쌉싸름한 맛이 도라지와 인삼과 비슷하면서도 다른데, 효능은 인삼과 비슷하다. 더덕은 잎이 네 장이지만, 사삼의 잎은 다섯 장이다. 더덕은 국화목 초롱꽃과, 인삼은 미나리목 두릅나무과에 속한다. 일반적으로 식물의 뿌리는 열매나 꽃에 비해 향이 많이 나지 않는 편인데, 더덕은 뿌리의 향이 강하다. 더덕 한 뿌리만 찧어도 집안이 더덕 향으로 가득 찬다. 산에서 채취할 때는 더덕 잎에서 나는 향으로 위치를 파악한다. 뿌리는 인삼과 비슷한 모양으로, 덩굴은 길이 2m로 줄기를 자르면 유액이 나온다. 8~10월이면 넓적한 종 모양의 꽃이 자주색으로 핀다. 『본초강목』에서는 "3, 4월에 싹이 나는데, 처음 나는 것은 아욱잎과 같다. 8, 9월에 줄기가 자라면 높이가 1, 2척이 된다. 잎은 뾰족하고 길어 구기 잎과 같으나 작으며 톱니가 있다. 가을에 잎 사이에서 작은 자주색 꽃이 피는데 때로는 흰 꽃이 피기도 한다. 모양은 방울 같고 피면 다섯 갈래로 찢어진다."라고 비교적 정확한 설명을 하고 있다. 인삼이나 더덕은 모두 열매를 맺고 작은 씨앗이 있다. 서리가 내린 뒤에 줄기가 시든다.

약성

더덕은 인삼과 도라지처럼 사포닌이 많다. 더덕은 폐, 위, 비장, 신장을 튼튼하게 해주는 효과가 있다. 예로부터 민간에서는 물을 마시고 체한 데 효과가 있으며, 음부가 가려울 때나 종기가 심할 때, 독충에 물렸을 때 가루를 내어 바르면 효과가 있다고 알려져 있다. 『한국민속약』에서는 거담 · 강장 · 고혈압 · 부인병 · 위냉병 · 해소 · 해열 · 풍열 · 혈변에 쓰이고, 인삼 · 구절초를 섞거나 꿀을 섞어 보약을 만들기도 한다고 설명하였다.

이용

『명의별록』에는 "인삼(人蔘), 현삼(玄蔘), 단삼(丹蔘), 고삼(苦蔘), 사삼(沙蔘)을 오삼(伍蔘)이라 하는데 모양이 비슷하고 약효도 비슷하다."라고 기록되어 있다.

더덕

중국에서는 더덕을 약으로 쓰는데, 우리나라에서는 평소의 식재로 사용한다. 전통적으로 더덕을 이용한 음식으로는 더덕누름적, 더덕구이, 더덕 생채, 더덕장, 더덕정과 등이 있다. 더덕은 어린잎을 삶아서 나물로 먹거나 쌈으로 먹기도 한다. 더덕 잎을 물병에 담가 놓고 몇 시간 후에 먹으면 더덕 향이 우러나와 맛있는 물을 먹을 수 있다. 반찬으로 햇더덕을 얇게 저며 칼 등으로 자근자근 두들겨서 찬물에 담가 우려낸 다음, 꼭 짜서 참기름으로 무치고 양념장을 골고루 발라가면서 석쇠에 구워낸 더덕구이는 최고다.

토종

더덕은 산에서 자라는 것을 밭으로 옮겨 와 심는 것으로 야생으로부터 온 재래종이라고 할 수 있다. 더덕 종류에는 더덕과 소경불알, 만삼 등 3종이 산지에서 자생하고 있으며, 유사종으로 꽃에 자갈색 반점이 없는 푸른더덕이 있다.

현황

국내에서는 자연산 더덕이 많은 지역으로 울릉도가 유명하다. 십 년 이상 자연에서 자란 더덕은 인삼보다 그 효능과 가치가 높다고 한다. 더덕은 전업농이 거의 없다. 그래도 재배면적이 조금씩 많아지고 있다. 자급 식재로서 더덕은 여러모로 추천할 만하다. 요즘 필자에게 임야에 재배할 작물을 추천해달라는 문의에 '더덕'을 많이 추천하고 있다. 더덕은 밭에 꼼꼼히 심지 않아도 흙만 닿으면 뿌리를 내리는 특징과 발아 이후 생장에도 숲에서 어우러져 잘 자라므로 '방치'해도 수년 뒤에 건강한 뿌리를 얻어 약용 식재로 자급할 수 있다.

재배

더덕은 모래땅에서 잘 자라고 황토에서는 잘 자라지 않는다. 모래땅에서 자란 더덕은 뿌리가 잘 뻗어 길고, 황토에서 자란 것은 뿌리가 짧다. 그래서 산 절벽이나 둔덕 같은 곳에서 잘 자란다. 밭에 더덕을 심고자 한다면 모래땅과 섞어 심는 것이 좋으나, 굳이 밭을 만들지 않고 밭 가장자리 둔덕 아래 경사진 곳에 씨를 뿌려 재배하는 것이 좋다.

3~4월 또는 늦가을에 씨앗을 뿌려 화분에 파종해서 2년 동안 키우다 옮겨 심는 방식의 밭 더덕이 있고, 산에 씨앗을 뿌리고 옮겨 심지 않는 산 재배법이 있다. 옮겨 심는 이유는 더덕이나 도라지는 옮겨 심어야 새로운 땅에 적응하느라 심이 박히지 않으며, 크기도 한층 커지기 때문이다. 더덕 밭을 따로 마련하지 않더라도 담벼락이나 닭장 주변이나 담장 쪽에 심어 놓고 나뭇가지나 대나무 가지를 담벼락에 기대어 놓으면 그걸 타고 덩굴이 뻗어 올라갈 수 있다. 도시에서는 화분이나 비닐포대에 흙을 넣어 더덕을 키우고 2년 뒤에 새 흙으로 갈아 주고 3~4년 키우는 것도 좋다. 특히 오가는 길목이나 정원 가장자리에

심으면 늦봄에 더덕잎에서 나는 향만으로도 만족할 만하다. 잎은 줄기째 따 주어도 그 이듬해 또다시 자라는데, 잎줄기는 생수 페트병에 넣어 물과 섞어 하루 뒤에 마시면 더덕 향을 즐길 수 있다.

채종과 보관

수확은 2~3년째 가을에 한다. 10월 중순에서 11월 하순까지 수확할 수 있다. 가을에 캔 것은 뿌리가 희다. 산에서는 주로 봄철에 캐는데 뿌리가 조금 누렇다. 채종은 8~10월에 꽃이 피고 난 뒤 씨앗이 맺히면 10월 하순에서 11월 초순에 채종해서 이듬해 심을 수 있다. 더덕 씨앗은 해를 거듭할수록 발아율이 떨어지므로 채종하자마자 그해 늦가을에 뿌리거나 이듬해에 뿌리는 것이 좋다. 재래시장에 가면 할머니들이 더덕 씨를 놓고 파는데, 한 홉 정도 사서 밭 둔덕이나 가장자리에 뿌려두고 잊어버리고 있으면 봄철에 더덕 향으로 더덕을 심었다는 사실이 상기된다.

도라지

재배 기원

도라지는 시베리아, 일본, 우리나라가 원산지로 어디에서나 잘 자라는 식물이다. 도라지는 원래 산약초로 한국, 중국, 일본 등지에 야생으로 분포돼 있다. 그 외의 지역은 도라지를 먹지 않는다. 관상용과 밭작물로 재배가 많아졌다.

생리

더덕과 함께 널리 알려진 초롱꽃과 여러해살이 식물이다. 곧은줄기에 톱니 모양 잎이 3개 마주 보며 달려 있다. 키는 1~1.5m까지 자란다. 원줄기를 자르면 하얀 즙액이 나온다. 보라색 꽃이 피는 도라지는 같은 색을 가진 잔대(혹은 딱주)와 비슷한데, 도라지는 잎이 3장이고 잔대는 4장의 잎이 마주 나기 때문에 쉽게 구분할 수 있다. 또한 도라지의 뿌리는 잔대보다 단단하고 질기다. 꽃은 7~8월에 보라색 또는 흰색으로 피는데, 원줄기 끝에 1개 또는 여러 개가 위를 향해 달린다. 꽃은 종 모양으로 끝이 5갈래로 갈라지고, 꽃받침도 5갈래로 갈라지며, 5개의 수술과 1개의 암술이 있다. 자연 상태에서는 보라색 꽃이 많고 백도라지는 드물다. 재배에서는 백도라지가 많다.

이용

뿌리가 단단하고 곧아서 길경(桔梗)이라고 부르기도 하는데, 전라도에서는 돌가지라고 한다. 기침과 가래 해소, 천식의 대표적인 약용 식물이다. 제사 때 쓰는 삼색 나물 가운데 흰색을 대표한다. 도라지 뿌리를 김치, 나물, 비빔밥 등의 재료로 쓴다.

토종

꽃이 보라색인 청도라지, 흰색인 백도라지, 겹으로 돼 있는 겹도라지가 있다. 현재 재배하고 있는 품종은 모두 이것을 채취하여 기르기 시작한 것이다.

재배

햇빛이 잘 들고 모래가 섞인 땅에서 잘 자란다. 발아 적온은 15도 이상 25도까지이고, 노지에 심을 때에는 베게 뿌리되 깊이 묻지 않고 수분을 유지하기 위해 풀로 잔뜩 덮어 둔다. 처음에 베게 심어 솎아 주어야 하는데, 그해 10월 중순에 솎아 주고 솎은 것을 버리지 않고 다른 밭에 5~10cm 간격으로 심는다. 도라지는 3~4년이나 5년 주기로 옮겨 심는다. 시중에 10년근 이상 도라지를 판매하는데, 심이 박히지 않고 약성이 풍부해지기 때문이다.

채종과 보관

보통 2년 이상 자란 도라지는 꽃을 피우고 씨앗을 맺는다. 씨종 모양의 꽃이 열매를 맺고 열매가 씨방이 되는데 10월에 씨방이 노랗게 되면 씨방만을 따서 말린 뒤 으깨면 검정 씨앗이 쏟아져 나온다. 채종된 도라지 씨앗을 용기나 종이봉투에 넣어 보관한다. 채종 후 상온저장은 9개월 지난 것이 85%, 12개월이

42%, 15개월이 3%로 현격하게 떨어지므로 도라지 채종 이후 이듬해 바로 파종하는 것이 좋다.

백도라지

쑥갓

재배 기원

유럽이 원산지로 국화와 비슷한 노란 꽃 때문에 대체로 관상용으로 키운다. 반면 인도, 중국, 우리나라에서는 잎줄기를 먹는 식용 채소로 재배한다. 중국에는 10세기 이전에 재배된 기록이 있으며, 우리나라에는 15세기 최세진의 『훈몽자회』에 쑥갓이 기록돼 있는 것으로 봐 조선 초기나 그 이전에 전래된 것으로 추정된다.

생리

쑥갓은 국화과에 딸린 한두해살이풀이다. 5월에 꽃을 피워 춘국(春菊)이라고도 한다. 생육 온도는 15~20도이며, 온대성 기후를 좋아하며 10도까지 견딘다. 키는 30~70cm이며, 전체적으로 털이 없고 독특한 향기가 있다. 뿌리줄기는 곧게 뻗으며, 줄기는 가지가 갈라지고 높이는 30~80cm이다. 가장자리에 혀 모양 꽃이 달리고, 안쪽에는 관 모양 꽃이 달린다. 혀 모양 꽃은 암꽃이고, 관 모양 꽃은 양성 꽃이다.

약성

기미는 달고 맵다. 성질은 평하고 독이 없다. 일반 국화과가 대부분 그러하듯 많이 먹지 않는 것이 좋다. 많이 먹으면 풍기(風氣)가 스미기 때문이다. 쑥갓은 심기를 안정시키고 비와 위를 기른다.

이용

한국에서는 필수로 먹는 채소는 아니지만, 나물을 해 먹거나 상추에 곁들여 쌈으로 먹는다. 그리고 매운탕이나 찌개에 향을 내기 위해 넣는 용도로 쓰인다. 일본에서는 우동에 곁들여서 나온다.

토종

쑥갓은 품종 변화가 많지 않다. 잎의 크기에 따라 대엽종, 중엽종, 소엽종이 있는데, 중국에서는 소엽종, 우리나라에서는 대부분 중엽종을 재배한다. 남부 지방에서는 소엽종을 재배하기도 한다. 소엽종은 잎 가장자리가 뾰족한 결각이 심하고 잎이 얇으며 향기는 제일 강하다. 이른바 소엽쑥갓이라고 한다. 추대가 빨라 잎을 먹는 기간이 짧다.

재배와 채종

봄과 가을에 파종한다. 남부 지방에서는 8~9월에 파종해서 겨울부터 봄까지 먹는다. 파종은 줄뿌림이나 흩어 뿌리기로 한다. 3~4월에 파종하면 잎을 먹는 기간이 짧고 5월 하순경에 꽃이 핀다. 꽃이 지고 거무스레 바뀌며 씨앗이 맺힌다. 씨앗이 보통 장마 때 맺히므로 씨앗이 맺힐 무렵에 대를 잘라서 하우스나 비를 맞지 않는 곳에 거꾸로 매달아 놓는다. 대부분 국화과의 씨앗은 바짝 말린 뒤 털면 변질이 되어 씨앗이 검갈색으로 나오지만, 대를 처음 꺾자마자 포대를 깔아 놓고 땅에 힘껏 내려치면 씨앗이 깔끔하게 떨어진다. 털린 씨앗을 통풍이 잘되는 곳에서 며칠 말린 뒤 용기에 보관한다. 쑥갓 씨앗은 상온에서 3~4년 보관해도 발아율이 떨어지지 않는다.

근대

재배 기원

지중해 연안과 중동 지역이 원산지로 알려져 있다. 3000년 전부터 재배하였고, 중국에서는 당나라 이전부터 재배한 것으로 알려졌다. 우리나라에 도입된 시기는 알려지지 않았다.

생리

근대는 명아주과에 속하는 두해살이풀이다. 발아 적온은 15~25도이고, 생육 적온은 15~18도이다. 9도 이하이거나 28도 이상에서는 자람이 좋지 않다. 가지가 많으며 잎은 긴 타원형으로 두껍지만 연하고 미끈거리는 특징이 있다. 6월에 꽃이 핀다.

약성과 이용

근대는 기미가 달고 쓰다. 잎을 국거리, 나물로 먹는다. 근대는 성질이 미끄러워 위장이 약한 사람에게는 소화가 잘 되어 위장 치료에 도움을 준다.

토종

근대는 잎에 따라 분류하는데 잎자루가 흰색인 백경종 또는 환엽(종) 근대는 잎이 짙은 녹색이고 잎살이 두껍다. 잎과 줄기가 붉은 적경종 또는 적엽 근대는 환엽(종) 근대보다 추대가 늦다. 적엽근대는 겨울에 잎과 줄기 모두 붉은색으로 바뀐다. 재래종은 대체로 적엽근대가 많은데 잎이 길고 가는 편이다. 서양종 근대는 잎이 담황색이고 잎 면이 약간 울룩불룩하다. 잎자루가 상당히 길고 흰색이며 추대가 일찍 된다. 우리나라에서는 주로 자급용으로만 재배가 돼 품종이 단순하다.

재배

토양은 물 빠짐이 좋은 사질토나 점질토가 좋다. 봄, 여름, 가을에 재배할 수 있다. 근대는 싹이 나면 잎을 뜯어 먹을 수 있기 때문에 노지에 직접 씨앗을 뿌려 2~3회 솎음한 것을 먹으면 된다. 그 후에는 밑에서부터 차례로 잎을 따서 수확한다. 여름에는 시금치가 나오지 않으므로 근대를 시금치 대용으로 재배한다.

채종과 보관

근대는 두해살이풀이므로 씨앗 채종은 5월에 꽃이 핀 뒤 6~7월에 한다. 명아주과의 씨앗은 꽃이 지고 갈색으로 변하면서 씨방이 익는다. 완전히 갈색으로 변하면 씨방만을 손으로 따서 양지에 며칠 말린다. 잘 말린 씨앗을 손으로 으깨면 두툼한 씨앗이 떨어진다. 씨앗은 용기나 종이에 싸서 보관한다. 상온에서 3년 정도 보관할 수 있다.

당근

재배 기원

원산지는 중앙아시아 아프가니스탄이고, 2000년 전부터 재배했다. 13세기경 중국에 들어왔고 그 이후 우리나라에 들어왔다. 『임원경제지』에 기록된 것으로 보면, 15세기 이전에 들어온 것으로 추정된다.

생리

당근은 산형과의 한두해살이 식물이다. 뿌리가 붉은색이어서 홍당무라고 하는데, 원래는 붉은색이 아니라 보라색이었고 자연적으로 노란색, 흰색 당근이 나타났는데 유럽에 전해지면서 17세기에 네덜란드 농사꾼들이 현재 익숙한 주황색으로 품종개량을 했다고 한다.

또한 원래는 그저 잎만 무성하게 자라던 한해살이 식물이었지만, 이것을 가을에 심고 겨울을 나게 하는 방법으로 뿌리가 크게 자라도록 만들었다. 10~15도에서 재배하면 끝이 뾰족해지고, 20도 이상에서 재배하면 색이 더 선명해지고 뿌리 끝이 뭉툭해진다.

토종

서유럽에서 재배하는 서양종은 봄 파종, 중국 북부에서 재배하는 동양종은 여름 파종이다. 같은 품종이라도 재배지의 온도에 따라 다른 품종이 된다. 우리나라에서는 당근을 많이 이용하지 않아 품종의 변화가 많지 않다. 간혹 농가에서 재배해 온 것 중에서 흰 당근이나 노란색, 홍색 당근을 찾을 수 있다.

이용

말과 나귀 등 초식동물의 주요 먹이다. 한방에서는 당근이 홍역과 빈혈에 좋다고 한다. 얇고 가늘게 썰어 충분히 볶아 먹어야 맛있다. 기름에 볶지 않으면 당근의 소화력이 떨어진다.

재배

발아 온도는 15~25도, 생육 온도는 18~21도다. 28도 이상이나 3도 이하에서는 제대로 자라지 않고, 12도 이하에서는 당근 뿌리의 색깔이 잘 들지 않는다. 당근은 저온에서 강하지만 고온에는 약해서 고랭지 등 높은 지대에서 재배가 잘 된다. 그러므로 한여름만 피해서 4월 중순 봄 파종과 8월 중순 가을 파종으로 1년에 2번 재배가 가능하다. 8월 중순에 파종해서 그해 11월 초 · 중순에 수확한다. 그 이듬해 4월 중순에 파종한다. 4월 중순 이전에 파종하면 냉해를 입어 꽃대가 올라와 당근을 수확하지 못할 수 있다. 흰 당근은 한번 재배하면 씨앗이 저절로 떨어져 이듬해 봄에는 뿌리와 잎을 캐어 나물로 데쳐서 먹을 수 있고, 굳이 다시 심지 않아도 밭이 당근밭으로 변할 정도로 자연 번식이 왕성하다. 단, 자연 번식되는 당근 뿌리는 크기가 작아 옮겨 심으면 된다.

채종과 보관

남부 지방에서 8월 중하순 파종한 당근을 11월에 수확하지 않고 밭에 두면 겨울을 지낸 뒤 이듬해 6~7월에 꽃이 지면서 갈색으로 변한다. 갈색으로 완전히 변하면 꽃대를 잘라 즉시 용기에 한 번에 후려치면 씨앗만 깨끗하게 떨어진다. 또는 바람이 통하는 그늘에 2~3일 정도 말린 뒤, 손으로 비비면 솜털이 붙은 것처럼 보이는 타원형의 갈색 씨앗이 떨어지고 채반을 이용해 검불을 걸러내는 등 씨앗을 깨끗하게 갈무리한다. 산형과인 당근은 한두 개만 받아도 상당히 많은 양의 씨앗을 받을 수 있다. 채종한 씨앗은 용기나 봉지에 담아 상온에서 2~3년까지 보관해도 발아가 잘 된다. 또한 채종을 하지 않더라도 저절로 씨앗이 떨어져 이듬해 봄에 싹이 잘 나온다.

양파

재배 기원

양파와 유사한 야생종을 중앙아시아를 중심으로 식용하고 있는 점으로 미루어 볼 때, 중앙아시아가 원산지일 가능성이 크다. 5000년 전부터 고대 이집트, 중앙아시아 등을 중심으로 재배하기 시작했다. 현재의 양파 모습으로 우리나라에 도입된 시기는 조선 말로 일본을 통해 들어왔다.

생리

양파는 백합과에 속한 여러해살이 작물이다. 백합과에 속하는 대부분의 식물은 비늘줄기나 덩이줄기 같은 땅속 저장 기관을 갖는다. 백합과에는 튤립, 은방울꽃 등의 관상용 식물과 마늘, 파 등의 식용 식물이 있다. 파는 우리나라 전통 작물인데, 양파는 서양에서 들어온 파라는 뜻으로 붙여진 이름이다. 하지만 전통적으로 양파의 특징을 가지고 있는 파 종류가 있는데, 그것이 쪽파와 유사하다. 둥근 쪽파나 염교는 양파처럼 둥글고 껍질이 붉어 지금의 양파와 비슷한 파가 있다고 보면 된다. 양파 빛깔은 흰색, 노란색, 붉은색 등이 있다.

명칭

옛날 동양에서 말하는 양파는 지금의 양파(onion)가 아닌 자총(shal-lot)으로, 같은 백합과 작물인데 크기가 다소 작으며 다른 품종이다. 6세기 무렵 중국 북위 때 『제민요술』에는 양파를 호총(胡葱), 자총(慈葱)으로 언급하고 있는데 기원전 한나라 때 서역에서 들여왔다고 했다. 원나라 때 요리책인 『음선정요』에서도 서역에서 들여왔기 때문에 회회총(回回葱) 또는 호총(胡葱)이라 했고, 우리나라 문헌에도 호총으로 나온다. 북한에서는 비늘줄기의 둥근 특징에 따라 '둥글파'라고 부른다.

양파에 깃든 문화적 특징

기원전 14세기 이집트를 통치한 투탕카멘왕의 무덤에서 양파 화석이 발견됐다. 고대 이집트 사람들은 양파를 먹으면 힘이 생기고 양파에 영원한 생명이 들어있다고 믿었다. 때문에 왕인 파라오가 죽으면 매장할 때 양파를 함께 묻었고, 피라미드 내부도 양파 그림으로 장식했다. 벗겨도 계속 나오는 양파 껍질 속에 영원한 생명의 힘이 담겨 있다고 믿었기 때문이다. 기원전 1160년에 죽은 람세스 4세의 미라 눈에 양파 화석이 들어있었는데, 학자들은 양파의 향기와 마술적 힘으로 죽은 자가 부활하기를 기원하는 의식에서 비롯된 것이라고 말한다.

양파에 관한 고대 이집트 사람들의 인식은 그리스와 로마로 이어져 고대 올림픽이 열릴 때면 경기에 참가한 그리스 선수들은 양파를 먹거나 양파 즙을 마셨다. 운동선수뿐만 아니라 고대 로마의 검투사들도 근육을 강하게 만들기 위해 싸우기 전 몸에 양파를 문질러 발랐다고 한다. 서양의학의 아버지라고 하는 고대 그리스의 히포크라테스에 버금 가는 고대 로마의 의사 켈수스는 그의 저서 『의학에 관하여』에서 모든 구근 식품이 건강에 좋지만, 특히 양파와 생강이 몸에 좋다는 기록을 남겼다.

심지어 중세시대에는 임대료 대신 양파를 지불하거나 결혼 선물로 양파를 주었다고 한다. 또 아이를 낳지 못하는 여자에게 양파를 치료제로 처방했다고도 하니까 양파에 생명력이 담겼다는 믿음이 중세까지 계속 이어졌다.

약성

양파는 속을 따뜻하게 해주고 기를 내린다. 음식을 소화시키고, 기생충을 죽이며, 오장의 부족한 기를 이롭게 한다. 양파는 고혈압과 동맥 경화증에 유효하다. 양파의 겉껍질을 말린 가루는 항알레르기 작용을 한다.

토종

양파가 도입된 시기가 조선 말에다가, 자가 채종한 종자는 수확량도 낮고 채종 자체도 어려울 뿐만 아니라, 내한성이 약해 남부 지방에만 국한돼 재배되어 재래종이 없다. 단 '다마네기'라는 명칭에서 일제강점기 때 일본에서 '천주황'이라는 품종을 도입해서 심다가 창녕 지방에서 채종에 성공해 고정종이 보급되었다. 1952년, 처음으로 원예시험장에서 천주황을 계통 분리하고, 1962년 중생종으로 국내에서 개발한 원예 1호와 원예 2호 등 F1 품종을 육종해 전국에서 심을 수 있게 되었다. 고정종으로 천주대고, 올배기황, 서울대고, 창녕청백, 창녕초황, 금정 조생, 담로중갑 등 9품종이 있다. 그 외에 애지백과, 패총조생 등 대체로 일본에서 들여온 품종이 많다.

재배

양파 품종에 따라 봄에 씨를 뿌려 가을에 거두는 것과 가을에 씨를 뿌려 초여름에 거두는 두 가지 재배 방법이 있다.

봄에 파종하여 늦여름이나 초가을에 수확하는 장일형 양파는 매운 양파인데, 대체로 여름이 서늘한 지역에서 재배되기 때문에 강원도 고랭지 일부에서 재배한다.

양파

우리나라에서 주로 재배하는 단일형이나 중일형 양파는 모두 단맛이 나는 양파이다. 양파 껍질 색이 황색, 적색, 백색의 세 가지로 나뉘며 양파 구의 모양은 매우 다양하다. 빨리 수확하는 조생종은 납작한 형태가 많고, 늦게 수확하는 만생종일수록 둥근 경향이 있다.

양파 씨앗의 발아 적온은 18~20도, 생육 온도는 땅속 12~20도, 지상부는 20~25도이다. 재배지역에 따라 재배 양식과 품종이 달라지는데, 양파는 고온에 약한 작물이며 30도 이상 되면 잎이 마른다.

단일형 양파는 8월 하순부터 9월 상순에 씨앗을 뿌리고, 10월 중하순에 밭에 옮겨 심는다. 3월 22일 이전에 구가 커지기 시작하는데, 수확은 4월 상순부터 5월 상순까지 한다.

중일형 품종은 9월 상순~중순에 씨앗을 뿌리고 10월 하순~11월 상순에 옮겨 심는다. 파종은 적은 양을 할 경우에는 포트묘를 하는데 한 구멍에 3~4개씩 넣는다. 수백 평의 양파밭을 할 때는 밭 가장자리에 흙을 부드럽게 하여 줄뿌림으로 한 뒤, 그 위에 왕겨로 덮는다. 수확은 5월 중순에서 6월 중순까지 한다. 국내에서 가장 일반화된 방식은 8월 파종이다. 본 밭에 옮겨 심은 뒤, 왕겨나 짚으로 덮어 겨울에 동해를 입지 않도록 한다.

양파 채종이 어려운 이유

현재 양파 씨앗의 80%를 일본에서 수입한다. 한국에서는 경상남도 창녕군에서 처음 시배를 시작했는데, 경남 창녕군 영산면에 살던 중학교 농업 교사 조성국 선생의 노력으로 채종 기술이 정립되고 종자 생산이 급격하게 늘면서 양파 재배면적도 넓어졌다. 이때만 해도 자연방임 수분에 의한 품종이 대부분에다가 천주황과 같은 뿌리를 둔 품종이었으므로 육종이 쉬웠다. 지금은 대부분 일대잡종(F1)을 이용하기에 육종이 어렵고 채종도 힘들다. 자연방임 수분종은 매년 좋은 양파 구를 골라서 모구로 사용하여 채종할 수 있다. 판매용이 아니라면 일대잡종 품종을 자가 채종해서 활용하는 것도 괜찮다.

채종과 보관

보통 4월 중순에 꽃대가 올라와 5월 하순부터 6월 중순까지 꽃이 피고 7월 중순이면 씨앗이 익는다. 그런데 꽃이 피고 씨앗이 익는 시기에 장마가 겹치면 씨앗이 잘 생기지 않는다. 하우스 재배에서는 장마 피해가 적지만, 고온이므로 성숙이 나빠져 총채벌레 피해가 심해질 수 있다. 모구로 쓸 양파 구를 6월 초에 수확해서 상온에 보관했다가 9월 중순부터 10월 상순 사이에 두둑을 만들어 20~25cm 간격으로 심는다. 이듬해 4월 중순, 꽃대가 올라오면 지지대를 2m

간격으로 박고 꽃대가 넘어지지 않도록 한다. 양파는 양파 밭으로 날아온 곤충에 의해 타가수분이 된다. 품종이 다른 양파를 심을 때는 400m 정도 떨어뜨려 심는다. 양파가 자라는 동안 잎 모양이 다르거나 두꺼운 목을 가진 포기나 잎이 넘어지는 시기가 다른 포기는 솎아 낸다. 균일성을 위해서다. 자라는 중에 노균병, 잎마름병, 검은무늬병에 걸리면 씨앗을 제대로 얻을 수 없다. 노균병을 예방하기 위해서는 돌려짓기를 하고, 연작은 하지 않는 것이 좋다. 노균병에 걸린 양파는 빨리 뽑아내야 더 확산하지 않는다. 꽃이 만개하고 씨앗이 익는 데는 30~40일이 걸린다. 7월 상순~중순에 30% 정도 익은 씨앗이 보이면 꽃대를 잘라 말린 뒤 털어 낸다. 씨앗이 완전히 다 익은 뒤에 수확을 하면, 씨앗이 떨어져 채종이 어렵다. 털어 낸 씨앗은 용기나 종이에 싸서 습도가 낮은 곳에 보관한다.

겨울 밭의 모습

부록

월별 토종씨앗 토종농사 핵심 요약

1 월

구분	농사	씨앗 받기와 보관법
초순	겨울잠 자기	
초중순		
중순	매실, 복숭아나무 가지치기 시작 씨앗 갈무리 하기 농사 계획 세우기 칡, 약초 뿌리 캐기(1, 2월)	
중하순		
하순		

조상의 지혜가 담긴 절기

절기(節氣)란 해의 영향으로 한 해 동안 생명을 낳고 기르고 살리는 기운의 흐름을 스물네 가지로 표현한 것이다.

소한(小寒) : 1월 5일 가장 추운 겨울로 땅이 꽁꽁 언다. "대한이 소한 집에 가서 얼어 죽는다" "소한 추위는 있어도 대한 추위는 없다" 기러기 북녘으로 가고 까치가 집을 짓기 시작하고 꿩이 운다.

대한(大寒) : "춥지 않은 소한 없고 포근하지 않은 대한 없다" "소한 얼음 대한에 녹는다"라는 말처럼 대한은 소한보다 따뜻하다. 닭이 알을 품는다.

제철음식

가을에 말려 둔 묵나물과 김장배추와 동치미, 고구마, 토란을 아궁이에 쪄서 먹고 호박죽, 단호박도 먹는다. 겨우내 매달아 둔 곶감도 먹고 껍질째 남겨 둔 땅콩, 호두를 먹고 연시도 먹는다.

알아두기

1월 한겨울은 만물이 동면에 들어가듯 사람도 몸을 쉬며 한해살이 몸을 만든다. 몸의 쉼은 마음도 쉬어야 제대로 겨우살이를 지낸다고 할 수 있다. 몸은 쉬는데 마음이 들끓으면 몸을 해하기 때문이다. 농부는 겨울에 살이 찌고 농번기에 살이 빠진다. 영양 보충을 충분히 해 두자.

절기는 자연 에너지로 인간의 삶이 '때'를 맞춰 살아가야 한다. 철이 든다는 말은 계절에 맞게 살아야 함을 말한다. 자연의 흐름을 잘 읽고 인간의 삶을 맞추어 순응하는 지혜를 아는 것이 '배움'이다. 지혜는 자연의 소리에 온몸을 귀 기울여 듣고 순응하는 삶을 살 때, 두려움이 없다.

2 월

<table>
<tr><th>구분</th><th>농사</th><th>씨앗 받기와 보관법</th></tr>
<tr><td>초순</td><td rowspan="2">보리밟기(땅갈이 한 경우)
거름 내기(재, 똥, 잔여물)
나무 가지치기(2월)
접수 가지 채취하기(3월 중순 이전까지)</td><td rowspan="5">• **고구마 순**을 낼 때, 수분 공급을 많이 할수록 순이 잘 자란다.

• **고추, 가지씨앗**은 물에 담근 1시간 후에 물에 뜨는 씨앗은 버리는 것이 좋다.

• **고추씨눈**은 젖은 수건으로 감싸 따뜻한 곳에 두고 촉을 틔우기도 한다. 이 과정 없이 대체로 물에 불려 씨앗 넣기를 한다. 전통 방식으로는 5월 초순에 본 밭에 씨앗을 뿌려 나중에 솎거나 옮겨 심는다.

• 방안에서 고구마 몇 개로 고구마 순을 낸다. 이후 순이 길게 나오면 꺾어서 순을 늘린다.</td></tr>
<tr><td>초중순</td></tr>
<tr><td>중순</td><td></td></tr>
<tr><td>중하순</td><td rowspan="2">고추, 가지 눈 틔우기(하우스 경우)
된장 담그기(정월장 담그기)
고구마 순내기(3월 초중순까지)
고추, 가지 씨넣기(1차)</td></tr>
<tr><td>하순</td></tr>
</table>

조상의 지혜가 담긴 절기

2월에는 입춘과 우수가 있다.

입춘(立春) : (2월 4일) 봄이 시작되지만 겨울 추위가 강하다. 꾀꼬리가 울고 물고기가 얼음 위에 올라온다. 입춘은 정월에 첫 번째 절기로 立春大吉 建陽多慶(봄이 시작되니 길하고 경사스러운 일이 많이 생기길 바란다)이라고 대문에 써 붙여 놓는다. 보리뿌리를 뽑아 봐서 두 가닥이면 평작, 한 가닥이면 흉년, 세 가닥이면 풍년으로 예측한다.

우수(雨水) : (2월 19일) 겨울 날씨가 풀리고 봄바람이 불기 시작하면서 쌓인 눈이 녹고 봄비도 내린다. 우수 경칩이면 대동강 물도 풀린다는 속담도 있다. 초목에 싹이 나기 시작한다. 노을이 길게 끼기 시작한다.

제철음식

2월에는 삐죽이 올라오는 새순들이 있다. 채취하기엔 일러 김장김치와 말린 무청, 말린 나물 등 겨우내 먹었던 것을 먹는다. 설음식들이 있다.
정월 초하루 설날에는 떡국을 나눠 먹고 윷놀이, 널뛰기, 연날리기를 한다.

알아두기

- 접수 가지는 채취해서 수분이 날아가지 않도록 잘린 부분에 촛농을 발라 전체를 밀봉해서 냉장고나 땅에 묻어 보관한다.
- 2월에 고추 씨넣기를 하는 경우에는 가온 시설이 있어야 한다. 일반 하우스나 노지에서 모종을 기르는 경우에는 4월 초중순에 씨넣기를 하는 것이 좋다.
- 방 안에서 고구마 몇 개로 고구마 순을 낸다. 이후 순이 나오면 꺾어 땅에 묻는 일을 반복해서 순을 늘린다.

[지역별 유의사항]

- 북부, 영동 중부 이북, 영서, 영남 북부 산간 등지는 2월에 땅 녹는 곳이 거의 없다.
- 늦어도 2월 안에는 가지치기와 거름내기를 마쳐야 한다.

한눈에 보기

씨담그기	씨뿌리기	씨넣기	아주심기	거두기	씨받기
가지, 고추		가지, 고추, 용기에 고구마는 묻어 방안에서 싹 틔우기			

3 월

<table>
<tr><th>구분</th><th>농사</th><th>씨앗 받기와 보관법</th></tr>
<tr><td>초순</td><td>밭 정리, 농기구 손질하기
밭 돌멩이 골라내기</td><td rowspan="5">• 무 싹이 노랗게 웃자랐을 경우에는 따뜻한 양지에 2~3일 두어 충분한 광합성 작용으로 잎에 푸른빛이 돈 후에 장다리를 박으면 봄 추위에 잘 견딘다.

• 완두콩은 벌레 구멍이 한 개 정도 난 것은 심어도 괜찮다. 여러 구멍이 난 것은 배아 손상을 입어 발아가 되지 않는다. 완두를 보관할 때는 꼬투리째 말려 보관하는 것이 벌레 피해를 막는다. 만약 꼬투리를 제거했다면 잘 말려 페트병에 보관하면 벌레 피해를 줄일 수 있다.

• 감자 씨에 대해
감자 보관 중에 길게 싹이 난 경우(3~4센티 길이까지는 괜찮다) 싹을 제거한다. 감자 씨를 낼 때, 씨눈을 2개 정도 남기고 칼로 자른다. 이때 칼은 뜨거운 물로 소독하거나 자른 감자를 재에 묻혀 심는다. 메추리알 크기 정도의 감자는 통째로 심고, 달걀 크기의 감자는 두 조각으로 낸다. 초기는 감자영양체의 힘을 갖고 자라기 때문에 크기가 클수록 초기 생장이 좋다. 하지감자를 땅 얼기 전 12월 초에 통감자로 땅에 심는 것도 좋다. 만약 절단해서 심으면 썩을 수도 있다.

• 씨앗 받을 배추, 갓, 유채는 교잡되지 않도록 격리해서 심는다.</td></tr>
<tr><td>초중순</td><td>고구마 순내기(실내)
꽃, 약초, 고추, 가지, 키작은강낭콩(두벌콩) 씨넣기
완두콩 씨뿌리기
마늘, 양파밭 덧거름 주기</td></tr>
<tr><td>중순</td><td></td></tr>
<tr><td>중하순</td><td rowspan="2">감자밭 만들기
감자 심기
상추, 대파, 아욱, 쑥갓 등 씨뿌리기
고구마 순내기(노지일 경우 덮개 이용)
키작은강낭콩(두벌콩) 씨뿌리기
무, 배추 장다리 박고 짚이나 풀로 덮기(4월 초순까지)
각종 약초, 과실수 심기
각종 산채, 약초 옮겨심기</td></tr>
<tr><td>하순</td></tr>
</table>

조상의 지혜가 담긴 절기

3월에는 경칩과 춘분이 있다.

경칩(驚蟄) : (3월 6일) 땅속에 숨어 있던 벌레가 깜짝 놀라 깨어난다는 뜻으로 땅이 부풀어 올라 월동하던 동물과 식물들이 땅 위로 올라온다. 복숭아꽃이 피기 시작하고 나비가 날고 꾀꼬리가 운다.

춘분(春分) : (3월 21일) 밤과 낮 길이가 같아지고 춘분 이후로 낮이 길어져서 추운 겨울이 지나가고 양 기운이 점차로 강해진다. 봄보리도 갈고 밭갈이를 하지만 꽃샘추위가 있다. 춘분에 서풍이 불면 보리가 귀하다. 동남풍이 불어야 간간이 비가 오고 보리 자람이 좋다. 가을비는 하나도 쓸 게 없고 봄비는 버릴 것이 없다.

제철음식

3월에는 냉이와 달래, 막 나온 머위순을 캐어 먹고, 진달래꽃과 생강나무꽃도 따서 차를 만든다. 들과 밭이 파릇파릇한 새순들이 많아 손이 즐겁다. 보리순도 잘라먹고, 월동했던 쪽파와 상추새순, 배추새순, 돌나물순, 망초순, 원추리순, 민들레를 뜯어 먹는다. 씨감자 심고 남은 것으로 반찬을 만든다.

알아두기

[지역별 유의사항]

- 북부, 영동 중부 이북, 영서, 영남 북부 산간 등지는 3월 하순이 되어야 지표 20~30cm까지 녹는다. 그 아래는 얼어있기 때문에 냉해를 입는 작물은 실온 파종할 수 없다. 땅이 녹기 시작하여 물기가 많고, 질척거려도 땅 아래는 아직 얼어있다.

한눈에 보기

씨담그기	씨뿌리기	씨넣기	아주심기	거두기	씨받기
가지, 고추	감자, 완두콩, 키작은강낭콩(두벌콩), 시금치, 상추, 조선파, 아욱, 쑥갓, 봄배추 등	고구마 순내기, 상추, 조선파, 근대, 쑥갓, 목화, 고구마, 꽃씨, 고추, 가지, 키작은강낭콩(두벌콩)	무, 배추 장다리 박기, 각종 산채 아주심기		

4 월

구분	농사	씨앗 받기와 보관법
초순	키작은강낭콩(두벌콩) 씨뿌리기 과채류(호박, 수박, 오이, 참외, 목화, 토마토 등), 옥수수(6월 말까지), 땅콩 씨넣기 봄나물 캐기(고비, 고사리, 참취, 곤드레, 산마늘, 우산나물, 머위순, 원추리 등) 땅두릅, 두릅, 엄나무순, 옻순 따기 모싯잎 따기	• **상추씨앗**은 일찍 뿌릴수록 좋다. 남부 지방의 경우 씨앗용 상추는 늦가을(10월 중순경)에 심으면 익년 4월 초부터 먹고 씨앗이 충실하게 맺히며, 장마 전에 씨앗을 받을 수 있다. • **씨생강**을 심을 때, 싹눈이 있고 손가락 두 마디 이상 크기로 손으로 쪼개서 심는다. 심고 난 뒤에 짚이나 왕겨, 풀, 낙엽을 덮어 둔다. 생강은 반그늘을 선호한다. • **울타리강낭콩**은 꽃 필 때 뜨거우면 열매가 맺히지 않아 경우에 따라 6월에 심기도 한다. 모종을 굳이 낼 필요가 없다.
초중순	봄당근, 파, 부추, 아욱, 상추 씨뿌리기 고추 씨 넣기(2차) 부지런히 밭 만들기	
중순	각종 볍씨 싹 틔우기 벚꽃이 만개할 무렵 나뭇가지 접붙이기	
중하순	생강, 토란 심기 자소 씨뿌리기 울타리강낭콩 씨뿌리기(6월 중순까지)	
하순	단수수 씨넣기 고추, 가지, 옥수수, 강낭콩, 상추, 접시꽃 등 아주심기 볍씨 모판 만들기 산두(밭벼) 씨뿌리기	

조상의 지혜가 담긴 절기

4월에는 청명과 곡우가 있다.

청명(淸明) : (4월 5일) 하늘이 맑고 날씨도 봄기운이 완연하다. 강남 갔던 제비가 찾아오고 기러기는 북으로 날아간다. 제비가 처마 안쪽에 집을 지으면 그해 바람이 많고 날씨가 좋지 않아 흉년이 든다. "청명에는 부지깽이를 꽂아도 싹이 난다"라는 말이 있을 정도로 완연한 봄이 되어 한창 밭에 씨앗을 뿌린다. 아침저녁으로 꽃샘추위도 있고 냉해를 입기도 한다.

곡우(穀雨) : (4월 20일) 비 올 때가 많다. 곡우에 가물면 땅이 석 자가 마른다. 곡우에 씨나락을 담가야 수량이 많다. 한창 씨를 뿌리는 절기이므로 곡우 절기에 비가 오면 풍년으로 예측한다.

제철음식

4월은 산나물 들나물이 풍성해져 산으로 들로 나물을 뜯으러 다닌다. 겨울을 지낸 쪽파도 김치로 해 먹고, 부추도 잘라서 비벼 먹고, 달래장도 만든다. 겨울을 지낸 조선배추의 잎과 상추잎을 쌈으로 먹고, 한창 쑥을 캐어 먹고 저장도 한다. 각종 나물반찬, 봄배추쌈, 쪽파김치, 유채잎쌈, 쑥반찬, 머위나물, 고사리, 고비, 고들빼기 등 반찬이 풍성하다.

알아두기

- 고추는 4월에 씨를 넣으면 가온 하지 않고도 냉해피해 없이 모종을 기를 수 있다. 고추 한 물을 덜 따지만 자연에 맞게 길러 더 튼실하게 키울 수 있다.
- 녹두는 4월부터 씨뿌리기가 가능하지만 풀매기를 두어 번 해야 한다.
- 아욱은 봄, 가을 2번 씨를 뿌릴 수 있다.

[지역별 유의사항]

- 북부, 영동 중부 이북, 영서, 영남 북부 산간 등지는 쑥이 먹기 좋을 만큼 자라는 시기가 4월 초순이다.
- 4월 중순부터 노지에 씨앗 넣기를 한다. 이 지역은 2~3일 간격으로 하순경까지 서리가 내리므로 주의한다.
- 씨앗 받을 무, 배추는 중순을 넘어서 받고 하지감자는 늦어도 중순 안쪽으로 심는다.

한눈에 보기

씨담그기	씨뿌리기	씨넣기	아주심기	거두기	씨받기
	파, 부추, 아욱, 당근, 쑥갓, 열무, 생강, 봄무, 키작은강낭콩, 울타리콩, 담배, 토란, 자소, 고추, 밭벼, 땅콩, 방아, 쪽	호박, 파, 수박, 오이, 참외, 수세미, 오이, 옥수수, 땅콩, 빔씨(온상), 단수수, 각종 꽃씨	상추, 근대, 고추, 가지, 옥수수, 강낭콩, 접시꽃	각종 산들 나물	

5 월

구분	농사	씨앗 받기와 보관법
초순	수수 씨뿌리기, 씨넣기, 아주심기(6월 초까지-남부) 고구마 순으로 2, 3차 순내기 과채류(가지, 고추, 호박, 수박, 오이, 토마토 목화 등), 꽃 아주심기 옥수수, 땅콩 김매기(호미) 참취 꺾기 막바지	• **쪽파**는 노랗게 변한 잎이 구부러질 때 캐서 줄기를 묶어 바람이 잘 통하는 그늘에 매달아 둔다. 또는 쪽파 종구만 양파망에 넣어 걸어 두기도 한다. 또는 씨받기 시기를 놓쳐도 나중에 종구를 캐서 말려 보관하면 된다. • **조선오이**는 지지대 없이 줄기가 땅에 뻗어 나가도록 밭가장자리에 심기도 한다. 오이는 가뭄에 약해서 땅 수분을 가두는 것이 좋으므로 오이 아주심기를 하고 짚이나 생풀을 베어 덮어 두는 것이 좋다. • **수수**는 6월 초순에 씨뿌리기나 씨를 넣으면 새 피해가 줄어든다.
초중순	자소 옮겨심기 감자 북주기 아카시아꽃 담금차 만들기	
중순	참깨 씨뿌리기 고구마밭 만들기 밭딸기 따먹기 칡순 따기	
중하순	오이, 토마토, 고추, 가지 지지대 세우기 조선파, 고구마 순 아주심기 삼층거리파 주아 따서 옮겨심기 쪽파 종구 거두기 동부 씨뿌리기, 씨넣기 고추진딧물 방제 죽순, 더덕 캐기	
하순	수수, 기장, 조 씨넣기, 씨뿌리기(6월 중순까지) 늦게 씨 넣은 고추, 가지, 옥수수, 강낭콩, 상추, 접시꽃 등 아주심기 볍씨 모판 만들기 산두(밭벼) 씨뿌리기	

조상의 지혜가 담긴 절기

5월에는 입하와 소만이 있다.

입하(立夏) : (5월 6일) 여름 날씨가 보이고 산과 들은 짙은 초록빛이 된다. 개구리 소리 요란하고 보리 이삭이 팬다. 찔레꽃이 피기 시작한다. 입하에 물 잡으면 안 된다. 논에 담수기간이 너무 길면 좋지 않다.

소만(小滿) : (5월 21일) 양기가 가득하며 만물이 자라 차오른 시기로 나뭇잎들이 활짝 펴고 봄에 만들어진 열매가 작게 맺히는 절기다. 누에가 일어나 뽕을 먹고 보리가 익는다. 찔레꽃이 필 때 물 잡으면 풍년이 든다. 풀들이 쑥쑥 자라고 모내기를 준비하며 점점 바빠지는 시기다. 쥐똥나무 인동꽃이 피고 감꽃, 밤꽃이 핀다.

제철음식

5월에는 산들 나물의 꽃대가 올라가고 나무에 잎사귀를 따서 차나 반찬으로 먹을 수 있다. 상추가 쑥쑥 자라니 부지런히 따 먹는다. 완두콩, 상추, 근대, 쑥갓, 시금치, 아욱 등 잎채소, 취나물, 곤드레, 고비, 고사리, 고들빼기, 감잎, 부추 등이 있다.

알아두기

- 부지런히 김매기 해서 밭에 풀 덮어 주기

[지역별 유의사항]

- 북부, 영동 중부 이북, 영서, 영남 북부 산간 등지는 초순에 늦서리가 반드시 있고, 최소 5일을 지나서 아주심기를 한다.
- 상순경에는 밤 기온이 10도 이하 일수가 대략 5일 정도이며, 중순경에는 대략 3~4일, 하순경에는 하루나 이틀 정도이다.
- 올콩은 소만 무렵부터 망종 전까지 심고, 늦콩도 망종 전에는 모두 심는다.

한눈에 보기

씨담그기	씨뿌리기	씨넣기	아주심기	거두기	씨받기
	수수, 기장, 조, 옥수수, 토란, 고추, 삼채, 동부, 울타리콩, 수세미	수수, 기장, 조, 옥수수, 동부, 차소, 울콩, 강낭콩	과채류(호박, 수박, 오이, 참외 등)	상추, 근대, 쑥갓, 죽순, 더덕, 칡순, 열무	

6 월

<table>
<tr><th>구분</th><th>농사</th><th>씨앗 받기와 보관법</th></tr>
<tr><td>초순</td><td>참깨 아주심기
늦들깨 모종밭 만들어 씨넣기
옥수수 씨넣기
무, 배추, 갓, 유채 씨받기
고추 노린재 부지런히 잡아주기
매실, 개복숭아, 살구 따기</td><td rowspan="5">• 조선대파는 꽃이 피고 6월 초순에 검은 씨앗을 맺는다. 검은 씨앗이 많이 보이면 대공을 잘라서 그릇에 놓고 말려서 씨앗을 받는다.

• 배추씨앗은 꼬투리가 노랗게 변하면 줄기를 베어서 그릇이나 멍석에 널어 말려 씨앗을 받는다.

• 무씨앗은 배추보다 늦게 여문다. 꼬투리가 노랗게 변하면 줄기를 베어 그릇이나 멍석에 널어 말린다. 무 씨앗은 배추씨보다 씨받기가 까다롭다. 꼬투리가 바싹 마르면 손으로 꼬투리를 훑어서 절구에 넣고 씨앗이 깨지지 않을 정도로 가볍게 절구질하여 찌꺼기만 바람에 날려 씨앗을 받는다.

• 보리나 밀은 줄기가 누렇게 변하면 베어 말린다. 양이 적을 때는 밀은 발로 밟아 씨앗을 받는다. 보리는 도리깨로 쳐서 씨앗을 받는다.

• 상추씨앗은 장마 전에 반드시 씨앗을 받는다. 상추 씨방에 하얀 솜털이 3/1 정도 피어오를 때 줄기를 베어 용기에 털면 상추 씨앗을 깨끗이 받을 수 있다.

• 감자는 장마 전에 캐서 그늘진 곳에서 2~3일 널어 수분을 날려 어둡고 서늘한 곳에 보관한다. 캐면서 상처 난 감자는 완전히 분리한다. 장마 전에 감자줄기가 파랗게 되었을 때 캐면 감자 맛은 떨어지지만 장기 보관에는 유리하다. 종자용은 반드시 장마 전에 거둔다.

• 콩씨 양이 적을 때는 모종을 내는 것이 혹시 모를 씨앗 상실의 피해를 줄일 수 있다. 떡잎이 나올 때 새 피해를 미리 방지하려면 모종을 내는 것이 유리하다.</td></tr>
<tr><td>초중순</td><td>김매기(호미, 낫)
마늘, 양파, 쪽파 거두기</td></tr>
<tr><td>중순</td><td>늦들깨 2차 모종밭 만들어 씨넣기
보리, 밀 1차 거두기
풋오이, 조선오이 거두기
옥수수 2차 씨넣고 아주심기</td></tr>
<tr><td>중하순</td><td>모든 콩(메주콩, 밥밑콩, 나물콩) 씨넣기
토마토, 고추 곁순따기
참외, 수박 순지르기
땅콩 북 주기
장마 전 보리, 밀, 호밀 부지런히 거두기
장마 대비</td></tr>
<tr><td>하순</td><td>감자 거두기
당근, 상추 씨받기(8월 중순까지)
팥, 녹두 씨뿌리기
상추 씨받기</td></tr>
</table>

조상의 지혜가 담긴 절기

6월에는 망종과 하지가 있다.

망종(芒種) : (6월 6일) 뜨거운 기운이 꽉 차올라 땀도 많이 흐른다. 메밀이 익는다. 고양이 손도 빌릴 정도로 농촌에서 바쁜 때로 '죽은 송장도 일한다', 곡식이 떨어져 이제 수확이 되는 철이라 먹을 것이 떨어져 '오뉴월 손님 호랑이보다 무섭다'라는 속담이 있다. 보리, 밀 등 까끄라기 곡식 종자를 거두고, 까끄라기 벼 모내기 하느라 농촌에는 손이 모자란다.

하지(夏至) : (6월 21일) 양기가 꽉 차서 낮이 가장 길고 밤이 가장 짧아지는 날이다. 매미가 울기 시작하고 장마가 시작된다. 창포꽃이 핀다. 고구마는 하지 안에 침만 발라도 산다. 하지를 지내는 물고에 담그고 산다.

제철음식

6월은 여름이라 만물이 쑥쑥 자라는 계절이다. 겨울을 지냈던 보리, 밀, 귀리, 마늘, 양파, 봄에 심은 감자를 거둬서 여름에 먹을 것들이 풍성하다. 보리, 밀, 귀리, 마늘, 양파, 감자, 늦상추, 매실, 오디, 보리수, 앵두, 살구, 딸기 등이 있다.

알아두기

- 풀들이 기세 좋게 자라는 6월은 김매기를 호미에서 낫으로 바꾸는 시기. 낫으로 풀 베어 밭에 부지런히 덮어 준다.

[지역별 유의사항]

- 북부, 영동 중부 이북, 영서, 영남 북부 산간 등지는 하순경부터 감자 싹이 서서히 힘을 잃어 간다. 하지에 감자 거두는 것이 어려워 하지감자는 이 지역에서는 맞지 않다.
- 그루곡식(녹두, 팥, 나물콩 등)은 씨뿌리기는 하지까지, 씨넣기는 말까지도 가능하다.
- 그루작물은 가급적 망종 전에 싹을 봐야 정상적인 곡식의 양이 나온다.

한눈에 보기

씨담그기	씨뿌리기	씨넣기	아주심기	거두기	씨받기
	들깨, 메주콩, 나물콩, 밥밑콩, 수수, 조, 기장, 옥수수	수수, 조, 기장, 옥수수	수수, 조, 옥수수, 근대, 들깨, 삼깨, 고구마 순	열무, 봄배추, 밀, 보리, 마늘, 양파, 햇강낭콩, 완두	시금치, 조선파, 쪽파, 완두콩, 마늘, 무, 배추, 갓, 유채, 상추

7 월

<table>
<tr><th>구분</th><th>농사</th><th>씨앗 받기와 보관법</th></tr>
<tr><td>초순</td><td>호박 구덩이 웃거름 주기
팥, 녹두 씨뿌리기
콩, 옥수수 아주심기
김매기(낫), 콩밭 풀 덮기
두벌콩(키작은강낭콩) 거두기
고추 노린재 잡기</td><td rowspan="5">• 팥과 녹두는 새 피해가 거의 없으므로 본 밭에 2알씩 씨앗을 심는다.

• 조선오이는 7월이면 따기 시작한다. 오이는 누렇게 변한 노각을 따서 무르도록 두면 씨앗이 충실해진다. 완전히 물러진 오이는 물에 넣어 씨를 바르면 충실한 씨앗은 물 아래로 가라앉는다. 물 위로 뜬 쭉정이 씨앗이나 잔재물은 걷어 내어 물로 한두 번 헹궈 채망에 걸러 말린다.

• 토마토씨앗 받기는 조선오이와 같다.

• 당근씨앗은 6월 중순부터 7월 초까지 씨앗을 받는다. 장마를 거치면 씨앗이 깔끔하지 못한 경우가 많다.

• 참외와 수박씨앗은 먹으면서 씨앗을 받으면 된다.

• 쑥갓씨앗은 씨방의 밑줄기가 잘록하게 마를 때 잘라서 말려 손이나 발로 문질러 씨앗을 받는다. 쑥갓 씨앗은 장마 전에 여물지 않는 경우가 많아 씨앗 받기가 어렵다.</td></tr>
<tr><td>초중순</td><td>늦들깨 아주심기
자소 옮겨심기
태풍 대비, 콩, 고추 지지대 튼튼히 박기
고구마 순 김치 담기
상추 씨받기</td></tr>
<tr><td>중순</td><td>쌈채소, 옥수수, 풋고추, 가지, 조선오이 등 거두기
가지, 수박, 참외 거두기 시작
메밀(남부 8월 중순까지), 조선파 씨뿌리기
산복분자 열매 따기
호박잎, 박잎전 해먹기</td></tr>
<tr><td>중하순</td><td>가을 당근 씨뿌리기
메주콩 순지르기(꽃 피기 전에 한다)
토마토, 풋오이, 애호박, 단호박, 수박, 참외 거두기
토마토, 조선오이, 참외, 수박 먹고 씨받기
들깻잎 따기, 고구마 순 따기
콩밭열모 씨뿌리기</td></tr>
<tr><td>하순</td><td>배추 씨넣기(강원도)
본격적인 더위에 앞서 병이 서서히 나타나는 시기로 식물 꼼꼼히 관찰하기</td></tr>
</table>

조상의 지혜가 담긴 절기

7월에는 소서와 대서가 있다.

소서(小暑) : (7월 7일) 본격 무더위가 시작되어 더운 바람이 불어 봇짐 지고 가다 매미 소리 나면 봇짐 버린다는 속담이 있다. 연꽃이 핀다. 모를 심지 못한 농가를 만나면 지나가는 행인도 달라든다. 풀도 잘 자라고 논에 김매기를 자주 한다. 등목은 기본, 계곡물에 들락날락하고, 삼베이불을 덮고 잔다.

대서(大暑) : (7월 23일) 날씨가 제일 덥고 열대야도 있다. 한낮에 일을 못하고 선선한 나무 그늘과 계곡에서 쉰다. 찬 것을 많이 찾기에 여름철 건강에 유의해야 할 시기다. 오동열매가 맺기 시작한다.

몸이 건강해지는 제철음식

7월에는 국수와 수제비를 즐겨 먹었다. 조상들은 여름철 더위를 식히려고 차가운 성질의 밀과 보리를 주식으로 삼고 풋고추를 먹었다. 풋강낭콩도 밥에 넣어 먹고 밀가루와 보릿가루로 풋강낭콩을 넣고 빵떡을 해 먹는다. 감자 요리가 자주 올라온다. 하지감자, 풋고추, 호박잎, 깻잎, 풋오이, 자두, 국수장국, 보리밥, 수박, 참외, 복숭아, 감잎차, 뽕잎차 등이 있다.

알아두기

- 뜨거운 낮에는 밭일 피하기
- 7월은 태풍이 오거나 강한 비바람이 있으니 미리 대비하기
- 콩밭열모는 초여름에 콩밭 사이에 씨를 뿌려 거두어 먹기도 한다. 콩 그늘로 잎줄기가 연하고 벌레 피해가 줄어들어 김칫거리가 귀한 여름에 먹으려고 심는다.

[지역별 유의사항]

- 북부, 영동 중부 이북, 영서, 영남 북부 산간 등지는 7월에 팥을 뿌리면 거두는 양이 적다.

한눈에 보기

씨담그기	씨뿌리기	씨넣기	아주심기	거두기	씨받기
	옥수수, 당근, 팥, 녹두		들깨, 팥, 녹두, 옥수수, 늦깨	봄당근, 오이, 토마토, 풋고추, 참외, 아욱, 강낭콩, 들깨잎	무, 당근, 토마토, 참외, 쑥갓, 근대, 옥수수, 강낭콩, 상추

8 월

구분	농사	씨앗 받기와 보관법
초순	콩밭 김매기 배추 씨넣기(강원도) 토마토, 가지, 옥수수, 오이 거두기 붉은 고추 거둬서 말리기 가을감자 심기 고추 노린재 부지런히 잡기	• **옥수수**는 씨앗으로 쓸 것은 수염이 바싹 마르고 겉껍질이 누렇게 변하면 따서 말린다. • **참깨**는 아래 씨방이 두세 줄 벌어져 참깨 알이 보이면 이슬이 깨기 전(아침)에 줄기를 베어 멍석에 널어 말린다. • **가지씨앗**이 충실하려면 가지가 노랗게 변할 때까지 따지 않고 둔다. 9~10월에 누런 가지를 따서 그늘에 충분히 두어 숙성시킨다. 시간 날 때, 가지를 칼로 갈라서 물에 넣고 주물거리면 씨앗이 빠져 가라앉는다. 가라앉은 씨앗을 채에 걸러 충분히 말린다. • **고추씨앗**은 완전히 붉어진 것을 따서 그늘에 2~3일 정도 숙성시켜 햇볕에 말린다. 과피가 두꺼울 경우는 2~3일 숙성시킨 뒤 갈라서 씨앗을 빼내고 말려 보관한다.
초중순	참깨 거두어 말리기 배추 씨넣기(중, 남부) 옥수수 거두기(남부) 밭에 심은 토종참외 부지런히 거두기(익은 대로 들쥐들이 먹는다)	
중순	찰옥수수 거두기 결구배추 씨넣기 배추, 무 밭 만들기 옥수수 거두기(중부) 수박, 오이냉국으로 더위 식히기	
중하순	참깨 털어 갈무리하기 배추 아주심기 당근 씨뿌리기 가지 노랗게 변하기 시작 씨앗 받을 가지는 노랗게 익을 때까지 따지 말기(가지가 노랗게 변하면서 씨앗이 여문다)	
하순	결구배추 아주심기 무, 갓, 쪽파 씨뿌리기(9월 초순까지) 시금치, 아욱 씨뿌리기(10월 중순까지) 배추벌레 잡기(벼룩벌레, 좁은가슴잎벌레)	

조상의 지혜가 담긴 절기

8월에는 입추와 처서가 있다.

입추(立秋) : (8월 8일) 아직은 여름 더위가 기승을 부리지만 가을이 들어서는 기운이 땅과 하늘에서는 일고 있어 오곡백과가 익어간다. 시원한 바람이 불고 쓰르라미가 운다. 입추께 비 오면 채소가 풍작 든다.

처서(處暑) : (8월 23일) 한낮 더위는 있어도 저녁에는 선선하다. 계곡물이 차가워지고 모기도 입이 삐뚤어진다. 매미 소리 줄고 귀뚜라미 소리가 커지고 잠자리 많이 날아다닌다. 목화꽃이 피고 벼이삭이 여문다.

제철음식

뜨거운 8월 먹을 것이 많다. 여름 과일도 많고, 4월에 심은 찰옥수수를 따서 먹을 수 있다. 옥수수, 토마토, 수박, 토종참외, 단호박, 가지, 오이, 복숭아, 풋고추, 깻잎, 호박잎, 고구마 줄기 등이 있다.

알아두기

- 고추 병해가 퍼지는 시기로 꼼꼼히 살피고 대처하기
- 배추 모종은 20일간 키우기
- 가을감자는 8월 말에는 싹이 나와야 알이 실하게 달린다.
- 각종 벌레 등장(갈색날개매미충, 선녀벌레 약충, 미국 흰불나방 송충이)

[지역별 유의사항]

- 북부, 영동 중부 이북, 영서, 영남 북부 산간 등지는 상순경이면 아침저녁으로 선선하며, 이슬이 많이 맺힌다.
- 20일을 넘기지 않고 양파씨앗을 파종한다.
- 25일을 넘기지 않고 배추는 모두 아주심기 한다.

한눈에 보기

씨담그기	씨뿌리기	씨넣기	아주심기	거두기	씨받기
	무, 아욱, 근대, 당근	김장배추, 상추, 근대, 쑥갓, 쪽파, 양파		옥수수, 토마토, 호박, 수박, 오이, 참외, 참깨, 고추, 풋콩	상추, 아욱, 수박, 참외, 토마토

9 월

구분	농사	씨앗 받기와 보관법
초순	양파 씨 넣기 상추 씨뿌리기 배추벌레 잡기 빨강 고추 거두어 말리기 조선오이 거두기 콩밭열모 씨뿌리기	• **단수수**는 나락이 익어가는 9월 중순경에 줄기를 베어 줄기를 잘라 먹는다. 씨앗으로 쓸 수수는 줄기가 30센티 정도 되도록 잘라서 바람이 잘 통하는 그늘에 매달아 말린다. • 9월에 씨앗을 뿌리는 콩밭열모는 추석에 김치로 쓰기 위해 콩밭 사이에 뿌린다. • **자소**는 9월 말부터 거둔다. 깨송이가 검게 변해 씨앗이 약간 보이면 아침에 베어 멍석에 말려 씨앗을 턴다.
초중순	올마늘 심기 쪽파, 갓 씨뿌리기 청수세미 거두기 꽃사과 따기	
중순	목화 거두기(순차적) 배추벌레 기승 부리는 시기 올밤 줍기	
중하순	단수수 거두기 조선배추, 순무 씨뿌리기 시금치 씨뿌리기(10월 초까지)	
하순	유채, 동배추 씨뿌리기 조, 올벼, 올들깨, 자소, 올콩 거두기 토란대 베어 말리기 마늘밭 만들기 해바라기, 수세미, 가지, 목화, 수수, 조, 녹두 등 각종 씨받기(순차적) 달맞이 씨 거두어 말리기 밤, 상수리 줍기, 단감 따기	

조상의 지혜가 담긴 절기

9월에는 백로와 추분이 있다. 농촌에서는 모처럼 한가로운 시기다.

백로(白露) : (9월 8일) 날씨가 맑아 기분까지 좋아지는 때다. 제비가 강남으로 날아간다. 햇과일과 햅쌀이 나오는 시기다. 백로 안에 벼가 패지 않은 집은 가지도 말라는 속담이 있다. 가을 안개는 천 석을 올리고 봄 안개는 천 석을 내린다.

추분(秋分) : (9월 23일) 낮보다 밤이 더 길어지는 열매가 잘 익어 간다. 벌레가 땅속으로 들어가고 여름 뇌우가 끝난다.

제철음식

추분이 되면 가을 기운이 돌면서 씨앗이 자라 열매 음식이 많아진다. 한 해 동안 열심히 자란 벼와 과일들이 익어 가는 소리를 들을 수 있다. 조선오이, 단수수, 어린 청수세미, 강낭콩, 녹두, 동부, 팥, 가지, 옥수수, 호박, 오미자, 포도 등이 있다.

알아두기

- 밤낮 일교차가 커지면서 애호박과 가지에 단맛이 들고 주렁주렁 달린다. 얇게 썰어 말려 겨울 반찬으로 이용한다.
- 쪽파와 갓은 8월 말에도 씨뿌리기가 가능하지만 무와 배추보다 자라는 기간이 짧아 보름 정도 늦게 심으면 김장철에 동시에 거둬서 김장할 수 있다.
- 2020년 8월부터 9월 동안에 50일간 비가 내렸다.
- 2020년 9월 중순부터 10월 중순까지 가뭄이 심했다. 가뭄일 경우 배추 밭에 물을 준다.

[지역별 유의사항]

- 북부, 영동 중부 이북, 영서, 영남 북부 산간 등지 아침, 저녁으로 한기가 느껴지며, 곡식의 알이 모두 들어 여무는 시기다.
- 하순경에 고구마와 땅콩을 거둔다.

한눈에 보기

씨담그기	씨뿌리기	씨넣기	아주심기	거두기	씨받기
	열무, 시금치, 가을상추, 갓, 올마늘, 쪽파, 갓, 조선배추, 순무, 유채, 동배추	양파	배추, 상추,	어린청수세미, 조선오이, 고추, 땅콩, 옥수수, 목화, 단수수, 녹두, 동부, 팥, 올벼, 올들깨, 자소	자소, 각종 강낭콩, 동부, 참깨, 가지, 고추, 오이

10월

구분	농사	씨앗 받기와 보관법
초순	가지, 애호박 거두어 얇게 썰어 말리기	• **고구마**는 거둔 뒤 굵고 모양이 좋은 것을 골라 양지에 하루 이틀 말려서 상자에 보관한다. • **토란**은 토란대를 먼저 베어 놓고 1~2주 후에 토란을 캔다. 남부 지방에서 토란이 월동이 가능하므로 짚으로 덮어 주고 봄에 캐 정리한 후 다시 심기도 한다. • **조선생강**은 잎이 누렇게 될 때 캔다. 그늘에 두고 일주일간 말려서 생강만 떼어 낸다. 보관방법은 12월에서 참조한다. • **콩**은 10월 말부터 거두기 시작한다. 꼬투리가 충분히 말랐을 때 베어 널어 말린다. 도리깨나 막대기로 두들겨 콩을 타작한 뒤에 콩을 충분히 말린다. 씨앗용 콩은 망치로 두들겨 여러 조각으로 깨질 정도로 충분히 말려야 탈이 없다. • **들깨**는 잎이 누렇게 되고 깨송이가 검게 변하면 이슬이 깨기 전에 베어 멍석에 널어 충분히 마르면 도리깨로 타작한다. 깨를 고른 뒤에 깨를 넓게 펴서 반드시 말려야 한다. 먹을 깨는 씻어 말린다. • **시금치씨앗**은 껍질이 딱딱하니 씨 담그기를 한 후 심고 옮겨심기를 하지 않는다.
초중순	시금치(월동), 달래, 냉이 씨뿌리기 늙은 호박, 박 거두기 밤고구마 거두기 겨울초, 삼동추 씨뿌리기 봄상추(월동) 씨뿌리기 내년 봄에 씨앗 받을 조선배추 씨뿌리기 씨감자 냉암소 저장하기	
중순	배추 결구 시작 녹두 계속 따기 빨간 팥, 그루팥 등 각종 팥 베어 말려 씨받기 덩굴 동부 씨받기(순차적) 미나리 뿌리 캐서 옮겨심기 배추 진딧물 점검하기 들깨, 기장, 조, 수수 거두기	
중하순	토란대 베기, 고구마, 조선생강, 땅콩, 벼 거두기 늦마늘 심기(남부 11월 초까지) 양파 아주심기 수세미, 결명자, 부추 씨받기 밀, 보리, 호밀, 귀리 씨뿌리기(남부 11월 초까지) 보리콩(완두콩) 심기(남부) 된서리 준비 오가피, 산수유, 헛개나무 열매 따기 곤드레, 산취, 더덕 씨받기	
하순	늙은 호박, 애호박 거두기, 콩 거두어 말리기(남부 11월 초까지) 메밀 거두기(11월 초까지) 가을 냉이, 달래, 미나리 거두기	

조상의 지혜가 담긴 절기

10월에는 한로와 상강이 있다.

한로(寒露) : (10월 8일) 일교차가 심해지는 때다. 가을 햇살이 좋아 장마에 눅눅해진 것을 다시 꺼내 말려 부지런히 묵나물도 만들어 놓는다. 마늘, 보리, 밀 등 겨울 밭에 들어갈 것을 준비하고 심는다. 기러기가 날아오고 국화꽃이 핀다.

상강(霜降) : (10월 24일) 된서리가 내리는 절기로 서둘러 벼를 베고, 월동준비를 위한 겨울 곡물과 채소를 심느라 바쁘다.

제철음식

10월은 추수의 계절이다. 오곡백과를 거두며 풍성해진다. 고구마 캘 때 고구마 줄기도 거두어 살짝 데쳐 말려 둔다. 고구마 줄기, 고구마, 토란대, 애호박, 가지 등이 있다.

알아두기

- 된서리 오기 전에 할 일
  된서리 오기 전에 풀 장아찌, 풋고추 장아찌, 모든 묵나물을 만들고, 호박잎, 고구마 순, 토란대 미리 거두어 들이기
  호박, 박, 고구마, 생강, 토란 실내 보관하기(고구마, 생강도 서리를 맞으면 금방 썩는다)
- 된서리를 맞은 제비콩, 동부, 넝쿨강낭콩 풋콩으로 밥에 넣어 먹기
- 월동하는 봄상추는 잎이 살짝 나왔을 때 추위에 더 잘 견딘다. 10월 전에 씨앗을 뿌리면 잎이 너무 커져서 겨울에 쉽게 얼어 죽기 쉽다.
- 양파는 모종을 최소 50~60일 키워 아주심기

[지역별 유의사항]

- 북부, 영동 중부 이북, 영서, 영남 북부 산간 등지는 초순에 밀, 보리 씨뿌리기를 한다. 가을 가뭄이 있을 시기니 이를수록 좋다. 입동 전에 반드시 5센티 이상은 자라야 겨울나는 데 탈이 없다.
- 모든 뿌리 작물은 중순 전에 거두어야 하고, 한로를 전후로 반드시 서리가 있으니 서리에 약한 작물은 갈무리를 한다.
- 마늘은 상강 전까지 씨넣기를 마쳐야 한다.

한눈에 보기

씨담그기	씨뿌리기	씨넣기	아주심기	거두기	씨받기
	마늘, 밀, 보리, 귀리, 시금치, 달래, 냉이, 겨울초, 봄상추, 조선배추, 마늘, 완두			아욱, 수박, 들깨, 땅콩, 콩, 나물콩, 녹두, 토란, 팥, 기장, 조, 수수, 벼, 고구마, 조선생강, 메밀	콩, 팥, 동부, 녹두, 강낭콩, 칼콩, 조, 기장, 수수, 들깨, 토란, 도라지, 취, 곤드레, 결명자, 부추

11 월

<table>
<tr><th>구분</th><th>농사</th><th>씨앗 받기와 보관법</th></tr>
<tr><td>초순</td><td>늦콩, 서리태 거두어 말리기
알타리무 거두기
가을감자 거두기
감 따기
도라지 옮겨심기
콩털기
구절초, 금전초, 박하, 뽕잎 등 말려 두기</td><td rowspan="5">• 수세미는 누렇게 익었을 때 따서 두었다가 시간 날 때 꽃 자리 꼭지를 자르면 씨앗이 쏟아져 나온다. 덜 나온 것은 툭 쳐서 씨앗을 빼낸다. 씨앗을 빼낸 수세미는 겉껍질이 손으로 쉽게 벗겨진다. 덜 마르거나 손상을 입은 경우 또는 껍질이 잘 안 벗겨지는 경우는 물을 넣고 살짝 삶으면 껍질이 잘 벗겨진다. 삶은 수세미는 잘 말려 두고 수세미로 사용한다.

• 박으로 바가지 만드는 방법
바가지 박은 충분히 여물었을 때(10월경)에 거둔다. 여문 것을 확인하는 방법은 바늘로 찔러서 바늘 끝이 살짝 들어가는 정도로 단단해야 한다. 씨앗을 받거나 바가지를 만들고자 할 때, 박을 톱으로 켜 박 속을 빼 씨앗을 골라낸다. 씨앗을 빼낸 박속은 김치를 넣어 김칫국을 만들어 먹기도 한다. 박속을 걷어 낸 후, 바가지를 충분히 삶은 후 건져 내어 겉껍질과 속껍질을 수저로 잘 긁어내어 말린다.</td></tr>
<tr><td>초중순</td><td>고추장 담그기
순무, 무 거두기
콩밭열모 거두어 김치 담그기
호박 실내로 들여놓기
대봉 따기</td></tr>
<tr><td>중순</td><td>무, 당근 거두어 저장하기
갓, 쪽파 거두기
밑갓 거두어 김치 담그기
고구마, 토란, 생강 실내로 들여놓기
곶감 만들기</td></tr>
<tr><td>중하순</td><td>무청 시래기 엮어 말리기
알타리무 김치, 동치미 담그기
조선배추 거두어 김치 담그기
우슬, 둥굴레 캐서 씻어 말리기</td></tr>
<tr><td>하순</td><td>마늘 덮개 덮어 주기
배추 거두기(12월 초순까지)
무, 김장독 묻을 땅 파기
김장하기(~12월 초순)</td></tr>
</table>

조상의 지혜가 담긴 절기

11월에는 입동과 소설이 있다.

입동(立冬) : (11월 7일) 겨울의 시작이지만 많이 춥지 않고 양기는 사라지고 음기가 강해진다. 동물들은 겨울잠에 들고 나무들은 잎사귀를 떨군다. 콩, 깨 등 거두고, 씨앗 받고, 말리느라 바쁘다. 송장하고 보리는 깊게 묻는다.

소설(小雪) : (11월 22일) 북풍에 낙엽 지고 무지개를 볼 수 없다. 차츰 겨울이 다가온다. 강한 서리가 내려 풀들이 얼어 죽는다. 김장을 준비하고 저장 준비하고 마지막 갈무리에 여념이 없다.

제철음식

11월에는 거둬들인 늙지 않은 호박과 가지, 토란을 캐며 나온 무강 등 반찬들이 풍족하다. 김장하는 당근, 무와 배추가 제철이다. 캐어 낸 생강의 잔뿌리와 잎으로 생선조림에 이용한다. 생강 잔뿌리와 생강 잎줄기 이용, 호박, 토란, 토란무강, 고구마, 고구마줄기, 무, 무청, 뿌리배추, 조선배추, 총각김치, 순무 등이 있다.

알아두기

- 겨울 배추는 쌀쌀한 바람을 맞아 얼었다 녹았다를 반복하면 맛이 더 좋아진다. 영하 8도 이하 전에만 거두면 된다.
- 고구마, 토란, 생강은 서리 맞기 전에 거둬야 하지만 가을감자는 서리 맞고 거둬도 된다.
- 겨울 전 논 갈아엎기 또는 밭작물 부산물을 밭에 부지런히 덮어 둔다.

[지역별 유의사항]

- 남부는 보리, 밀을 늦어도 초순까지 씨뿌리기를 해야 한다.
- 북부, 영동 중부 이북, 영서, 영남 북부 산간 등지는 11월 초중순, 중부와 남부 추운 지역은 하순에 김장이 마무리된다.

한눈에 보기

씨담그기	씨뿌리기	씨넣기	아주심기	거두기	씨받기
	보리, 밀, 마늘		도라지	콩, 서리태, 무, 배추, 갓, 당근, 쌈채소, 쪽파, 조선파, 국화꽃, 가을감자	

12 월

<table>
<tr><th>구분</th><th>농사</th><th>씨앗 받기와 보관법</th></tr>
<tr><td>초순</td><td>무, 김장독 묻을 땅 파기
메주, 청국장용 볏짚 깔끔하게 마련하기
첫눈 오기 전에 우슬 캐고 엄나무, 가시오가피 등 가지 꺾어 말려 두기</td><td rowspan="5">• 씨앗 받을 무는 잎청을 손으로 뜯어야 생장점이 다치지 않는다. 무는 땅속 깊이 거꾸로 박아 놓고 보관한다.

• 결구배추는 잎은 먹고 흰줄기 중간을 잘라(생장점을 다치지 않도록 해서) 땅속에 묻어 둔다. 도시에서는 0도 밑으로 떨어지지 않는 냉암소에 잘 보관한다.

• 생강은 왕겨나 흙을 넣은 용기에 넣어 밀폐하지 않고 10~15도 사이 또는 거실에 보관한다.

• 토란은 박스에 넣어 7~15도에 보관한다.

• 고구마는 박스에 넣어 15도에 보관한다.

• 늙은호박과 동아박은 갈라서 씨앗을 뺀 후 씨앗을 깨끗이 씻어 말린다.</td></tr>
<tr><td>초중순</td><td>김장(배추김치, 총각김치, 갓김치 등)
메주 쑤기, 청국장 띄우기</td></tr>
<tr><td>중순</td><td rowspan="3">창고, 농기구 정리하기
올해 갈무리한 씨앗 점검하기</td></tr>
<tr><td>중하순</td></tr>
<tr><td>하순</td></tr>
</table>

조상의 지혜가 담긴 절기

12월 초에는 마지막 갈무리와 장담기, 김장을 한다. 대설와 동지가 있다.

대설(大雪) : (12월 7일) 눈이 많이 온다는 뜻으로 요즘엔 눈이 늦다. 눈은 보리와 밀을 덮어 주고 냉해를 덜 입도록 해준다. 본격적으로 겨울이다. 곰이 굴속으로 들어간다.

동지(冬至) : (12월 22일) 노루의 뿔이 빠진다. 눈 속에서 보리가 난다. 낮이 제일 짧아지고 밤이 제일 길어지는 날로 음기가 극에 달하고 한편으로는 양기가 시작하는 날로 동지팥죽을 먹는다. 새해 첫날이다.

제철음식

12월에는 김장을 하고 메주를 만들고 청국장도 만들고 고추장도 담근다. 한 해 농사 지은 씨앗들을 갈무리하며 저장한 음식들을 먹기 시작한다. 산에서 약초를 캐어 말리고, 조선호박(늙은호박)은 호박즙도 내고 호박죽도 해 먹는다. 콩나물, 묵나물, 곶감, 은행, 호박죽, 호박즙, 호박김치, 호박범벅, 김장, 청국장, 팥죽, 묵나물, 편강 등이 있다.

알아두기

- 동지 이전에 메주 쑤고 김장 끝내기
- 한 해 농사 마무리하고 겨울잠 들기
- 밭이 얼기 전에 밭의 잔재물이나 유기물을 밭 위에 펴 준다. 겨우내 눈비로 거름이 된다.

한눈에 보기

씨담그기	씨뿌리기	씨넣기	아주심기	거두기	씨받기
					각종 씨 갈무리

변현단

전남 곡성에서 토종 씨앗으로 자연농을 하는 농부. '토종씨드림' 대표로 활동하고 있다. 자유로운 삶을 위해 귀농했고, 경기도 시흥에서 기초생활수급자들의 생태적 자립을 도모하는 '연두공동체'를 운영했다. 2011년 곡성 산골로 터를 옮기고, 삶에서 얻은 지혜를 글-씨와 말-씨로 옮기고 있다. 그동안 쓴 책으로 『연두, 도시를 경작하다 사람을 경작하다』(2009 문체부 우수교양도서), 『숲과 들을 접시에 담다: 약이 되는 잡초음식』(2010 문체부 우수교양도서), 『소박한 미래』(2011 문체부 우수교양도서), 『자립인간』(2013), 시문집 『색부의 노래』(2015), 『토종농사는 이렇게』(2018년 세종도서 우수교양도서), 『화성에서 만난 씨앗과 지혜로운 농부들』(2019년 세종도서 우수교양도서), 『씨앗철학』(2020), 『씨앗, 깊게 심은 미래』(2022)가 있다.

토종씨드림 홈페이지 seedream.org
유튜브 youtube.com/user/dbeodud
다음카페 cafe.daum.net/seedream
페이스북 @NativeSeedream
인스타그램 @nativeseedream

토종씨앗 토종농사

초판인쇄 2022년 09월 09일
초판발행 2022년 09월 09일

지은이 변현단
펴낸이 채종준
펴낸곳 한국학술정보(주)
주 소 경기도 파주시 회동길 230(문발동)
전 화 031-908-3181(대표)
팩 스 031-908-3189
홈페이지 http://ebook.kstudy.com
E-mail 출판사업부 publish@kstudy.com
등 록 제일산-115호(2000. 6. 19)

ISBN 979-11-6801-658-3 03300

책에 대한 더 나은 생각, 끊임없는 고민, 독자를 생각하는 마음으로 보다 좋은 책을 만들어갑니다.